Jack R. Taylor
Der Halleluja-Faktor
Biblischer Lobpreis in Theorie und Praxis

Widmung

In Dankbarkeit und Liebe widme ich diesen Band:

Meinem Vater, Bob Taylor, dessen schwere Krankheit entdeckt wurde, als ich dieses Buch schrieb. Sein Mut motivierte mich, so schnell wie möglich zu arbeiten. Er wußte, daß das Buch ihm gewidmet werden würde, und wir hatten beide gehofft, daß er die Fertigstellung noch erleben würde. Aber nach Gottes größerer Weisheit wurde Dad mitten während der Arbeit heimgerufen. Jetzt darf er Gottes Herrlichkeit schauen!

Alice Burkhart, Barbaras Mutter, meiner Schwiegermutter, die gegen Ende dieser Arbeit plötzlich und unerwartet zu Gott gerufen wurde. Wir alle schätzten ihren wunderbaren Sinn für Humor und ihre Liebe zum Herrn und danken Gott für die Heilung von emotionalen Bindungen.

Den Mitgliedern der Southcliff Baptist Church in Fort Worth, Texas, wo viele dieser Lektionen über Lobpreis zum ersten Mal vorgetragen wurden. Allen, deren Leben gesegnet wurde, als sie diese in die Praxis umsetzten.

DER HALLELUJA-FAKTOR

Biblischer Lobpreis in Theorie und Praxis

Jack R. Taylor

Die Bibelstellen wurden, wenn nicht anders vermerkt, nach der Lutherbibel, revidierter Text 1984, © Deutsche Bibelgesellschaft, Stuttgart, mit freundlicher Genehmigung zitiert.

Titel der amerikanischen Originalausgabe:
THE HALLELUJAH FACTOR
Copyright © 1983 by Jack R. Taylor
Die Originalausgabe erschien erstmals 1983 bei BROADMAN PRESS, Nashville, Tennessee, USA

Aus dem Amerikanischen übersetzt von Dorothea Appel

© der deutschen Ausgabe 1995 ASAPH Verlag, Lüdenscheid/Deutschland
1. Auflage 1995
Umschlaggestaltung: IMAGE DESIGN, Landsberg
Satz: CONVERTEX, Aachen
Druck: Breklumer Druckerei Manfred Siegel KG
ISBN: 3-931025-02-0
Best.-Nr.: 147502

Für kostenlose Informationen über unser umfangreiches Lieferprogramm an Büchern, Musik usw. schreiben Sie bitte an:
ASAPH
Postfach 2889
D-58478 Lüdenscheid
Tel.: 02351/9693-10 – Fax 02351/9693-45

Inhalt

Vorwort zur deutschen Ausgabe

Seit jener Woche im Jahre 1973, in der ein amerikanischer Pastor unsere Gemeinschaft von JUGEND MIT EINER MISSION in Schloß Hurlach (Bayern) besuchte und uns einige der Dinge beibrachte, um die es auch in diesem Buch geht, spielen Lobpreis und Anbetung Gottes eine sehr wichtige Rolle in unserem Leben. 1976 beteten einige von uns gemeinsam für das Land, dessen wir uns angenommen hatten, Deutschland. Jemand hatte den sehr klaren Eindruck, daß Gott uns sagte: Wo immer wir hingingen, sollten wir ganz bewußt und aktiv Gott, seine Kraft und seine Gegenwart suchen (Psalm 105,4). Wo immer wir hingingen, sollten wir ihn preisen, die Wahrheit über ihn proklamieren und seine Gegenwart und Nähe in der Anbetung suchen.

Wir sollten unsere Praxis und unser Verständnis von Lobpreis und Anbetung im Lande anwenden, um den harten „geistlichen Boden" aufzubrechen.

In den folgenden Jahren versuchten wir, genau dies zu tun. Und dabei erlebten wir Gottes Kraft! Wir sahen zu, wie eine Gemeinde nach der anderen in die spürbare Gegenwart des Heiligen Geistes kam, manchmal zum allererstenmal. Überall war es die gleiche Geschichte: Wenn wir mit ehrlichem Herzen Gott in der Anbetung suchten, kam er uns entgegen. Das war eine Pionierphase in den späten siebziger Jahren. Inzwischen ist Lobpreis und Anbetung Bestandteil vieler Gemeinden und Gruppen. Wir preisen Gott dafür; dies ist ein wichtiger Grundstein für die weitere Entwicklung des Leibes Christi im Land.

Nun meldet sich aber eine Gefahr: Lobpreis und Anbetung werden leider oft zu einer technischen Form, und man vergißt leicht das Ziel, nämlich sich aktiv für Gott zu öffnen und seine wunderbare Nähe zu suchen und wahrzunehmen, die Liebe zu ihm zum Ausdruck zu bringen, gekoppelt mit dem biblischen Verständnis und der Erwartung, daß er uns, seinem Volk, entgegenkommt.

Ich bin sehr froh, daß dieses Buch jetzt in deutsch erscheint! Vor mehreren Jahren wurde ich darauf aufmerksam gemacht, und seitdem verwende ich es dankbar als Nachschlagewerk und praktische Hilfe.

Die Kapitel 10 und 11 (die hebräischen und griechischen Wortstudien) waren mir besonders wertvoll und veränderten meinen alltäglichen Lobpreis radikal!

Wir müssen allein und gemeinsam mit anderen viel mehr Zeit in den Lobpreis Gottes und in die aktive Suche nach ihm und seiner Gegenwart investieren. Aus der Begegnung mit ihm heraus – jeden Tag neu – fließt Kraft zum Leben und Dienen; Perspektive, Erfrischung, Trost, Weisung. Die Beziehung zu Gott ist eine extrem wichtige Energiequelle des Lebens.

Eine christliche Gruppe, in der man es versteht, regelmäßig eine halbe Stunde und mehr vor Gott zu stehen, ihn um seinetwillen anzubeten und seine Gegenwart zu genießen, darf Zuversicht haben, daß sie auf einem guten Weg ist, gesund und effektiv für den König arbeiten zu können. *Erst kommt die Begegnung mit ihm in der Anbetung ... und dann der Dienst.*

MARION WARRINGTON
Altensteig im Schwarzwald
August 1995

Alles, was Odem hat,
lobe den Herrn!
Halleluja!

Psalm 150,6

Ich lobe dich des Tages siebenmal um
deiner gerechten Ordnungen willen.

Psalm 119,164

Der Faktor: Eine Einleitung

Ein bestimmter Faktor ist in evangelikalen Kreisen beinahe in Vergessenheit geraten. Wir achten sorgfältig darauf, alles moderne Wissen einzusetzen, das dazu beitragen könnte, unsere Generation mit dem Evangelium Jesu zu erreichen. Wir beobachten Bevölkerungswachstum und Zukunftstrends. Wir achten darauf, ob sich Geschmack und Gewohnheiten in unserem Einflußbereich ändern. Unsere kirchlichen Einrichtungen bauen wir so, daß den Menschen die Sache leicht gemacht wird und sie im denkbar ansprechendsten und bequemsten Rahmen mit dem Evangelium bekanntgemacht werden. Um gegen die Einsamkeit in der Gesellschaft anzugehen, organisieren wir alle möglichen Gemeinschaftserlebnisse und Zusammenkünfte in jeder nur denkbaren Form. Von jeder uns zugänglichen Innovation machen wir Gebrauch, um die Arbeit effektiver zu tun; darin sind wir Experten.

Wir nehmen die neuesten Kommunikationsmittel zu Hilfe und versuchen, ein besseres psychologisches Verständnis vom Erreichen der Massen zu bekommen. Wir führen Seminare durch, Freizeiten, Schnuppertreffs, Podiumsdiskussionen, Gesprächsrunden, Strategiekonferenzen, Kolloquien, Institute, „Rap"-Sessions usw. usw. Wir sprechen von Vorstoß, Motivation, Mobilisation und Durchführung. Immer wieder meinen wir, das letzte Treffen, die neueste Innovation, der jüngste Vorstoß sei *das* ultimative Programm, das die Menschen sicher ins Reich Gottes führen wird.

Es ist klug, jede einzelne Komponente zu bedenken und Prinzipien in unsere Methoden einzubauen, die diese berücksichtigen. Es gibt ja Bevölkerungsfaktoren, kulturelle Faktoren, Rassenfaktoren und viele andere.

Ich bitte Sie nun, einen weiteren Faktor zu berücksichtigen, den ich für so lebenswichtig halte, daß ich glaube: Keine Methode kann ohne ihn Erfolg haben. Im Lexikon wird „Faktor" definiert als „einer der Gründe für ein Ergebnis, ein Element in einer Situation". In diesem Sinne verwende ich das Wort im Buchtitel. Das Wort „Halleluja" ist, wie der Leser später herausfinden wird, eine fast universelle Vokabel für Lobpreis und in der Bibel das vorrangige Wort dafür. Der Titel ist eine Herausforderung an uns, *den Lobpreis-*

faktor in die Liste anderer zu berücksichtigender Faktoren aufzunehmen. Ziehen Sie auf jeden Fall immer alle relevanten Elemente in Betracht. Lassen Sie nichts außer acht, was einen möglichen Einfluß auf das Ergebnis einer Aktion haben könnte – aber, um der Ehre Gottes willen, seien Sie ganz sicher, daß dieser wichtigste Faktor gebührende Aufmerksamkeit bekommt.

Ich bitte Sie, den Lobpreisfaktor in vielen Bereichen zu beobachten. Er ist keine Nebensache, sondern zentral und lebenswichtig, u. a., weil er zuallererst Gottes Ehre sucht. Wie dringend nötig ist das in dieser Zeit des selbstzentrierten Subjektivismus, in der selbst Evangelisation und Erweckung um der eigenen Genugtuung willen angestrebt werden!

Dieser Faktor muß in Betracht gezogen werden, nicht nur im qualitativen und quantitativen Wachsen des Leibes Christi, sondern auch, damit es den Gliedern dieses Leibes emotional gutgeht. Ihn zu berücksichtigen ist lebenswichtig, da unser Erzfeind, der Teufel, in diesen scheinbar letzten Zeiten einen Großangriff durchführt.

Wenn Sie die Wahrheiten in diesem Buch zu Herzen nehmen und die Prinzipien des Lobpreises anwenden, bin ich sicher: Sie werden so auferbaut, daß Sie diese Entdeckung nie vergessen – die Entdeckung des *Halleluja-Faktors*.

Vorwort

August 1982. Die Southcliff Baptist Church in Fort Worth, Texas, bat mich, vorübergehend als ihr Pastor zu arbeiten. Meine Frau Barbara und ich sind Mitglieder dieser Gemeinde. Zunächst schien eine Mitarbeit in solchem Umfang absolut nicht in Frage zu kommen, weil ich die folgenden Monate bereits völlig verplant hatte. Ich suchte jedoch den Herrn und seinen Willen in dieser Angelegenheit und fragte ihn, ob er vielleicht ein besonderes Wort für die Gemeinde hatte. Aus all den Eindrücken, die ich auf mich einstürmten, hob sich einer besonders hervor. Mir schien, als flüstere Gott in meinem Herzen: „Ich möchte, daß mein Volk meinen Namen preist." Bald setzte sich der innere Eindruck durch, und ich wartete auf Bestätigung. Das geschah nicht weniger als sechsmal in den nächsten Tagen. Ich würde also meinen Zeitplan umgestalten und so oft wie möglich predigen, von August bis Dezember vorübergehend als Pastor arbeiten und während dieser Zeit über nichts anderes als Lobpreis sprechen. Ich nahm die Position unter der Bedingung an, daß die Gemeinde dieses Thema auf der Grundlage von zwei Bibelversen akzeptieren würde. Der erste war Psalm 150,6 – „Alles was Odem hat, lobe den Herrn". Das würde unser gemeinsames Thema sein. Der zweite, der persönliche Leitfaden, war Psalm 119,164 – „Siebenmal täglich will ich dich preisen für deine gerechten Gesetze".

Die Gemeinde entschied sich dafür, und ich fing meine auf 119 Tage begrenzte Zeit als Pastor an, in der ich nur über Lobpreis predigen wollte. Bis zu diesem Zeitpunkt gab es nur eine einzige Ausarbeitung zu diesem Thema von mir. Ich nahm also als erstes eine neue Bibel, eine *New International Version,* und markierte alle relevanten Stellen, die ich finden konnte. Natürlich wußte ich, daß in der Bibel einiges über Lobpreis steht, aber ich staunte sehr, wie viel das war. Die Bibel wurde mir in bezug auf Lobpreis lebendig wie nie zuvor. Ich war zunächst nicht sicher gewesen, ob ich überhaupt genug Material für die Predigten während dieser Zeitspanne finden könnte, entdeckte aber eine Fülle, die ich in einem ganzen Jahr nicht hätte ausschöpfen können! Ich hatte mich auf eine Studie und ein Abenteuer eingelassen, das alle Erfahrungen meiner fünfunddreißigjährigen Lehrpraxis in den Schatten stellte.

Ich schreibe dies kurz nach Beendigung der Predigtreihe. Mein Studium und meine Verkündigung über das Thema haben aber eigentlich erst angefangen. Die Reaktion der Gemeinde begeisterte mich. Es wird Jahre dauern, bis man die ganze Auswirkung unserer gemeinsamen Zeit im Abenteuer Lobpreis ermessen kann. Mein eigenes Leben wurde mehr gesegnet, als ich je beschreiben könnte, und viele andere können ebenso bezeugen, daß sich ihr Leben durch Studium und Praxis des Lobpreises änderte. Jetzt wissen Sie also, warum dieses Buch geschrieben wurde. Eigentlich bereitete ich mich gerade darauf vor, ein anderes Buch zu schreiben, als das Abenteuer Lobpreis dieses auf den zweiten Platz verwies. Ich danke Gott für die Southcliff Baptist Church, das „Labor", in dem Lobpreis erforscht wurde. Hunderten Einzelner schulde ich besonderen Dank, die durch ihre Antworten, Erlebnisberichte, Notizen und Gebete eine Ermutigung darstellten, ohne die ich diese Arbeit nicht hätte machen können. Weiterhin danke ich meiner Familie, die das Klappern der Schreibmaschine während unseres Jahresurlaubs in den Bergen Colorados ertrug. Al und Ruby Thalman ließen uns freundlicherweise eine Woche in ihrer wunderschönen Wohnung in Silverthorn, Colorado verbringen. Dort begann ich ernsthaft mit der Arbeit.

Was Sie lesen werden, ist auf keinen Fall eine erschöpfende Ausarbeitung zum Thema Lobpreis. Ich könnte nicht bis zur Fertigstellung einer solchen warten, um Ihnen dies hier vorzulegen – den Bericht eines Weggefährten auf der Abenteuerstraße, auf der wir den souveränen Gott des Universums durch seinen Sohn, Jesus Christus, unseren Herrn, kennenlernen, während der Geist die erforderliche Kleinarbeit macht.

Ich hoffe, Ihnen die große Faszination vermitteln zu können, die ich während des Studiums erfahre. Lesen Sie langsam. Halten Sie am Ende jedes Kapitels inne, und machen Sie die Übungen, die ich *Lobpreisprojekte* nenne. Lernen Sie die Schriftstellen auswendig. Nehmen Sie sich jeden Tag Zeit für Lobpreis. Beschäftigen Sie sich in Theorie und Praxis ernsthaft mit Lobpreis, und Ihr Leben wird sich verändern.

Voraussetzungen zum Lobpreis

Die Prinzipien, um die es hier geht, ergeben sich aus bestimmten Voraussetzungen. Es ist nur fair, wenn ich sie dem Leser gleich zu Anfang mitteile.

Gott erneuert Lobpreis im Leib Christi auf der ganzen Welt. Es passiert! Es ist Gottes Werk, und niemand kann es aufhalten. Nach einer langen und mühsamen Zeit der Dürre hört man jetzt überfließenden Regen einsetzen.

Gott sei Dank für überall entstehende Gruppen, die sich auf den Weg des Lobpreises begeben haben. Es fällt ihnen leichter, weil sie keine Vorbedingungen haben. Man mag nicht in allen Punkten der Lehre übereinstimmen, aber alle, die Gott kennen, sind sich darin völlig einig: *Unser Herr ist würdig, gepriesen zu werden.*

Lobpreis ist das lohnendste Bestreben im Himmel und auf Erden. Eine Tätigkeit, die die gesamte Zeit der Engel im Himmel in Anspruch nimmt und mit der sich die Himmelsbewohner in Ewigkeit befassen, kann ja für sterbliche Erdenmenschen keine Zeitverschwendung sein. Wir dürfen sicher sein, daß die Zeit, die wir im Lobpreis verbringen, nie verloren ist, sondern alles andere, das wir in diesem Licht tun, wertvoller macht. Es gibt mindestens vier Grunddienste für den Leib Christi im allgemeinen und den Gläubigen im einzelnen, nämlich die Dienste der ANBETUNG, des WORTES, des ZEUGNISSES und der ARBEIT. Ich bin davon überzeugt, daß der Schlüssel zu einer gesunden Balance zwischen diesen lebenswichtigen Diensten ist, ANBETUNG an die gerechtfertigte erste Position zu setzen. Die anderen drei werden letztes Endes immer nur so wichtig werden wie sie.

Keine Übung wird mehr körperliche, geistige, emotionale und geistliche Heilung nach sich ziehen wie die des Studiums und Praktizierens von Lobpreis.
In unserem ‚Lobpreislabor‘ in der Gemeinde vor Ort fanden wir heraus, daß bei Menschen, die Gott regelmäßig lobten, hartnäckige Schwierigkeiten verschwanden. Die Gründe werden auf den folgenden Seiten deutlich.

Gemeinsamer Lobpreis ist für eine größtmögliche Erfahrung in der Anbetung unerläßlich.

Wir können predigen und die Leute anflehen, sich zu bekehren, sich reinigen zu lassen, sich hinzugeben und dem Herrn zu folgen, aber nur wenige werden sich auf Dauer ändern, wenn nicht eine Atmosphäre des Lobpreises herrscht. Es ist sehr unwahrscheinlich, daß Menschen, die wir eindringlich bitten, Jesus anzunehmen und ihn Herrn sein zu lassen, an Reife gewinnen, wenn wir sie nicht schon früh in ihrem Christenleben mit Gotteslob umgeben.

Bevor nicht die Umsetzung auf privater Ebene beständig und frei ist, wird gemeinsamer Lobpreis von Furcht, Befangenheit und Unwohlsein beeinträchtigt werden.

Wer nicht gewohnt ist, Gott auch allein zu loben, erlebt öffentlichen Lobpreis als bedrohlich und ängstigend. Ich möchte ganz zu Anfang den Leser ermutigen, unmittelbar mit der einfachen Form des Gotteslobes anzufangen. Daraus entwickelt sich der Wunsch nach öffentlichem Lobpreis, Erwartungen und Freude daran.

Wenn wir Gott loben, beschäftigen wir uns mit einer Ewigkeitsübung.

Paulus stellt in Römer 1,25 fest, daß Gott „in Ewigkeit gelobt ist". Wir werden herausfinden, daß Lobpreis ewig andauert. Er fing nie an. Er war schon immer. Er wird nie zuende sein. Der Psalmist schrieb über diese Tatsache in Psalm 72,19: „Gelobt sei sein herrlicher Name ewiglich." Und weiter: „So will ich deinem Namen lobsingen ewiglich" (Psalm 61,9). In Psalm 111,10b heißt es: „Sein Lob bleibet ewiglich."

Die biblische Wahrheit darüber zu erkennen wird unserem Lobpreis zugute kommen.

Ich habe die Bedeutung von Johannes 8,32 nie besser verstanden – „Ihr werdet die Wahrheit erkennen, und die Wahrheit wird euch frei machen." Echte Gläubige sollten nicht gelockt und bedrängt werden müssen, um die Wahrheit zu tun. Das ist nicht einmal möglich. Man muß nicht eine manipulative, druckvolle und verbissene Kampagne starten, um die Menschen vom Wert des Gotteslobes zu überzeugen. Das Predigen der Wahrheit wird die Arbeit erledigen! Wer die Wahrheit hört, beachtet und anwendet, wird auf dem Gebiet Freiheit erleben. Jemand erkannte sehr richtig: „Wir neigen dazu, uns in ungewohnten Dingen unwohl zu fühlen." Ich konnte

beobachten, wie Menschen durch die Predigt der einfachen bibli-
schen Prinzipien von Furcht zu Glauben kamen. *Im ersten Teil des Buches geht es um das Begriffliche, die Theorie, im zweiten Teil um die Praxis. Das Abenteuer wartet!* Wir tun gut daran, die Theorie langsam durchzunehmen. In ihr werden wir Lobpreis einfach in seiner biblischen Perspektive untersuchen, das Gelernte aber bereits umsetzen. Das befähigt uns, zum praktischen Teil zu gelangen und dann voll in Schwung zu kommen.

Beachten Sie diese Voraussetzungen, denken Sie darüber nach, fügen Sie Ihre eigenen hinzu, und kommen Sie mit mir in den Vorhof des Lobpreises, in die Gegenwart unseres mächtigen Gottes. Schauen Sie sich zu Anfang die untenstehenden Schriftstellen an. Wiederholen Sie sie mehrmals. Lernen Sie zwei oder drei, die Sie besonders ansprechen, auswendig. Machen Sie dies zu Ihrem „Frühsport".

Psalm 34,2-4 - „Ich will den Herrn loben allezeit; sein Lob soll immerdar in meinem Munde sein. Meine Seele soll sich rühmen des Herrn, daß es die Elenden hören und sich freuen. Preiset mit mir den Herrn und laßt uns miteinander seinen Namen erhöhen.
Psalm 61,9 - „So will ich deinem Namen lobsingen ewiglich, daß ich meine Gelübde erfülle täglich."
Psalm 71,8 - „Laß meinen Mund deines Ruhmes und deines Preises voll sein täglich."
Psalm 119,164 - „Ich lobe dich des Tages siebenmal um deiner gerechten Ordnungen willen."
Psalm 147,1 - „Halleluja! Lobet den Herrn! Denn unsern Gott loben, das ist ein köstlich Ding, ihn loben ist lieblich und schön."

Definition

Lobpreis ist im Grunde Anbetung Gottes. Um mit dieser Definition arbeiten zu können, müssen wir das jedoch näher beschreiben.

Lobpreis ist immer aktiv, bestimmt, demonstrativ und offen, nicht passiv, anmaßend, verdeckt oder geheimnisvoll und hat immer mit Bewegung, Aktion, Klängen und Liedern zu tun.

In den Psalmen scheint unsere Hauptquelle für Schriftstellen über Lobpreis und seine Ausübung in drei Kategorien zu fallen. Lobpreis kann *mit Worten* geschehen. „Mein Mund soll des Herrn Lob verkündigen" (Psalm 145,21). Bei anderer Gelegenheit sagt der Psalmist: „Meine Lippen preisen dich" (Psalm 63,4). Oft geschieht Lobpreis durch einen Ausruf: „Jauchzet Gott, alle Lande!" (Ps. 66,1). An anderer Stelle wird Gott „mit lauter Stimme" gedankt (Ps. 26,7). Lobpreis kann also *mit Worten* geschehen.

Es gibt aber auch *hörbaren* Lobpreis ohne Worte, z. B. durch Klatschen. „Schlagt froh in die Hände, alle Völker" (Psalm 47,2a). In Psalm 150,3-5 werden weitere Möglichkeiten aufgeführt: „Lobet ihn mit Posaunen, lobet ihn mit Psalter und Harfen! Lobet ihn mit Pauken und Reigen, lobet ihn mit Saiten und Pfeifen! Lobet ihn mit hellen Zimbeln, lobet ihn mit klingenden Zimbeln!"

Andere Formen des Lobpreises sind weder hörbar, noch beinhalten sie Worte. Eine davon ist das Händeheben. „So will ich ... meine Hände in deinem Namen aufheben", erklärt der Psalmist in Psalm 63,5. Mit dieser Möglichkeit werden wir uns später ausführlicher beschäftigen, wenn wir die hebräischen Wörter für Lobpreis untersuchen. Eine andere solche Form ist der Tanz. David tanzte vor dem Herrn, als die Bundeslade endlich an ihren rechtmäßigen Ort gebracht wurde. Folgendermaßen wird davon berichtet: „So brachte ganz Israel die Lade des Bundes des Herrn hinauf mit Jauchzen, Posaunen, Trompeten und hellen Zimbeln, mit Psaltern und Harfen. Als nun die Lade des Bundes des Herrn in die Stadt Davids kam, sah Michal, die Tochter Sauls, zum Fenster hinaus," und als sie den König David *tanzen* und *spielen* sah, „verachtete sie ihn in ihrem Herzen" (1. Chronik 15,28-29). In Psalm 149,3 fordert David auf: „Sie sollen loben seinen Namen im Reigen." Man kann Gott auf noch andere, sichtbare (also nicht hörbare oder vokale) Weise loben, nämlich durch *Knien*. Eines der Wörter, die im Alten

Testament im Zusammenhang mit Lobpreis verwendet werden, ist *schacha*. Es kommt mehr als 170mal im AT vor und bezieht sich auf die Position des Niedergeworfenseins oder Kniens. Im allgemeinen wird es durch „anbeten" übersetzt.

Obwohl wir alle diese Formen später ausführlicher behandeln werden, ist es nicht zu früh, sie in Ihrer persönlichen Lobpreiszeit einzubauen. Beachten Sie die Lobpreisprojekte unten.

Wir wollen also als Arbeitsdefinition folgende Beschreibung gelten lassen: *Lobpreis ist Anbetung Gottes mit Worten, hörbar oder sichtbar* (entweder/oder oder sowohl als auch).

Einige Schriftstellen dazu:

1. Chronik 16,29 – „Bringet Geschenke und kommt vor ihn und betet den Herrn an (*schacha*) in heiligem Schmuck!"

2. Chronik 20,18 – „Da beugte sich Joschafat mit seinem Antlitz zur Erde, und ganz Juda und die Einwohner von Jerusalem fielen vor dem Herrn nieder und beteten den Herrn an (*schacha*)."

Psalm 96,9 – „Betet den Herrn an (*schacha*) in heiligem Schmuck!"

LOBPREISPROJEKTE:

1. Lernen Sie unsere Arbeitsdefinition von Lobpreis oder eine, die Ihnen eingängiger ist, auswendig. Verinnerlichen Sie sie. Betrachten Sie jede Schriftstelle zum Thema Lobpreis ab heute durch das Fenster dieser Definition.

2. Zählen Sie die drei Kategorien für Lobpreis auf, und führen Sie mindestens ein Beispiel zu jeder Kategorie an (z. B.: mit Worten – „Jauchzet dem Herrn", Ps. 47,1).

3. Nehmen Sie sich gerade jetzt ein paar Minuten Zeit, einige dieser Formen der Anbetung Gottes in die Praxis umzusetzen:

   a) Knien Sie still in der Gegenwart Gottes und denken Sie über einen Aspekt seines Charakters nach.

   b) Während Sie knien, heben Sie Ihre Hände zum Herrn, und sprechen Sie die Worte aus Psalm 63,5 – „In deinem Namen will ich meine Hände aufheben".

   c) Während Sie mit erhobenen Händen knien, singen Sie ein ruhiges Loblied zu Gott, z. B. „Herr, du mein Gott, du bist gut".

   d) Bitten Sie den Herrn dabei, Ihnen die Bedeutung dieser Übungen beim Lobpreis beizubringen.

Kapitel 1

Lobpreis: Eine Perspektive

*Gebt mir einen festen Punkt, und ich werde die Welt
aus ihren Angeln heben*

Archimedes

Lobpreis ist das Ergebnis einer richtigen Perspektive. Ich bin nicht
ganz sicher, wovon Archimedes sprach, aber ich glaube, es hatte
etwas mit der Hebelkraft zu tun. Hebelkraft erfordert zwei Dinge:
Zum einen braucht man einen Ansatzpunkt, und zum zweiten einen
Hebel. Wenn man das auf eine dynamische Lebensphilosophie
überträgt, ist Lobpreis natürlich der Hebel, und die Souveränität
Gottes der Ansatzpunkt. Denken Sie doch einmal ein wenig darüber
nach, bevor Sie weiterlesen.

Wenn Lobpreis nun auf menschlichen Hoffnungen und Illusio-
nen gründete, also nichts weiter als eine veränderte Übung des
Positiven Denkens wäre, dann handelte es sich gewiß um die
schlimmste aller Verrücktheiten dieser Welt.

Wenn Lobpreis aber das unmittelbare Ergebnis einer so gewaltigen Wahrheit ist, daß wir ohne sie nicht zu leben wagen, ja, dann
ist das etwas anderes! Vergleichen wir dieses Buch mit einem
Gebäude: Das erste Kapitel entspricht dem Fundament. Kein Gebäude kann stabiler sein als sein Fundament.

Der Fatalist kann Gott nie preisen, denn seiner Weltanschauung
liegt die Ansicht zugrunde, daß weder das Leben je zum Guten noch
letztlich Gutes zum Leben gelangen könnte. Der Pessimist kann nie
Lieder der Freude und des Lobpreises singen. Seine Denkweise oder
Perspektive unterstützt so etwas einfach nicht.

Ich hoffe, an dieser Stelle ein Fundament legen zu können, auf
dem sich Lobpreis in Ihrem Leben aufbauen kann. Die Wahrheit
zu kennen, die uns hier entgegentritt, führt uns direkt in die
Anbetung.

JOHANNES AUF DER INSEL PATMOS

Es geht um unsere Perspektive. Dazu wollen wir den Text aus Offenbarung 4 hinzuziehen. Johannes war auf der Insel Patmos „um des Zeugnisses von Jesus" willen (Offenbarung 1,9). Im Alter hatte er die schlimmste Ausgrenzung seiner Gesellschaft erlitten und war auf dieses einsame Stück Land verbannt worden, um dort den Rest seines Lebens zu verbringen. Seine Umgebung bot keinerlei Hoffnung: Diese Verbannung teilte er mit dem Abschaum der Gesellschaft. Seine Lieben, wenn sie überhaupt noch lebten, waren weit weg, und die Erinnerung an Hunderte von Freunden, die zum höchsten Opfer, dem Märtyrertod für das Evangelium, berufen worden waren, ließ ihn nicht los.

Wenn je jemand einen völlig gerechtfertigten Grund zur Depressivität hatte, dann war das Johannes auf der Insel Patmos. Die Gemeinde wurde allerorten verfolgt. Überall im Römischen Reich war es gefährlich, zu Jesus zu gehören. Der Mann an der Macht haßte das Christentum und seine Anhänger und schien fest entschlossen, sie von der Erde auszulöschen.

Diese dunkle Zeit in Johannes' Leben wird zu einem guten Aussichtspunkt für Lobpreis. Johannes sah eine Vision des verherrlichten Christus. Der war so anders, als Johannes seinen Meister in Erinnerung hatte, daß er nicht mehr zu äußern wagte als die vorsichtige Beobachtung, er sei „einem Menschensohn gleich". Dies war jetzt nicht der „sanfte, milde und demütige Heiland", sondern eine imposante Figur mit einer Stimme wie großes Wasserrauschen. Seine Augen waren wie eine Feuerflamme, seine Stimme wie ein scharfes Schwert. Seine Füße sahen aus wie Golderz, das im Ofen glüht – das bezeichnet vollendetes Gericht. Er trug ein königliches Gewand, um die Brust einen goldenen Gürtel. Sein Haar war weiß, und sein Angesicht leuchtete, wie die Sonne scheint in ihrer Macht. In seiner rechten Hand hatte er sieben Sterne, und er war mitten unter sieben goldenen Leuchtern. Er erläuterte seinen Auftrag und gebot Johannes, die Dinge aufzuschreiben, die er sah und hörte. Dann fuhr Jesus fort, Botschaften an die sieben Gemeinden Asiens zu diktieren. Bedenken Sie, was die ersten drei Kapitel der Offenbarung beinhalten! Jesus zeigt sich selbst, seine Interessen und seine Pläne. Gott ist noch aktiv, und die Welt hat noch nicht zum letztenmal von ihm gehört. Im vierten Kapitel der Offenbarung scheinen wir die wichtigste Einstellung zu finden, auf die sich das ganze Buch aufbaut. Wir müssen sie ausführlich betrachten, um die nötige Perspektive für beständigen Lobpreis zu bekommen.

EINE GEÖFFNETE TÜR

Johannes sagte: „Danach sah ich, und siehe, eine Tür war aufgetan im Himmel" (Offenbarung 4,1). Die Assoziation ist deutlich: Zwischen Johannes' Standpunkt und dem Himmel ist eine offene Tür, die also die Möglichkeit bietet, unmittelbar einzutreten. Preis sei Gott für solche offenen Türen! Johannes erfuhr in Offenbarung 1 von zwei Wirklichkeitsbereichen. Der eine war die Welt der sichtbaren Wirklichkeit – diese Welt war dunkel und voller Gefahren, ohne jede Hoffnung. Aber plötzlich wurden Johannes' Augen für eine andere Welt geöffnet, die Welt des Unsichtbaren. An anderer Stelle spricht er so davon: „Ich war auf der Insel Patmos. ... Am Tage des Herrn war ich im Geist." In diesem Bereich geistlicher Wirklichkeit sah er, was er uns berichtete.

Wir alle haben mit diesen beiden Bereichen der Wirklichkeit zu tun. Alle unsere Schwierigkeiten mit Depression und Hoffnungslosigkeit setzen an unserer Überzeugung an, welcher Bereich der realere sei. Mit dem Sichtbaren, Greifbaren gehen wir täglich um. Wir wissen, daß das wirklich ist. Rechnungen müssen bezahlt werden. Krankheit und Tod sind ein Teil des Lebens. Die Welt wird immer schlechter. Furcht, Zweifel, Ablehnung und Ängste machen sich breit; erschreckende Entwicklungen brauen sich am Horizont zusammen und scheinen das bloße Überleben der menschlichen Rasse zu bedrohen.

Es gibt aber noch eine andere Welt, einen anderen Wirklichkeitsbereich, der unsere Aufmerksamkeit erlangen möchte: das Geistliche, das Himmlische, Ewige! Aber Sie und ich neigen dazu zu glauben, dieser Bereich sei neblig, trübe und unreal. Dennoch handelt es sich aber um echte Wirklichkeit. Echtheit wird letztlich am Bestehenbleiben geprüft, und nichts, was wir sehen, berühren, schmecken, riechen oder hören, ist unzerstörbar. Der Bereich der Sinne wird die Wandlung und die ultimative Auflösung der Zeit nicht überleben. *Das Unsichtbare ist das Reale.* Das müssen wir glauben, wenn unsere Geschichtsauffassung irgendeine Hoffnung beinhalten soll.

Die Tür, die Johannes offen sah, war die Tür zwischen Erde und Himmel, die Öffnung zwischen der sichtbaren und der unsichtbaren (aber wirklichen) Realität. Wenn wir diese Erfahrung des Johannes nachempfinden, möchte ich Sie, lieber Leser, herausfordern, die geöffnete Tür vor sich zu erkennen!

EINE STIMME IM HIMMEL

Die Vision von der geöffneten Tür wurde bald von einer posaunenähnlichen Stimme begleitet, die befahl: „Steig herauf, ich will dir zeigen, was nach diesem geschehen soll!" (Offenbarung 4,1b). Zuerst fand *Identifikation* statt. Er erkannte diese Stimme als diejenige wieder, die vorher zu ihm gesprochen hatte, die Stimme von Jesus selbst! Dann war da eine *Einladung*. „Steig herauf", gebot der Erlöser. Die Tür im Himmel war jetzt offen, und der König selbst lud ein, durch sie einzutreten. Danach gab es die *Erklärung* – „Ich will dir zeigen, was nach diesem geschehen soll". Hier erfahren wir den Schlüssel zur Geschichte. Es gibt nicht nur zwei Wirklichkeitsbereiche, das Sichtbare und das Unsichtbare, sondern es ist sogar so, daß der unsichtbare den sichtbaren Bereich kontrolliert und durchdringt. Bis jetzt kennen wir es anders herum. Aus diesem Grund fällt es immer schwer zu glauben, denn die Grundforderung des Glaubens lautet: Wahre, echte Wirklichkeit ist im Bereich des Unsichtbaren zu finden.

Jesus scheint zu Johannes zu sagen: „Hör zu, die Dinge sind nicht so, wie sie scheinen. Nie! Gleich zeige ich dir, wie es wirklich aussieht. Ich führe dich in den Thronsaal des Universums und lasse dich die echte Wirklichkeit sehen! Die Dinge sind nicht aus der Kontrolle geraten. Der Teufel hat nicht gewonnen, das Böse triumphiert nicht! Der Mensch ist nicht Opfer eines grausamen Zufalls, und wir leben nicht auf einem großen Ballon, der jeden Moment explodieren und uns alle ins ewige Abseits befördern wird. Johannes, ich möchte, daß du durch diese Tür gehst und einen Blick auf die Wirklichkeit wirfst!"

EIN BESETZTER THRON

In Vers 2 bemerkt Johannes dann interessanterweise: „Alsbald wurde ich vom Geist ergriffen. Und siehe, ein Thron stand im Himmel, und auf dem Thron saß einer." Der erste Eindruck seiner Vision war ein *Thron*. Was verbinden Sie mit diesem Wort? Sie denken an Kontrolle, Herrschaft, Autorität. Im Bereich der unsichtbaren Realität gibt es einen *Thron*. Die Situation ist umgedreht. Nicht die Mächte dieser Welt halten die Autorität des Universums im Gleichgewicht. Im Himmel gibt es einen Kontrollraum und einen Thron

Ich mag es, wie Johannes die Szene beschrieb. „Und siehe, ein Thron stand im Himmel, und auf dem Thron *saß einer.*" Viele Menschen in der Welt würden annehmen, daß der Thron unbesetzt und „klar zum Entern" sei. Die folgende Beschreibung ist aber eindeutig: Auf jenem Thron sitzt der souveräne Gott. Das Unsichtbare hat das Sichtbare unter Kontrolle und in seiner Macht. Der Himmel ist die der Erde und auch dem ganzen Universum übergeordnete Autorität.

EINE LOBPREISORDNUNG

Plötzlich findet sich Johannes mitten in einem mächtigen Lobpreisgottesdienst wieder! Er beschreibt die Erscheinung Gottes wie Edelsteine, und auf geringeren Thronen sieht er vierundzwanzig Älteste. Sie sind in Weiß gekleidet und haben goldene Kronen auf ihren Köpfen. Vom Thron gehen Blitze aus, Stimmen und Donner. Ferner sieht er vier himmlische Gestalten in der Mitte und um den Thron, wie einen Löwen, einen Stier, einen Menschen und einen fliegenden Adler. Sie haben je sechs Flügel und sind außen und innen voller Augen. Unaufhörlich sprechen sie: „Heilig, heilig, heilig ist Gott der Herr, der Allmächtige, der da war und der da ist und der da kommt." Während diese seltsamen himmlischen Gestalten den Gott des Himmels so preisen, fallen die Ältesten nieder, beten an und legen ihre Kronen nieder vor dem Thron und sprechen: „Herr, unser Gott, du bist würdig, zu nehmen Preis und Ehre und Kraft; denn du hast alle Dinge geschaffen, und durch deinen Willen waren sie und wurden sie geschaffen."

Diese Szene weist eine überraschende Ähnlichkeit mit der in Jesaja 6 beschriebenen auf, und die himmlischen Gestalten aus beiden Anbetungsszenen gleichen sich auf erstaunliche Weise. Wir werden in einem späteren Kapitel darauf eingehen.

Jetzt denken Sie vielleicht, ich hätte einen Umweg gemacht, um zu meiner Aussage zu kommen, aber der Weg lohnt sich. Die Perspektive im Lobpreis ist nichts anderes als der Thronsaal des Weltalls, in dem wir Gott auf einem Thron sitzen sehen! *Gott regiert!* Das ist Grundlage und Ursprung für Lobpreis. *Wenn wir Gott sehen, wie er ist, werden wir ihn preisen, wie wir sollten!* Lobpreis ist nicht mehr und nicht weniger, als Gottes Hoheit und Vorsorge zu bekennen und sich ihr unterzuordnen.

Wer Gott nicht preist, beweist einfach, daß sein Gottesbild nicht stimmt. Ihn kennen heißt ihn preisen. Er ist würdig, gepriesen zu werden! Wenn wir Gott anbeten, machen wir uns mit dem Himmel eins. Dort wird Gott unaufhörlich gepriesen. Im Vorhof des Lobpreises stehen wir in der ganz besonderen Atmosphäre des „himmlischen Wesens", in dem Gott auf seinem Thron sitzt. Wir sind zuhause als erlöste, mit Jesu Blut erkaufte Bundesgenossen im Lobpreis. Und auch unser Gott wohnt in unserem Lobpreis. Gott loben ist genau das Richtige. Als Kinder des lebendigen Gottes sind wir in unserem Element, wenn wir anbeten. Sehen Sie nicht inmitten all der Dinge, die Sie animieren wollen, wegzurennen, sich zu verstecken und sich in Hoffnungslosigkeit abzustrampeln, diese offene Tür? Hören Sie nicht diese Donnerstimme, die Sie bittet, zu kommen und zu sehen? Sehen Sie nicht jenen Thron und den, der darauf sitzt? Er ringt nicht die Hände über eine Welt, die sich selbst ins Abseits katapultiert. Er wandert nicht mit gerunzelter Stirn und sorgenvollem Blick um den Thron herum. Er ist der souveräne Gott. Er ist der Chef! Stimmen Sie Ihre Sicht der Geschichte darauf ein, und Sie werden bereit sein, Gott anzubeten. Bereuen Sie die Sünde, zu glauben, die Dinge seien so, wie sie scheinen. Bitten Sie den Herrn, Ihre ganze Perspektive mit der Vision Gottes auf dem Thron zu erneuern.

Nach der ersten Predigt, die diesem Kapitel entsprach, packte uns in Southcliff unser ‚Lied zum Thema' derart, daß es in fast jedem folgenden Gottesdienst gesungen wurde:

Gott regiert, Gott regiert, Gott regiert,
Gott regiert!

LOBPREISPROJEKTE:
Wir haben uns mit einem Thema als der Grundlage für Lobpreis beschäftigt: Unser Gott regiert! Ich bitte Sie, zwei Aufgaben zu machen, die einige Zeit erfordern, aber reiche Frucht tragen werden.
1. Lesen Sie die Psalmen, und streichen Sie alle Stellen an, in denen von Gottes Thron, Gottes Herrschaft, seiner Größe und seiner Autorität die Rede ist.
2. Nehmen Sie ein Gesangbuch zur Hand, und suchen Sie die Lieder heraus, die von Gottes Größe und Souveränität handeln. Lernen Sie eine Strophe von einigen dieser Lieder auswendig. (Beispiel: „Ein feste Burg ist unser Gott".)

Kapitel 2

Lobpreis: Eine Vorschau

Wir bereiten uns darauf vor, die tiefen und wunderbaren Geheimnisse um das Gotteslob zu erforschen. Jetzt stehen wir auf dem Gipfel der Hoheit: Gott regiert! Er ist der Herrscher. Im Zentrum des Universums gibt es einen Thron, und auf diesem Thron sitzt niemand anderer als unser mächtiger Gott. Von dieser erhabenen Höhe aus betrachten wir nun das Tal, das sich vor uns ausbreitet. Im ersten Kapitel ging es also darum, den Berg zu erkunden. Jetzt genießen wir das Panorama. Wir könnten hier besser von einer Zusammenfassung oder einem Überblick über Lobpreis sprechen. Die Wahrheiten, die vor uns liegen, sollten wir im Licht der folgenden Überlegungen betrachten. Diese wenigen Aussagen sind längst nicht alles, was man über Lobpreis sagen könnte, aber für unser Studium sind sie von zentraler Bedeutung.

LOBPREIS WAR DIE WINDEL, DIE DIE WELT BEI IHRER
ENTSTEHUNG TRUG.
Als Gott zu seiner eigenen Freude alles erschuf, was ist, war die Erde mit Lobpreis umgeben. Im Buch Hiob duldete Gott die unvollständige Information Hiobs und seiner Freunde so lange, bis er schließlich sprechen mußte: „Wer ist's, der den Ratschluß verdunkelt mit Worten ohne Verstand? Gürte deine Lenden wie ein Mann! Ich will dich fragen, lehre mich! Wo warst du, als ich die Erde gründete? Sage mir's, wenn du so klug bist! Weißt du, wer ihr das Maß gesetzt hat oder wer über sie die Richtschnur gezogen hat? Worauf sind ihre Pfeiler eingesenkt, oder wer hat ihren Eckstein gelegt, ... als mich die Morgensterne miteinander lobten und jauchzten alle Gottessöhne?" (Hiob 38,2-7). Auf dem Gipfel der Hoheit stehend, erkennen wir, daß in der vergangenen Ewigkeit eine Atmosphäre der Anbetung herrschte. Alles, was damals geschaffen wurde, fiel mit ein in den Lobgesang. Die Sterne sangen miteinander in froher Erwartung des Kommenden. Die Engel jauchzten über die Herrlichkeit Gottes,

die sich bald durch sein Handeln an den Menschen offenbaren sollte. Gott schuf die Möglichkeit zu lieben, und er schuf seine eigene, ewige Familie. Lobpreis erfüllte die Welt in ihrem Anfang. In Offenbarung 4,11 wird berichtet, wie die 24 Ältesten, die die Anbetung der vier himmlischen Wesen miterlebt hatten, ihre Kronen vor dem großen Thron Gottes niederlegten und riefen: „Herr, unser Gott, du bist würdig, zu nehmen Preis und Ehre und Kraft; denn du hast alle Dinge geschaffen, und durch deinen Willen waren sie und wurden sie geschaffen." In der *King James Version* heißt es „For thy pleasure they were and are created" („Zu deiner Freude wurden und werden sie geschaffen"). Alles Geschaffene, Engel und Sterne, waren Zeugen der Freude Gottes über die Schöpfung, und sie sangen und jubelten sein Lob.

LOBPREIS SCHEINT EIN GESETZ ZU SEIN, DAS IN DIE STRUKTUR DES UNIVERSUMS EINGEWEBT IST. Es scheint, als sei alles gemacht, um Gott zu loben. Paulus schreibt in Epheser 1,13-14: „In ihm seid auch ihr, die ihr das Wort der Wahrheit gehört habt, nämlich das Evangelium von eurer Seligkeit – in ihm seid auch ihr, als ihr gläubig wurdet, versiegelt worden mit dem heiligen Geist, der verheißen ist, welcher ist das Unterpfand unseres Erbes, zu unsrer Erlösung, daß wir sein Eigentum würden ... ZUM LOB SEINER HERRLICHKEIT". (Hervorhebung an dieser und bei allen anderen im folgenden angeführten Bibelstellen vom Verfasser). Der Zweck der Schöpfung ist Lobpreis. In Jesaja 43,21 erklärt Gott: „... das Volk, das ich mir bereitet habe, SOLL MEINEN RUHM VERKÜNDIGEN". Lobpreis ist der Grund für die Existenz des Universums, Mensch und Kreatur eingeschlossen.
Psalm 148 paßt gut hierher:

Halleluja!
Lobet im Himmel den Herrn, lobet ihn in der Höhe!
Lobet ihn, alle seine Engel, lobet ihn, all sein Heer!
Lobet ihn, Sonne und Mond, lobet ihn, alle leuchtenden Sterne!
Lobet ihn, ihr Himmel aller Himmel und ihr Wasser über dem Himmel!
Die sollen loben den Namen des Herrn; denn er gebot, da wurden sie geschaffen.
Er läßt sie bestehen für immer und ewig; er gab eine Ordnung, die dürfen sie nicht überschreiten.

Lobet den Herrn auf Erden, ihr großen Fische und alle Tiefen des Meeres,
Feuer, Hagel, Schnee und Nebel, Sturmwinde, die sein Wort ausrichten,
ihr Berge und alle Hügel, fruchttragende Bäume und alle Zedern, ihr Tiere
und alles Vieh, Gewürm und Vögel, ihr Könige auf Erden und alle Völker,
Fürsten und alle Richter auf Erden, Jünglinge und Jungfrauen, Alte mit
den Jungen! DIE SOLLEN LOBEN DEN NAMEN DES HERRN;
DENN SEIN NAME ALLEIN IST HOCH, SEINE HERRLICHKEIT
REICHT, SO WEIT HIMMEL UND ERDE IST.

Wir erkennen also deutlich, daß alle Schöpfung die Fähigkeit hat,
Gott zu preisen. Lukas berichtet von Jesu Einzug in Jerusalem, daß
„die ganze Menge der Jünger" anfing, „mit Freuden Gott zu loben
mit lauter Stimme über alle Taten, die sie gesehen hatten, und
sprachen: ‚Gelobt sei, der da kommt, der König, in dem Namen des
Herrn! Friede sei im Himmel und Ehre in der Höhe!'" Die Pharisäer
störte das sehr, und sie baten Jesus, die Jünger zurechtzuweisen,
damit sie ihn nicht weiter priesen. Jesus aber enttäuschte sie: „Ich
sage euch: Wenn diese schweigen werden, so werden die Steine
schreien" (Lukas 19,37-40). Jesus wußte, daß auch die Steine am
Wegesrand in der Lage sind, Gott zu loben. Wenn die Menschheit,
die als Hauptquelle für den Lobpreis geschaffen wurde, sich weigert,
zu tun, was zu tun ist ... dann werden die leblosen Steine unseren
Platz im Lobpreis einnehmen.

NACH DEM UNTERGANG DIESER ERDE WIRD DIE ATMOSPHÄRE
MIT LOBPREIS ERFÜLLT SEIN.
Wie die Menschheitsgeschichte mit Lobpreis begann, so wird dieser
auch den Hintergrund für das Ende der Geschichte bilden. Kein
Buch der Bibel außer den Psalmen enthält mehr Lobpreis als die
Offenbarung. In Offenbarung 4 wird eine beispiellose Anbetungs-
szene beschrieben. Wir behandelten sie schon im ersten Kapitel. Der
Lobpreis der vier himmlischen Gestalten entzündete den Lobpreis
der Ältesten, die ihren Thron verließen und vor dem Thron Gottes
in der Mitte niederknieten. In Offenbarung 5 lesen wir, wie diesel-
ben Wesen und Ältesten vor dem Thron niederfielen und ein neues
Lied darüber sangen, daß das Lamm würdig sei, und später in dem
Kapitel, daß „vieltausend mal tausend" Engel um den Thron herum
waren und sangen: „Das Lamm, das geschlachtet ist, ist würdig, zu
nehmen Kraft und Reichtum und Weisheit und Stärke und Ehre
und Preis und Lob." Danach fiel jedes Geschöpf im Himmel, auf

der Erde und auf dem Meer in den Lobgesang ein: „Dem, der auf
dem Thron sitzt, und dem Lamm sei Lob und Ehre und Preis und
Gewalt von Ewigkeit zu Ewigkeit!" Im gesamten Buch der Offenbarung umgeben die Ältesten, die vier Gestalten, die Engel und die
ganze Schöpfung die Ereignisse mit Jauchzen und Lobliedern. Wir
werden später noch auf die wunderbaren „Hallelujas" aus Offenbarung 19 eingehen.

Das letzte Wort der Bibel steht in Zusammenhang mit Lobpreis:
Amen! Jesus gebrauchte dieses prächtige Wort ebenso wie der Psalmist. Im Lobpreis des Alten Testamentes wurde es oft eingesetzt.
„Gelobt sei der Herr, der Gott Israels von Ewigkeit zu Ewigkeit! Und
alles Volk sagte: Amen!" In Nehemia antwortete das Volk auf das
vorgelesene Wort Gottes mit „Amen! Amen!" Als David das Singen
des Dankliedes anordnete, mußte Asaph das Lied vortragen, aber
alle Menschen fielen mit „Amen! und: Lobe den Herrn!" ein
(1. Chronik 16,36). *Amen* steht in Offenbarung 19,4 direkt neben
Halleluja, als die Ältesten und die vier Gestalten niederfielen und
vor dem Thron anbeteten und sprachen: „Amen, Halleluja!"

Da selbst die Bibel mit dem Wort Amen schließt, ist es sicher
nicht unpassend, wenn wir dieses Wort im Lobpreis benutzen, um
Übereinstimmung mit den gewaltigen Wahrheiten der Schrift über
die Größe unseres Gottes auszudrücken.

GOTT WOHNT IM LOBPREIS.

In Psalm 22,4 lesen wir: „Du aber bist heilig, der du thronst über
den Lobgesängen Israels." Die *King James Version* ist deutlicher: „But
thou art holy, O thou that inhabitest the praises of Israel" („Du aber
bist heilig, der du den Lobpreis Israels bewohnst"). Mit anderen
Worten: Wo Gott wohnt, da ist Lobpreis. Das ist seine ständige
Adresse. Lobpreis ist sein Element. Er ist darin zuhause. „Groß ist
der Herr und hoch zu rühmen" (Psalm 48,2).

Das klärt eines der großen Geheimnisse um den Lobpreis.
Warum ändern sich Dinge so schnell, wenn wir den Herrn preisen?
Warum kommt Heilung auf den Schwingen des Lobpreises? Warum
erfahren menschliche Gefühle solche Veränderung, wenn Gott gelobt wird? Wie müssen wir diese Dinge, die den Lobpreis begleiten,
einordnen? Die Antwort ist recht einfach: Gott ist zwar überall, aber
er manifestiert sich nicht überall. Er ist im Lobpreis zuhause, und
zuhause zeigt er sich am besten als Gott! Wenn Sie oder ich
beschließen, durch Lobpreis Gott zuhause sein zu lassen, laden wir

ihn ein, sich „wie daheim" zu verhalten. Wenn Gott im Lobpreis
„zuhause" ist, tut er, was er tun möchte. Ich verbringe viel Zeit in Hotelzimmern auf der ganzen Welt. Ich kann mich überall wohlfühlen und bin fast überall gerne. Aber nur zuhause finden Sie mich so richtig in meinem Element. Wenn Sie mich so erleben wollen, dann können Sie das im Willow Lake Circle 4232 in Fort Worth, Texas, tun. Wenn Sie Gott völlig in seinem Element erleben wollen, dann können Sie das im Lobpreis erfahren. Gott ist mit Lobpreis verbunden. Wo er gepriesen wird, sitzt er auf dem Thron und kann gewaltig wirken.

LOBPREIS UND ANBETUNG IST DER EINZIGE ZUGANG ZUR GEGENWART GOTTES.
In Psalm 100,4 fordert der Psalmist auf: „Gehet zu seinen Toren ein mit Danken, zu seinen Vorhöfen mit Loben." Da Lobpreis Gottes Zuhause ist und er darin wohnt, besuchen wir seine Gegenwart, wenn wir ihn loben, und stehen in seinen Höfen. Ebenso, wie ein Tor in die Stiftshütte führte, gibt es auch ein Tor zur Anbetung, sei sie privat und persönlich oder öffentlich und gemeinschaftlich. Wie oft starten wir direkt durch in vermeintliche Anbetung und Gebet ohne Lobpreis! Das ist so, als wolle man durch den Zaun brechen, um in den Vorhof des Heiligtums zu gelangen. Wäre es nicht besser, das Tor zu benutzen? Dieses Tor ist Danksagung. Dank geleitet uns in den Vorhof der wunderbaren Gegenwart Gottes. Diese Anbetung, durch Lobpreis eingeleitet, erlebt ihren Höhepunkt im Glück der Gemeinschaft mit dem Heiligen Gott, der im Lobpreis wohnt und dem sich sein Volk im Lobpreis nähert.

LOBPREIS IST GOTTES LOHN DAFÜR, DASS ER UNS BEFREIT UND SEGNET.
In Psalm 106,47 fleht der Psalmist: „Hilf uns, Herr, unser Gott, und bring uns zusammen aus den Heiden, DASS WIR PREISEN DEINEN HEILIGEN NAMEN UND UNS RÜHMEN, DASS WIR DICH LOBEN KÖNNEN!" Danksagung und Lobpreis wurden als Basis und Ergebnis der Befreiung angesehen.
In Psalm 30,12-13 heißt es auch: „Du hast mir meine Klage verwandelt in einen Reigen, du hast mir den Sack der Trauer ausgezogen und mich mit Freude gegürtet, DASS ICH DIR LOBSINGE UND NICHT STILLE WERDE". Auch hier ist der Zweck der Befreiung und Errettung das Lob Gottes.

Zusammengefaßt: Gottes „Belohnung" dafür, daß er uns rettet, ist unser Lob. Es tut Gott gut. Eines der Wörter für Lobpreis ist, wie wir später sehen werden, *barakh*. Das bedeutet „segnen". Dieses Wort wird gleichbedeutend mit „preisen" verwendet. In 1. Chronik 29,10 lobte (englisch: *blessed*, segnete) David den Herrn vor der ganzen Gemeinde. In Psalm 103 sagt er: „Lobe den Herrn, meine Seele" (Die *King James Version* verwendet hier auch das Wort „*bless*".) Gott wird durch Lobpreis gesegnet. Ich kann mir nichts Höheres für den Menschen vorstellen als diesen Gedanken: *Ich kann den Herrn segnen!*

LOBPREIS IST DIE SCHUTZKLEIDUNG, DIE GOTT UNS GEGEN EINEN BEDRÜCKTEN GEIST GIBT.

Die messianischen Worte in Jesaja 61,1-3 lauten: „Der Geist Gottes des Herrn ist auf mir, weil der Herr mich gesalbt hat. Er hat mich gesandt, den Elenden gute Botschaft zu bringen, die zerbrochenen Herzen zu verbinden, zu verkündigen den Gefangenen die Freiheit, den Gebundenen, daß sie frei und ledig sein sollen; zu verkündigen ein gnädiges Jahr des Herrn und einen Tag der Vergeltung unsres Gottes, zu trösten alle Trauernden, zu schaffen den Trauernden zu Zion, ... daß ihnen Schmuck statt Asche, Freudenöl statt Trauerkleid, LOBGESANG STATT EINES BETRÜBTEN GEISTES gegeben werden". Keine Kur, keine Medizin hilft so gut gegen das Übel der Entmutigung wie Lobpreis. Depression und Lobpreis können nicht lange miteinander leben. Sie passen absolut nicht zusammen! Wenn ich das wörtlich nehmen sollte, müßte ich davon ausgehen, daß es einen oder viele Geister der Verzweiflung oder Depression gibt. Nichts schreckt den Teufel und seine Dämonen mehr als Lobpreis. Lobpreis bewirkt ein Bewußtsein der Gegenwart Gottes mit allen Begleiterscheinungen. Die Lügner aus der Hölle können ihre Ware in einer Atmosphäre der Anbetung nicht effektiv anpreisen. Lobpreis wird als Gewand bezeichnet: Wir haben die Wahl, ob wir es wie einen Mantel anziehen möchten oder nicht. Wenn wir uns ständig damit bekleiden, werden uns die Geister der Depression, Entmutigung und Verzweiflung nichts anhaben können.

IRDISCHE PRODUKTIVITÄT IST ABHÄNGIG VON LOBPREIS.

Da Lobpreis als Gesetz in die Struktur des geschaffenen Universums eingewoben ist, hat er logischerweise große Auswirkung darauf. Gott möchte alle Menschen segnen, kann das aber erst so richtig tun, wenn sie seinen Namen preisen. Lobpreis setzt Gottes Werk an seiner Schöpfung mit maximaler Produktivität frei. Das wird sehr deutlich in Psalm 67,6-8: „Es danken dir, Gott, die Völker, es danken dir alle Völker. DAS LAND GIBT SEIN GEWÄCHS; ES SEGNE UNS GOTT, UNSER GOTT! ES SEGNE UNS GOTT, UND ALLE WELT FÜRCHTE IHN!". Es ist mehr als nur ein übernommener Spruch: „Mit Lobpreis geht alles besser!" Die Abwesenheit von Lobpreis erlaubt eine Atmosphäre, in der sich alle möglichen Keime ausbreiten können, die die geistliche Gesundheit angreifen. Produktivität wird unterdrückt, Erfüllung begrenzt. Der Mensch ist frustriert. Gott ist traurig. Wenn wir anbeten, erreicht die Produktivität ihren Höchststand, Erfüllung ist gewährleistet und Frustration wird neutralisiert. In jeder Situation kommt es darauf an, ob wir Gott loben oder nicht. Wenn Sie das „dann" (im englischen Text heißt es: *„Dann* gibt das Land sein Gewächs ...") in Psalm 67,7 in Betracht ziehen, müssen Sie Gott preisen. Das Ergebnis wird Produktivität sein: in Ihrer Umgebung, für Sie und von Ihnen ausgehend.

LOBPREIS VERHERRLICHT GOTT UND IST DIE EINLEITUNG SEINER WUNDERBAREN ERLÖSUNG.

Es gibt in der Schrift mindestens drei ausgesuchte Illustrationen dieser Tatsache. Zunächst aber der Text, der hinter dieser Behauptung steht: „Wer Dank opfert, der preiset mich, und da ist der Weg, daß ich ihm zeige das Heil Gottes" (Psalm 50,23).

Die erste der genannten Illustrationen, 2. Chronik 20, wurde schon einmal erwähnt. Als Joschafat erfuhr, daß sich feindliche Armeen zusammengeschlossen hatten und in so großer Zahl auf den Palast zumarschierten, daß es keine Chance gab, ihren Angriff zu überleben, wandte er sich an Gott, dessen Gegenwart er täglich suchte. Gottes Antwort kam schnell durch den Propheten: „Ihr sollt euch nicht fürchten und nicht verzagen vor diesem großen Heer; denn nicht ihr kämpft, sondern Gott" (2. Chronik 20,15). Das Ergebnis: Sie näherten sich jener Armee mit keiner anderen Waffe als Lobgesang, einem Lied mit nur einer Zeile: „Danket dem Herrn; denn seine Barmherzigkeit währet ewiglich." Das hebräische Wort heißt *yadah*, das bedeutet: mit ausgestreckten Händen danken. So zogen sie also in die „Schlacht". Am vermuteten Schlachtfeld fanden sie ihre Feinde, die gigantische Koalition der Armeen, tot daliegen.

Lobpreis hat sowohl den Weg bereitet als auch die Befreiung ausgeführt.

Die zweite Illustration finden wir in Jona 2,10, als Jona im Bauch des Fisches sprach: „Ich aber will mit Dank dir Opfer bringen. Meine Gelübde will ich erfüllen dem Herrn, der mir geholfen hat." Genau an dieser Stelle gebot Gott dem Fisch, seinen Passagier wieder abzusetzen, und dieser spie Jona auch sofort ans Land. Lobpreis war die Einleitung zu Befreiung und Segen des Herrn.

Die dritte Illustration finden wir im Leben des Paulus. Zusammen mit Silas und anderen Gefangenen saß er im Gefängnis in Philippi. Ja, sie lagen sogar im Stock, nicht die beste Position für einen guten Schlaf bei Nacht! In Apostelgeschichte 16,25 wird berichtet, wie Paulus und Silas um Mitternacht Gott lobten und ihm Lieder sangen. Und wieder geschah es! Es gab ein kräftiges Erdbeben, und die Grundmauern des Gefängnisses wankten. Die Türen öffneten sich, und allen Häftlingen fielen die Fesseln ab. Ehe noch der nächste Morgen anbrach, waren der Gefängnisaufseher und seine Familie Gefangene Jesu Christi! Bei Tagesanbruch ordneten die Stadtrichter an, Paulus und Silas freizulassen und in Frieden gehenzulassen. Paulus war sich seiner Stellung und seiner Rechte so sicher, daß er ablehnte, auf solche Art abgeschoben zu werden. Er erwartete, daß die Stadtrichter selbst kamen und sie hinausführten. Und so geschah es – weil Menschen Loblieder gesungen und gebetet hatten.

LOBPREIS IST DIE HAUPTWAFFE GEGEN DEN FEIND IM ARSENAL DES GLÄUBIGEN.

In eines der faszinierendsten Geheimnisse über den Lobpreis erhalten wir Einblick durch zwei große ‚Fenster' in der Heiligen Schrift. einmal Psalm 8,3 „Aus dem Munde der jungen Kinder und Säuglinge hast du eine Macht zugerichtet (*"ordained praise"*, „Lobpreis angeordnet") um deiner Feinde willen, daß du vertilgest den Feind und den Rachgierigen." In der *King James Version* wird das Wort für „*praise*" mit *strength* („Stärke") übersetzt. Als Jesus diese Stelle jedoch in Matthäus 21,16 zitiert, benutzt er das Wort „Lob". Interessanterweise ist das nicht das einzige Beispiel, in dem „Lob" und „Stärke" austauschbar benutzt werden. In Wahrheit ist Lobpreis Stärke, und Stärke ist Lobpreis. Aus dem Mund der Einfachen, der Kleinkinder und Säuglinge, bereitet Gott Lob, weil das den Feind einfach abtötet. Weder der Teufel noch seine Dämonen können Lobpreis irgend etwas entgegensetzen. Sie müssen verstummen. Wunder über Wunder! Warum stoppt man den Teufel durch Lobpreis? Warum treibt man damit Dämonen zur Verzweiflung? Ich weiß die Antwort auf diese Fragen nicht ganz genau, aber ich werde Ihnen eine Theorie vorlegen. Diese – durch Bibelstellen zugegebenermaßen nicht beweisbare – Theorie sollte meiner Ansicht nach in Erwägung gezogen werden. Ich glaube, daß der Teufel als Luzifer vielleicht ursprünglich eine Art Lobpreisleiter des Himmels gewesen war. Irgendwie wurde er von Stolz und Ichbezogenheit befallen, und er mutmaßte irrigerweise, die Möglichkeit, größer als Gott zu sein, sei das Risiko wert, das große Vorrecht der Anbetung Gottes aufzugeben. Also verursachte er eine Rebellion unter den Engeln und versuchte, Gott selbst zu entthronen. Welch tragischer Irrtum! Und seitdem lebt er, wie auch seine Dämonen, in bösartiger Reue und Verbitterung. Die Dämonen folgten ihm nach jener abgebrochenen Rebellion in die dunkle Welt, die der Teufel befehligt, und verblieben unter seiner furchtbaren Kontrolle. Sie alle, Teufel wie Dämonen, leben in unglücklicher Reue – erbärmlich, wütend und boshaft in ihrem Elend. Ihre einzige Erleichterung finden sie zeitweise darin, Menschen, die zu Gottes Familie gehören oder gehören sollen, ähnliches Elend zuzufügen.

Lobpreis, die ständige Tätigkeit im Himmel, ist dem Teufel und jedem anderen gefallenen Engel im Gedächtnis eingegraben. Die quälende Erinnerung an die abgebrochene Revolution, durch die sie alle ihre hohen Positionen verloren, steht ihnen nur zu deutlich vor Augen. Wie nur wenige im Universum kennen sie die Kraft, Freude und Wonne des Lobpreises. Wenn sie biblischen Lobpreis hören, treibt sie das in die Panik. Sie sind irritiert und niedergeschmettert. Ich habe den Verdacht, daß sie sich in bösartigem Haß gegeneinander wenden. Ihre Rangordnungen zerbrechen. Lobpreis klingt für sie wie Metall, das über Glas kratzt. Wut, Haß und Panik kochen in ihnen über. Ähnlich wie Komplizen, die miteinander im Gefängnis sitzen, einander hassen, verachtet ein Dämon den anderen wegen seiner Dummheit, mit dem Teufel zu kooperieren, weil ihnen das ihr furchtbares Ende einbrachte. Sie kreischen über den Gepriesenen und gegen die Anbeter und versuchen, auf Biegen und Brechen den Lobgesang für Gott, den sie so hassen, zu unterbinden. Weil er ihre Rangordnungen zerstört, werden sie durch Lobpreis niedergeschmettert. Ihr Einfluß wird nichtig gemacht, und ihre

Lügen werden durch Lobpreis aufgedeckt. Lobpreis schlägt sie in die Flucht!

Die andere Schriftstelle, die ich meine, findet sich in Psalm 149,4-9: „Denn der Herr hat Wohlgefallen an seinem Volk, er hilft den Elenden herrlich. Die Heiligen sollen fröhlich sein und preisen und rühmen auf ihren Lagern. Ihr Mund soll Gott erheben; sie sollen scharfe Schwerter in ihren Händen halten," ... (Lassen Sie mich an dieser Stelle eine Bemerkung einfügen. Dieser Aufruf zum Lobpreis ist nicht ungewöhnlich. Was ungewöhnlich und erstaunlich ist: Lob und das Wort der Wahrheit werden miteinander kombiniert und erfüllen so einen mehrfältigen Zweck. Achten Sie jetzt auf den Rest des Textes.) ... „daß sie Vergeltung üben unter den Heiden, Strafe unter den Völkern, ihre Könige zu binden mit Ketten und ihre Edlen mit eisernen Fesseln, daß sie an ihnen vollziehen das Gericht, wie geschrieben ist. SOLCHE EHRE WERDEN ALLE SEINE HEILIGEN HABEN. HALLELUJA!" Lesen Sie diesen Abschnitt jetzt noch einmal im ganzen!

Lobpreis hat historische und internationale Ausmaße. Er beeinflußt Nationen, Könige, Menschen und Fürsten. Wenn er mit dem Wort Gottes verbunden wird, treibt er Gerechtigkeit voran und führt gerechte Urteile aus. Er vollzieht das göttliche Urteil an den Rotten der Hölle. Das steht bereits fest und wartet auf seine Vollstreckung durch Lobpreis. Gegen den Teufel, die Dämonen und alles Böse, das aus ihren hinterhältigen und zerstörerischen Taten erwächst, steht das Urteil bereits geschrieben. Jesus versprach, daß ein Teil der Arbeit des Heiligen Geistes sein würde, der Welt über das Gericht die Augen zu öffnen, nämlich, „daß der Fürst dieser Welt gerichtet ist" (Johannes 16,11). Der Teufel und seine verabscheuungswürdigen Komplizen ebenso wie das, was sie anrichten, sind vom göttlichen Gerichtshof verurteilt worden. Wir, die Heiligen des Höchsten Gottes, haben das Privileg, diese Gerechtigkeit nun auf der Erde mit Hilfe des Gotteslobes zu vollstrecken. Verstehen? Nein! Glauben? Ja! Kein Wunder, daß der Psalmist in einem Freudenausbruch rief: „Solche Ehre werden alle seine Heiligen haben. Halleluja!" (Psalm 149,9b).

Dies sind nur einige der wunderbaren Ausblicke aus der luftigen Höhe der Lobpreisperspektive. Wir haben das Tal vom Berggipfel aus betrachtet. Jetzt steigen wir hinunter, um die Herrlichkeiten, die wir aus der Entfernung gesehen haben, kennenzulernen.

LOBPREISPROJEKTE:
1. Lesen Sie noch einmal die Geschichten, die Lobpreis als Einleitung zu Gottes herrlicher Befreiung illustrieren (2. Chronik 20,1-29). Unser nächstes Kapitel wird sich besonders eingehend damit beschäftigen und die Schritte zum Sieg durch Lobpreis behandeln. Jona 2,9: Lesen Sie die ganze Geschichte von Jona, um den Zusammenhang zu erfassen. Apostelgeschichte 16,23-40: Führen Sie ein paar Dinge auf, die sich aus Paulus' und Silas' Lobgesang im philippischen Gefängnis ergaben.
2. Lernen Sie Psalm 8,2, Psalm 50,23 und Psalm 100,4 auswendig. Versuchen Sie, das in der kommenden Woche in Ihr Leben einzubauen. (Vorschlag: Lesen Sie zu Beginn Ihrer Stillen Zeit mehrmals Psalm 100,4, und fangen Sie dann mit einer Dank- und Lobpreiszeit an.)

Kapitel 3

Lobpreis: Der Ablauf

Nirgends werden die Abläufe beim Lob Gottes deutlicher als in der Geschichte in 2. Chronik 20. Lesen Sie diese Geschichte doch eben noch einmal nach. Meiner ersten Predigt zu diesem Thema gab ich die Überschrift: „Wie man es in Schwierigkeiten macht". Obwohl der Titel jetzt anders lautet, ist der Inhalt praktisch derselbe geblieben. Der Bibeltext aus 2. Chronik 20 ist so wichtig, daß ich ihn bereits mehrere Male zitiert habe und das auch noch öfters tun werde. Er gibt uns Anschauungsunterricht über die Macht beständigen Lobpreises. Er ist ein Haupttext über das Lobopfer, jene Übung, die gegen Sichtbares und Meinungen angehen muß. Aber für unsere Zwecke hier werden wir den Text im Licht der Abläufe betrachten, nach denen Lobpreis funktioniert. Den Hintergrund des Textes bildete eine so große Krise, daß, menschlich gesehen, keine Alternative zu Verzweiflung und Niederlage bestand. Mit anderen Worten: alles war über die Maßen schwierig. Das sollte uns allerdings nicht allzusehr schockieren, denn Jesus warnte ja in Johannes 16,33: „In der Welt habt ihr Angst; aber seid getrost, ich habe die Welt überwunden."

JOSCHAFAT KENNENLERNEN

Die Hauptperson dieser Episode verdient unsere Aufmerksamkeit. Wir werden viel davon haben, uns näher mit ihr bekanntzumachen. Joschafat war König von Juda, dem Stamm, dessen Name „Lobt Gott" bedeutet. Der Herr war mit ihm, weil er sich in jungen Jahren an Davids Vorbild hielt. Er weigerte sich, die Baalsanhänger zu Rate zu ziehen, und so baute der Herr das Königreich unter ihm auf. Im ganzen Land sandte Joschafat Gesetzeslehrer umher. Gottes Segen war so stark spürbar auf seiner Herrschaft, daß die benachbarten Königreiche nicht wagten anzugreifen und stattdessen Juda und Joschafat Tribut zahlten. Auf dem Höhepunkt seiner Größe an Reichtum und Ehre unter den Völkern verband sich Joschafat durch

Heirat mit dem gottlosen König Ahab. Diese törichte Allianz
unterwarf ihn Bedingungen, die die Krise in unserem Text beschleu-
nigten. Ahab war König von Israel. Er bat Joschafat, ihm beim
Angriff auf Ramot in Gilead zur Seite zu stehen. Alle Propheten
Israels und die Baalspriester waren sich einig, daß sie in den Kampf
ziehen sollten. Sie prophezeiten totalen Sieg. Zidkija, der Sohn
Kenaanas, schloß sich ihren falschen Prophetien an. Nur ein treuer
Prophet, Micha, sagte voraus, daß der Kampf verloren werden
würde. Seine Belohnung dafür, daß er die Wahrheit gesagt hatte,
war eine Gefängniszelle mit Wasser und Brot.

Ahab kehrte nicht mehr aus der Schlacht zurück; er fiel dem
Pfeil eines unbekannten Bogenschützen zum Opfer. Joschafat ent-
kam, weil er verkleidet ins Feld gezogen und unerkannt geblieben
war. Bei seiner Rückkehr zum Palast sprach Jehu zu ihm, er habe
den tragischen Fehler gemacht, den Gottlosen zu helfen und die zu
lieben, die Gott hassen. Nach einem harten Verweis sagte Jehu:
„Etwas Gutes ist aber doch an dir gefunden, daß du die Bilder der
Aschera aus dem Lande ausgetilgt und dein Herz darauf gerichtet
hast, Gott zu suchen" (2. Chronik 19,3). Nachdem er diese harte
Lektion gelernt hatte, schien sich Joschafat stärker denn je zu Gott
zu halten. Er bestellte Richter im Land und ordnete an, daß sie im
Namen des Herrn Gericht halten sollten. Er erinnerte sie: „Darum
laßt die Furcht des Herrn bei euch sein, haltet und tut das Recht;
denn bei dem Herrn, unserm Gott, ist kein Unrecht, weder Ansehen
der Person noch Annehmen von Geschenken" (2. Chronik 19,7). In
der Hauptstadt Jerusalem bestellte Joschafat Priester für das Gericht
des Herrn, um alle Streitfälle zu klären. Gemäß eigener Erfahrung
erinnerte er sie daran, daß Gottes Zorn auf sie kommen würde,
sollten sie sündigen. Er schien sich wieder völlig von seinem Abfall
erholt zu haben. Sein Rat lautete: „Geht unverzagt ans Werk, und
der Herr wird mit dem Guten sein" (2. Chronik 19,11).

Dann wurde die Ruhe im Palast plötzlich von der alarmierenden
Nachricht unterbrochen, daß eine riesige Armee auf die Hauptstadt
zumarschierte und bereits in Hazezon-Tamar (En Gedi) stand.
Sofort rief Joschafat ganz Juda zusammen. Als sie sich versammel-
ten, war Joschafats erstes Wort nicht an die Menschen, sondern an
Gott gerichtet. Diese Rede ist in 2. Chronik 20,6-12 aufgezeichnet.

EIN GEBET DER PERSPEKTIVE

Wir beobachten ja gerade die Abläufe beim Lobpreis, und in dem Zusammenhang ist Joschafats Gebet äußerst aufschlußreich. Zunächst ist da eine *Erinnerung an Gottes hohe Position.* Joschafat lobt den großen Gott des Himmels. „Herr, du Gott unserer Väter, bist du nicht Gott im Himmel und Herrscher über alle Königreiche der Heiden? Und in deiner Hand ist Kraft und Macht, und es ist niemand, der dir zu widerstehen vermag" (Vers 6). Dies ist also schlicht und einfach ein Wort des Lobes. Gott wußte, daß jedes einzelne Wort Joschafats der Wahrheit entsprach. Es stimmte kein bißchen mehr, nachdem es ausgesprochen worden war, aber solches Reden beruhigt den Sturm in einem verängstigten Herzen und läßt Glauben wachsen.

Danach wird in Vers 7 *Gottes wirkungsvolles Handeln in der Vergangenheit in Erinnerung gerufen:* „Hast du, unser Gott, nicht die Bewohner dieses Landes vertrieben vor deinem Volk Israel und hast es den Nachkommen Abrahams, deines Freundes, gegeben für immer?" Über Gottes bisherige Taten wurde nur Großartiges erzählt. Joschafat stellte klar, daß er diesen Berichten glaubte.

Und schließlich *drückt er Vertrauen auf Gottes befähigende Kraft aus* (Vers 9): „Wenn Unglück, Schwert, Strafe, Pest oder Hungersnot über uns kommen, werden wir vor diesem Hause und vor dir stehen – denn dein Name ist in diesem Hause – und zu dir schreien in unserer Not, und du wirst hören und helfen."

SCHRITTE ZUR ÜBERWINDUNG VON SCHWIERIGKEITEN

Bis zum Ende dieses Kapitels werden wir nur die grundlegenden Abläufe beobachten, nach denen Lobpreis funktioniert. Am besten betrachten Sie diese Abläufe vor dem Hintergrund einer schwierigen Situation in Ihrem eigenen Leben. Sollten Sie gerade keine passende Krise zur Hand haben, dann machen Sie doch eine Anleihe bei Ihrem Nachbarn!

Erstens: *Er fing am Problempunkt an.* Joschafat machte keinerlei Anstalten, den Ernst der Lage zu vertuschen. Er kompensierte und rationalisierte nicht. Er blickte dem Problem gerade in die Augen. Eine Therapie auf der Basis der Wahrheit verlangt, daß wir es ebenso tun. Wie oft spielen wir Spielchen und verdecken den eigentlichen Grund für unsere Schwierigkeiten, um bei einem weniger wichtigen Punkt Erfolg zu haben und so von der vorliegenden Krise abzulenken! Verse 10-11: „Nun siehe, die Ammoniter, Moabiter und die vom

Gebirge Seïr, durch die du Israel nicht hindurchziehen ließest, als sie aus Ägyptenland kamen – sondern sie mußten vor ihnen weichen und durften sie nicht ausrotten –, siehe, sie lassen uns das entgelten und kommen, uns auszutreiben aus deinem Eigentum, das du uns gegeben hast." Es handelte sich um ein ernstes Problem, die Fakten lagen auf der Hand. Den Ernst der Lage herunterzuspielen wäre reine Zeitverschwendung gewesen.

Sie sind also in Schwierigkeiten. Gehen Sie voran und nennen Sie Gott Ihr Problem! Sie müssen hören, wie ernst es ist. Übertünchen Sie es nicht mit oberflächlichem Reden. Ziehen Sie es nicht ins Lächerliche. Feiern Sie keine Mitleidsparty. Nennen Sie das Problem so genau wie möglich, und lassen Sie keine Einzelheit aus, um Ihre Gefühle zu schonen. Dann werden Sie wie Joschafat bereit sein für den nächsten wichtigen Schritt.

Zweitens: *Er hörte auf, sein Vertrauen auf menschliche Kraft und Fähigkeiten zu setzen.* Das kann man gar nicht genug betonen: Wie oft hält uns unser Fleisch davon ab, alle unsere Quellen in Gott zu sehen! Hören Sie auf Joschafats Worte (Vers 12): „In uns ist keine Kraft gegen dies große Heer, das gegen uns kommt. Wir wissen nicht, was wir tun sollen." Menschliche Unfähigkeit wird zugegeben. Unsere Filmhelden und -heldinnen brachten uns bei, nie eine Schwäche zu zeigen. Blödsinn! Wenn ein Kind nach dieser Philosophie lebte, würde es nie eine gute Beziehung zu seinen Eltern entwickeln, und der Gläubige könnte dann nie eine gute Beziehung mit Gott haben! Lobpreis ist der Todesstoß für das Fleisch, die Absage an das Vertrauen auf eigene Stärken, Stolz und Unabhängigkeit. Jeder von uns sollte dieses ganze Gebet Joschafats auswendiglernen, besonders die Zeile: „In uns ist keine Kraft ... Wir wissen nicht, was wir tun sollen."

Drittens: *Er konzentrierte sich völlig auf Gott.* Sich nicht auf eigene Kraft zu verlassen ist wichtig, aber mindestens ebenso wichtig ist der nächste Schritt. Joschafats Gebet endet mit den Worten: „Unsere Augen sehen nach dir." Alles echte Lob Gottes geschieht aus der Konzentration auf ihn. Das bedeutet: Alle anderen Quellen der Hoffnung scheiden aus, wir zählen nur noch auf Gott. Wir richten unseren Blick auf Gott und warten auf ihn, bis ... die nächste Tat oder das nächste Wort von Gott kommt. Mit dem offenen Zugeben menschlicher Unfähigkeit und Ignoranz wandten die Judäer ihre Aufmerksamkeit einzig Gott zu. Der Ernst des Problems war klar, ihre menschliche Verletzbarkeit bekannt. Jetzt aber richteten sich

alle Augen auf Gott. Wenn wir unsere Probleme oder unsere eigenen
Schwächen ansehen, werden wir bald verzweifelt sein. Nicht so,
wenn wir uns mit Gott beschäftigen. Dies ist das Herz des Lobpreises
– unsere Augen sehen nach dir, unserem GOTT! Lobpreis dreht sich
nicht um Probleme. Lobpreis dreht sich auch nicht um den Menschen. *Lobpreis dreht sich um Gott!*
Viertens: *Sie blieben vor dem Herrn.* „Und ganz Juda stand vor
dem Herrn mit seinen Alten, Frauen und Kindern" (2. Chronik
20,13). Dieser notwendige Teil des Prozesses, der uns zum Sieg führt,
scheint uns am schwersten zu fallen. Irgendetwas in uns allen sträubt
sich mit Händen und Füßen dagegen zu warten. Aber auch das
gehört zum Lobpreis! Während wir warten, preisen wir Gott. Dieses
„Vor-Gott-Stehen" ist immer eine Zeit der Meditation, des Hinter-
fragens, der Reinigung und eine Zeit der Heiligung. Wie lang sollen
wir vor Gottes Angesicht verweilen? Bis – ja, das ist es eben! Wir
dürfen weder unser eigenes Feuer anzünden noch die Wirkung
dessen, was wir verursachen, manipulieren. Wir müssen auf Gott
warten und uns auf ihn konzentrieren. Das ist nie verlorene Zeit.
Fünftens: *Joschafat bekannte die Wahrheit Gottes.* Zwischen Schritt
vier und Schritt fünf fand etwas äußerst Wichtiges statt: *Sie hörten
von Gott.* Joschafat hatte sich in eine Lage begeben, in der Gott
normalerweise redet. Hören Sie die Botschaft an, die das Volk von
Gott empfing: „Ihr sollt euch nicht fürchten und nicht verzagen
vor diesem großen Heer; denn nicht ihr kämpft, sondern Gott" (2.
Chronik 20,15b). Weiterhin sagte Gott ihnen genau, wo der Feind
stehen würde, wenn sie ausrückten. Die Männer von Juda sollten
nicht kämpfen, sondern nur ihre Positionen einnehmen, dastehen
und Gottes Rettung miterleben. Joschafats und des Volkes Antwort:
Sie „schickten sich an, den Herrn, den Gott Israels, zu loben mit
laut schallender Stimme" (2. Chronik 20,19). Dann machte Joschafat
vor Gott und den Menschen eine wichtige Aussage (2. Chronik
20,20b): „Höret mir zu, Juda und ihr Einwohner von Jerusalem!
Glaubet an den Herrn, euren Gott, so werdet ihr sicher sein, und
glaubet seinen Propheten, so wird es euch gelingen." Volk und
Leiterschaft stimmten völlig mit dem überein, was sie von Gott
gehört hatten. Ihr Lobpreis war ein lautes „Amen" auf Gottes Worte.
Des Herrn Wort zu hören ist die eine Sache, es anzunehmen und
zu tun aber die andere. In Hebräer 13,5-6 finden wir eine bemerkenswerte Schriftstelle: „Seid nicht geldgierig, und laßt euch genügen an
dem, was da ist. Denn der Herr hat gesagt, ‚Ich will dich nicht

verlassen und nicht von dir weichen.' So können auch wir getrost
sagen, ‚Der Herr ist mein Helfer, ich will mich nicht fürchten; was
kann mir ein Mensch tun?'" Wir dürfen alles, was Gott jemals sagte,
voll Zuversicht empfangen und wiederholen. Gott redete – deshalb
dürfen wir reden, über alles, über jedes Thema! In diesem Fall hatte
Gott gesagt, „Dies ist meine Schlacht. Habt keine Angst. Stellt euch
auf und seht zu, wie ich den Krieg gewinne!" Ihr Jubeln war ein
Zeichen des Bekenntnisses, daß das Wort Gottes wirklich wahr war.

Sechstens: *Sie entschieden sich zu gehorchen.* Gott hatte gesagt
(2. Chronik 20,17b): „Morgen zieht ihnen entgegen! Der Herr ist
mit euch." Und das taten sie: Früh am nächsten Morgen machten
sie sich auf und zogen aus zur Wüste Tekoa. Joschafat beriet sich
mit dem Volk und bestellte Männer, die während des Kriegszuges
zum Herrn singen sollten. So zogen diese vor den Kriegsleuten her
und sangen folgenden Einzeiler: „Danket (preiset) dem Herrn; denn
seine Barmherzigkeit währet ewiglich." Wieder und wieder sangen
sie diesen Vers. Das Bemerkenswerte daran: Als sie anfingen, zum
Herrn zu singen und ihn zu preisen, „ließ der Herr einen Hinterhalt
kommen über die Ammoniter und Moabiter und die vom Gebirge
Seïr", die Juda überfallen hatten, und sie wurden geschlagen. Joschafat und das Volk von Juda hatten die Front noch nicht erreicht, aber
ihre Lobgesänge hatten Gott befreit zu handeln, und er handelte
schnell und bestimmt! Das Ergebnis war, daß die Ammoniter und
Moabiter sich gegen die vom Gebirge Seïr wandten und sie ausrot-
teten, bis die gesamte Armee aufgerieben war. Ohne weitere Erklärung wandten sich dann die Ammoniter und die Moabiter gegeneinander, bis das gesamte zusammengefügte Heer tot war. In der
ganzen Kriegsgeschichte gibt es keine vergleichbare Schlacht.

Als die Männer von Juda an den Ort kam, wo man in die Wüste
sehen kann, und sich gegen das Heer wenden wollten, sahen sie nur
noch Leichen. Niemand war entkommen.

Siebtens: *Sie zogen Nutzen aus der Krise.* Das ist der Gewinn des
Lobens. Lobpreis bringt mehr als das schiere Überleben. Er bewirkt
auch, daß es uns gutgeht. Tatsächlich war die Beute aus der Schlacht,
die Gott geschlagen hatte, so reichhaltig, daß sie drei Tage brauch-
ten, um alles – Kleidung, Geräte, Wertsachen – auszuteilen. Den Tag,
der der traurigste in Judas Geschichte hätte werden können, machte
Gott zu einem Tag der Siegesfeier und des Beuteausteilens.

Am vierten Tag versammelten sie sich im Tal Beracah („Lobetal")
und lobten dort den Herrn. Deshalb wurde es das Tal Beracah

genannt. Danach kehrten Joschafat und die Männer von Juda nach Jerusalem zurück und gingen mit Psaltern, Harfen und Trompeten direkt in den Tempel. Dieser Bericht endet mit der denkwürdigen Aussage: „Also hatte das Königreich Joschafats Frieden, und sein Gott gab ihm Ruhe ringsumher."

Wir haben also sieben Schritte durch die Krise kennengelernt. Bei Joschafat klappte es, und es wird auch bei Ihnen klappen! Lobpreis war der Schlüssel! Bitte beachten Sie, daß Lobpreis den Prozeß *einleitete, durchzog* und *beendete.*

LOBPREISPROJEKTE:
1. Lesen Sie die ganze Geschichte unseres Textes durch, und achten Sie auf die erwähnten Schritte (2. Chronik 20).
2. Üben Sie diese Schritte im Rahmen Ihres eigenen Problems:
   a. Beginnen Sie am Problempunkt. Identifizieren Sie ihn. Klären Sie ihn. Sehen Sie ihm gerade in die Augen. Seien Sie dabei völlig ehrlich. Hören Sie auf, in irgendeiner Form auf menschliche Fähigkeiten zu setzen. Geben Sie Ihre Unfähigkeit und Ihr Unwissen zu.
   b. Konzentrieren Sie sich auf Gott. Sprechen Sie laut: „Gott, dieses Problem ist übermächtig für mich. Ich weiß nicht, was ich tun soll, aber meine Augen sehen auf dich."
   c. Bleiben Sie vor Gott, und warten Sie darauf, daß Gott entweder handelt oder spricht.
   d. Bekennen Sie lobend als Wahrheit, was Sie hören. „Gott sagte ..., deshalb kann ich voll Zuversicht sprechen."
   e. Verpflichten Sie sich, Gott zu gehorchen. Wenn er befiehlt zu gehen, gehen Sie!
   f. Ziehen Sie den Nutzen daraus. Zu Gottes Zeit wird Lobpreis Sie immer ins Lobetal führen!
3. Lernen Sie das ganze Gebet Joschafats in 2. Chronik 20,5-12 auswendig. Das dauert zwar ein bißchen, aber Sie werden es häufiger gut gebrauchen können, als Sie sich im Moment vorstellen.
4. Machen Sie Ihre eigene Melodie zu dem Einzeiler, den das Volk von Juda sang („Danket dem Herrn, denn seine Barmherzigkeit währet ewiglich").

Kapitel 4

Der Raub des Lobpreises

An dieser Stelle bitte ich Sie, eine der ernstesten Warnungen aus der Geschichte zu bedenken. Es ist ganz offensichtlich, daß die Christenheit eines ihrer wertvollsten Schätze, nämlich des Lobpreises, weitestgehend beraubt wurde. Das geschah vor nicht allzulanger Zeit und hatte zum Ergebnis, daß Lobpreis nun nicht mehr im Mittelpunkt des gemeindlichen Tuns steht. Wenn das nichts weiter wäre als der Verlust einer ganz netten und liebgewordenen Gewohnheit, nun ja. Tatsächlich aber resultiert aus diesem Verlust eine Atmosphäre, in der Lobpreis als so fremd empfunden wird, daß wir heute sowohl eine Furcht vor biblischem Lobpreis als auch Widerstand dagegen vorfinden. A. W. Tozer sprach den grundlegenden Verlust dieses Aspekts christlichen Reichtums an, als er sein Büchlein *Worship - The Missing Jewel of the Evangelical Church* (etwa: „Anbetung - das verlorene Juwel der evangelikalen Gemeinde") nannte. Die Kronjuwelen der Kirche wurden gestohlen. Das alte Schiff, die Kirche, fiel auf der hohen See der Zeit Piraten zum Opfer. Der Teufel raubte unseren Lobpreis.

Es gibt eine Parabel für diesen Diebstahl in der Geschichte. In 1. Könige 10,14-15 wird uns berichtet, daß Salomo auf der Höhe seines Glanzes ein Jahreseinkommen von ungefähr 23 Tonnen Gold hatte. Das beinhaltete noch nicht die Einkünfte von Kaufleuten und Händlern, allen arabischen Königen und Statthaltern. Gott hatte sein Versprechen gehalten und Salomo reicher als irgendeinen König der Geschichte gemacht. Nie regierte ein König mit solcher Weisheit, Ehre, Herrlichkeit und Kraft. Und in den frühen Jahren seiner Herrschaft gab er Gott die Ehre und blieb weise und gut. Als Symbol des Reichtums seines Königreichs floß Gold wie Wasser. In 1. Könige 10,16-17 wird erzählt, wie Salomo 200 große und 300 kleine Schilde aus bestem Gold anfertigen ließ. Die großen enthielten nach der Beschreibung etwa siebeneinhalb und die kleineren etwa dreieinhalb Pfund Gold. Wir müssen etwas nachdenken, um diese Pracht richtig einschätzen zu können. Die großen Schilde enthielten je siebeneinhalb Pfund bzw. 112 Unzen Gold. Beim gegenwärtigen Goldpreis wären sie nicht weniger als 65.000 Mark pro Schild wert, die 200 großen Schilde zusammen also 13 Millionen Mark. Die kleineren kosteten 40.000 Mark pro Stück, alle 300 zusammen 12 Millionen Mark! Jetzt wissen Sie also den heutigen Wert: etwa 25 Millionen Mark. Das ist aber nicht die ganze Geschichte. Die Schilde symbolisierten Herrlichkeit und Segen. Sie wurden sehr wahrscheinlich bei offiziellen Zusammenkünften benutzt, an Festtagen, und um den König bei den häufigen Besuchen königlicher Gäste zu ehren. Aus dem, was wir in 1. Könige 14,28 lesen, läßt sich die traurige Fortsetzung dieser Geschichte erahnen: „Und sooft der König in das Haus des Herrn ging, trug die Leibwache die Schilde und brachte sie wieder in die Wachstube zurück." Das war, nachdem die goldenen Schilde gestohlen und durch weniger wertvolle ersetzt worden waren.

Es wäre interessant, sich die Herrlichkeit von Salomos Königreich bildlich vorzustellen. Sein Tempel war ein eigenes Wunder unter den Weltwundern. Man schätzt, daß der Tempel, wenn man ihn heute mit all den wertvollen Metallen und Steinen nachbauen würde, mehr als 300 Milliarden Mark kosten würde! Als die Königin von Saba eingeladen war, Salomos Königreich zu besuchen, war sie begeistert: „Es ist wahr, was ich in meinem Lande von deinen Taten und von deiner Weisheit gehört habe. Und ich hab's nicht glauben wollen, bis ich gekommen bin und es mit eigenen Augen gesehen habe. Und siehe, nicht die Hälfte hat man mir gesagt. Du hast mehr Weisheit und Güte, als die Kunde sagte, die ich vernommen habe. Glücklich sind deine Männer und deine Großen, die allezeit vor dir stehen und deine Weisheit hören. Gelobt sei der Herr, dein Gott, der an dir Wohlgefallen hat, so daß er dich auf den Thron Israels gesetzt hat! Weil der Herr Israel liebhat ewiglich, hat er dich zum König gesetzt, daß du Recht und Gerechtigkeit übst." Sie verlieh ihrer Begeisterung Ausdruck durch Geschenke von Gold im (heutigen) Wert von 70 Millionen Mark, zahlreichen Spezereien und Edelsteinen.

Es wird berichtet, daß Salomo mehr Reichtum und Weisheit hatte „als alle Könige auf Erden. Und alle Welt begehrte, Salomo zu sehen, damit sie die Weisheit hörten, die ihm Gott in sein Herz gegeben hatte. Und jedermann brachte ihm jährlich Geschenke, silberne und goldene Geräte, Kleider und Waffen, Spezerei, Rosse und Maultiere." In den späteren Jahren seiner Herrschaft stumpfte

Salomo jedoch geistlich ab. Er liebte ausländische Frauen, und um ihnen zu Gefallen zu sein, baute er Orte, an denen man Tempel für ihre verabscheuungswürdigen Götter errichten konnte. Von da an ging es mit Salomo bergab. Gott hatte ihm ausdrücklich verboten, anderen Göttern zu folgen. Er aber blieb leichtsinnig, rebellisch und starrköpfig. Gott sprach zu Salomo, daß er ihm das Königreich entreißen würde, um seines Vaters David willen aber erst in der Regierungszeit seines Sohnes. Das Königtum wurde schwächer, und die Völker rings um Israel ließen sich durch Salomos Niedergang ermutigen. Gott erweckte Salomo Feinde, die die gerechte Strafe für seine Rebellion und seinen Abfall ausführen sollten. Einer seiner eigenen Großen, Jerobeam, stand gegen ihn auf. Salomo versuchte, ihn umzubringen, aber Jerobeam floh nach Ägypten und blieb dort bis zu Salomos Tod.

Rehabeam, Salomos Sohn, wurde dessen Nachfolger als König. Dickköpfig wie sein Vater, strebte er eine härtere Herrschaft über das Volk an. Das hatte zur Folge, daß Israel rebellierte und das Königreich sich teilte: Zehn Stämme hielten sich zu Jerobeam, und zwei Stämme, Juda und Benjamin, blieben bei Rehabeam. Rehabeam war der Sohn Salomos und einer Ammoniterin namens Naama, war also aus Salomos Rebellion entsprungen. Unter Rehabeam setzte sich die Rebellion fort. Man baute weiter heilige Orte für fremde Götter, fuhr mit den verabscheuungswürdigen Praktiken der Feinde fort und hatte sogar männliche Prostituierte im Land.

So fiel das geschwächte Königreich den Völkern ringsum zum Opfer. In 1. Könige 14,25-26 wird berichtet, daß der Pharao Schischak von Ägypten kam und die Schätze aus dem Tempel des Herrn und aus dem Palast raubte. Diese Beute umfaßte auch all die goldenen Schilde, die Salomo gemacht hatte. König Rehabeam schien nicht in der Lage zu sein, den Überfall abzuwehren oder einen Gegenangriff zu starten. Statt dessen ersetzte er die gestohlenen goldenen Schilde durch kupferne und gab diese den diensthabenden Obersten der Leibwache am Eingang des königlichen Palastes. Kupfer statt Gold! Und das ist dann auch schon das letzte, was von Rehabeams erbärmlicher Regierung überliefert ist.

GESTATTEN SIE DEN VERGLEICH ...
Es ist nicht schwer, aus dieser bedauernswerten Geschichte eine Parallele zu unserer heutigen Situation zu ziehen. Unsere geistlichen Abwehrkräfte sind geschwächt. Geistlich geht es mit uns bergab.

Der Feind nutzt unseren angeschlagenen Zustand, um den Schatz der Kirche, nämlich biblischen Lobpreis, zu rauben. Wir geben uns damit zufrieden, Gold durch Kupfer zu ersetzen. Der Vergleich läßt sich auf unsere Nation anwenden – und auf unsere Kirchen. Auch individuellen Kompromissen bieten solche Zustände reichen Nährboden.

DIE GEMEINSAMKEIT VON GOLD UND LOBPREIS

Von allen Stoffen läßt sich Gold am wenigsten reduzieren. Wenn man es zum Siedepunkt erhitzt, ist das Ergebnis nur eine verbesserte Qualität. In beinahe jeder Gesellschaft ist Gold seit Jahrhunderten ein Wertmaßstab und Zeichen für Segen, Pracht und Reinheit. Die Schrift malt uns vor Augen, daß im Himmel reichlich Gold vorhanden ist. Das gleiche gilt für Lobpreis. Hier ist der gemeinsame Nenner. Es ist interessant zu beobachten, daß das vorrangigste Wort für Lobpreis, *Halleluja*, in allen wichtigen Sprachen der Welt gleich ausgesprochen wird! Der Himmel wird ständig von Lobpreis erfüllt sein. Gold und Lobpreis haben viel miteinander gemein.

DER SYMBOLCHARAKTER DER SCHILDE

Ein Schild steht für Schutz in der Schlacht. Jene goldenen Schilde dienten allerdings nicht als Kriegswerkzeug, sondern zum Zeugnis. Sie waren ein Zeichen für Gottes Segen auf dem Volk. Wenn sie für offizielle Anlässe herausgeholt wurden, sah das ganze Volk dieses glanzvolle Zeichen. Ihre Schönheit motivierte. Die leuchtenden Sonnenstrahlen sprachen Bände zu den besuchenden Hoheiten, wenn sie die Schilde in einer Hunderte von Metern langen Reihe aufgestellt sahen, und ebenso zu den Einwohnern Israels. Sie sprachen von den Segnungen Gottes auf Salomo und seinem Königreich.

DIE GESTOHLENEN SCHILDE

Als Schischak kam und die Schätze des Königreichs mitsamt den goldenen Schilden mitnahm, war das ein Zeichen für die vollständige Schwächung Israels. Sie hatten ihre Beherztheit als Nation verloren; sie hatten keine Kraft, dem Feind zu widerstehen oder die Beute, die bei dem Angriff genommen worden war, wiederzugewinnen. Ihre Herrlichkeit war weg! Ein Volk hatte seine Seele verloren. Seine Vorzüglichkeit war nun Vergangenheit.

DIE ERSATZSCHILDE

Fast ebenso erbärmlich wie der Verlust der goldenen Schilde war Rehabeams Reaktion. Mit Bedauern gab er den Verlust zu und ging den Kompromiß ein, Kupferschilde anfertigen zu lassen. Das war eindeutig ein billiger Ersatz für den gewaltigen Verlust. Kupfer war reichlich vorhanden und nicht teuer. Diese Schilde dürften im Vergleich zu den goldenen fast nichts gekostet haben, und sie würden auch glänzen, wenn man sie nur gut polierte. Wer nicht so genau hinsah, würde gar nicht merken, daß die Schilde aus Kupfer statt aus Gold waren. Nun, Kupfer glänzt vielleicht eine Weile, aber im Lauf der Zeit wird es doch anlaufen. Gold läuft nie an! Kupfer muß durch menschliche Arbeit poliert werden. Gold ist durch und durch pur und hat keine eingeschlossenen Unreinheiten, die es anlaufen lassen würden. Das gleiche gilt für Lobpreis. Aber leider ersetzten wir mit dem Kupfer des Formalen das Gold spontanen Lobes. Wir tauschten das Gold der begeisterten Anbetung von Gottes Größe gegen das Kupfer der Ordnung. Im Namen der Würde ehrten wir den Tod. Wir verkleideten Langeweile mit der Maske der Stille und Meditation.

Die Schilde des Lobpreises wurden gestohlen, und wir machten Schilde aus Kupfer an ihrer Stelle! Sehen Sie, die goldenen Schilde säumten den Weg zum Königshaus. Lobpreis säumt den Weg zu Gottes Haus. Gold wurde verwendet, um willkommen zu heißen und den König von alters her in all seiner königlichen Pracht vorzustellen. Lobpreis heißt Gott in seiner Pracht willkommen und stellt seine Ehre heraus. Gold demonstriert und motiviert zu Vorzüglichkeit. Das gleiche gilt für Lobpreis!

DER TEURE KOMPROMISS

Bei Kompromissen zahlt man immer drauf. Ihr Betrug ist, daß sie nie das erbringen, was sie versprechen. Man meint, man bekäme etwas für weniger, aber das zahlt sich auf lange Sicht nie aus. Das Kupfer wird sich bald als das erweisen, was es ist – eben Kupfer. Irgendwer muß früher oder später die Frage stellen: „Wo ist bloß all das Gold geblieben?"

DER WERT DES LOBPREISES

Gold verliert nicht an Wert, Lobpreis ebensowenig! Für die Christenheit ist Lobpreis nicht nur das Symbol für Pracht und Segen. Er ist auch unser wichtigstes Schutzschild. Im Lobpreis haben wir unsere Hauptwaffe. Um sie zurückzugewinnen, müssen wir bestimmt und zielbewußt vorgehen. Aber wir müssen sie zurückbekommen! Wir müssen die Tore der Hölle stürmen, das Risiko eingehen, verlacht zu werden und Widerstand zu erfahren, und persönlich Buße tun, um den Lobpreis zurückzuerobern. Das wird nicht leicht sein, es ist es aber wert. Wir dürfen uns nicht mit weniger als dem Besten zufriedengeben, und das Beste ist Lobpreis! Sein Verlust ist gravierender, als man anzunehmen wagt. Seine Rückeroberung wird eine große Menge Schwierigkeiten lösen.

Der Wert von Lobpreis ist so hoch, daß der Feind allen Widerstand aufbieten wird, damit die Kirche ihn nicht zurückbekommt. Auf den Kompromiß, die ursprüngliche Sünde, ließen wir noch die Kapitulation vor dem Zwang des Teufels folgen. Die Meinung unserer Umgebung und Gefühle hielten uns davon ab, eine Rückeroberung zu starten. Wir beugten uns dem Druck menschlicher Systeme und werden das wohl auch noch weiter tun. Die Michals (Davids Frau), die Athalias (die gottlose Königin) und die Pharisäer werden Lob überall und immerzu widerstehen. Gott wird mit ihnen fertigwerden. Wir müssen weitermachen!

EIN WORT AN DIE GEMEINDE
Thomas McCauley, ein britischer Historiker, der am Abend vor dem Ausbruch des amerikanischen Bürgerkriegs starb, schrieb eine Warnung an Amerika: „Im zwanzigsten Jahrhundert wird Ihre Republik wie Rom im fünften Jahrhundert von Barbaren zerstört werden, mit diesem Unterschied: ... Die Hunnen und Vandalen, die in dem Kaiserreich verheerend wüteten, kamen von außerhalb, während Ihre Hunnen und Vandalen von innen angreifen werden, hervorgebracht durch Ihre eigenen Institutionen."

Solche Weisheit, vor über 120 Jahren geschrieben, ist selten! Wir wollen als Kirche, als Nation und als Einzelne die Rückkehr zum Lobpreis und zur echten biblischen Anbetung in Angriff nehmen. Lassen Sie uns Schüchternheit und Passivität abwerfen und dem unerbittlichen Zwang zur Konformität mit der Masse, zur Identifikation mit dem *status quo* widerstehen! Wir müssen wissen, daß das Leben ein Kampf ist, der durch Entscheidungen gewonnen wird, Entscheidungen, die in einem Augenblick getroffen, aber in den folgenden Jahren gelebt werden. Lassen Sie uns Vorzüglichkeit wählen, Wert, Herrlichkeit! Schluß mit den teuren Kompromissen! Lassen Sie uns wie David über die Tenne, die ihm als Geschenk angeboten wurde, sagen: „Ich will dem Herrn nichts opfern, das mich nichts gekostet hat!" (nach 1. Chronik 21,24).

Hoffentlich dient die tragische Geschichte von Rehabeam und seinem Kompromiß, Goldschilde durch Kupferschilde zu ersetzen, zur Überführung und als Motivation, das Gold wahrer Anbetung in unserem individuellen und im Gemeinschaftsleben wiederzugewinnen.

LOBPREISPROJEKTE:
1. Lesen Sie Hintergrundinformationen über das Königtum Salomos, um zu sehen, welchen Stellenwert Lobpreis in seinem Leben und dem des Volkes einnahm. Folgende Schriftstellen verdienen besondere Beachtung: 1. Könige 3,1-15; 1. Könige 8-9. (Diese Kapitel vermitteln einen Eindruck von der Größe des Königreichs und der zentralen Bedeutung des Lobpreises.)
2. Führen Sie alle Gebote Gottes auf, die Salomo gegen Ende seiner Herrschaft brach. (Beispiel: fremde Ehefrauen nehmen, fremde Götter tolerieren usw.)
3. Denken Sie über Verluste nach, die Sie persönlich oder die Kirche heute durch Kompromisse erleiden. Geben Sie auf Ersatzschilde acht!

Kapitel 5

Die Person, die wir preisen

*Vom Aufgang der Sonne bis zu ihrem Niedergang sei gelobet
der Name des Herrn!*

(Psalm 113,3)

Wieder und wieder werden wir angehalten, den *Namen* des Herrn
zu preisen. Eins der Gebote hat mit dem Namen des Herrn zu tun.
„Du sollst den Namen des Herrn, deines Gottes, nicht mißbrau-
chen" (2. Mose 20,7). Warum soll ausgerechnet der *Name* des Herrn
gelobt werden? Die Antwort auf diese Frage ist für unsere Studie
zum Lobpreis von überragender Bedeutung. Lassen Sie uns einige
der vielen Schriftstellen ansehen, die von seinem Namen handeln:

Psalm 8,2 – „Herr, unser Herrscher, wie herrlich ist dein *Name* in
allen Landen."
Psalm 29,2 – „Bringet dar dem Herrn die Ehre seines *Namens.*"
Psalm 30,5 – „Lobsinget dem Herrn, ihr seine Heiligen, und preiset
seinen heiligen *Namen!*"
Psalm 48,11 – „Gott, wie dein *Name*, so ist auch dein Ruhm bis an
der Welt Enden."
Psalm 66,4 – „Alles Land bete dich an und lobsinge dir, lobsinge
deinem *Namen.*"
Psalm 72,19 – „Gelobt sei sein herrlicher *Name* ewiglich."
Psalm 100,4 – „Danket ihm, lobet seinen *Namen!*"
Psalm 103,1 – „Lobe den Herrn, meine Seele, und was in mir ist,
seinen heiligen *Namen!*
Psalm 145,1 – „Ich will dich erheben, mein Gott, du König, und
deinen *Namen* loben immer und ewiglich."

Warum preisen wir den *Namen* des Herrn? Im alten Orient hatte
ein Name niemals nur die Funktion, Leute zu bezeichnen, um
Verwechslungen vorzubeugen; er drückte vielmehr aus, wie die

Person war oder wie sie werden sollte. Also steht der Name (bzw. die Namen) Gottes für seine vielfältige Natur, sind Ausdruck seiner selbst. Tatsächlich sind die Namen Gottes ein Mittel, durch das er sich offenbart. Es sind Beschreibungen Gottes, nicht seines tiefsten Wesens, aber dessen, was wir von ihm wissen können, da er sich mit uns als Erlösten verbindet. Diese Namen sind nicht von Menschen, sondern von Gott eingeführt, obwohl sie aus menschlicher Sprache entliehen und an menschliche Beziehungen angelehnt sind. Gott ist unbegreiflich, aber in seinen Namen begibt er sich auf die Ebene der Endlichkeit und wird wie ein Mensch. Einerseits können wir ihn nicht kennen, denn er ist unfaßbar. Andererseits gab er uns seine Namen, damit wir ein bestimmtes Maß an Offenbarung über ihn hätten und ihn kennenlernten. Da wir mit einer Studie des Lobpreises beschäftigt sind, ist es nur passend, daß wir die Namen dessen untersuchen, den zu preisen wir aufgerufen sind.

Auf den folgenden Seiten werden wir die sogenannten Erlösernamen Gottes betrachten. Sie heißen so, weil sie uns vermitteln, wie Gott sich im Rahmen der Erlösung zu uns stellt. Zunächst aber einige der allgemeinen Namen für Gott, die im Alten Testament gebraucht werden:

Elohim

Der Bezeichnung *Elohim* begegnen wir im ersten Kapitel des 1. Buch Mose. In 1. Mose 1 kommt sie 32mal vor. Es besteht allgemeine Übereinstimmung in der Annahme, daß die Herkunft dieses Namens auf *el* zurückgeht, d. h. „der, der groß, mächtig, furchtbar ist". Das ist der Name, unter dem Gott Abraham und Jakob große und mächtige Versprechen gab (1. Mose 17,1 und 35,11). Es ist der Elohim, der durch sein Wort alles, was ist, schafft. Er spricht, und es geschieht. Er ruft ins Leben, was nicht war.

Manche sagen, Elohim leite sich aus dem Wort *alah* ab, dessen Bedeutung „erklären oder schwören" sein soll. Das wäre auch möglich, denn seine Größe gibt Gott das absolute Recht, Übereinkünfte zu initiieren und die Bedingungen zu nennen. Der Name Elohim ist ein pluraler Name für Gott. Das weist zunächst einmal offensichtlich auf die Dreieinigkeit hin. Darüber hinaus steht ein intensiver Gebrauch des Plurals für Ganzheit.

El Schaddai
Die Bedeutung von *el* als „groß und herrlich" haben wir bereits kennengelernt. *Schaddai* kommt 48mal im Alten Testament vor und wird immer mit „Allmächtiger" übersetzt. Die vorrangige Bedeutung liegt in dem Wort für „Brust", spricht also von Ernährung, Sättigung, Versorgung. Wenn wir die zwei Teile dieses Namens zusammensetzen, haben wir El Schaddai, „der Macht hat, uns völlig zu ernähren, zu sättigen und zu versorgen". In der Septuaginta wird der Name Schaddai einige Male durch das griechische Wort *ikanos* wiedergegeben, das mit „all-genügend" übersetzt werden kann.

Adonai
Dieser Gottesname taucht über 400mal im Alten Testament auf. Wenn er auf Gott bezogen ist, steht er fast immer im Plural. Er bezeichnet Gott als Besitzer und Herrscher über alles, was ist. Wenn wir nur allein diesen Namen richtig verstünden, würde sich unser Leben ändern! Er spricht von Herrschaft auf Gottes Seite und Verwalterschaft und Unterordnung auf der unseren. Als Jesaja die Szene in Kapitel 6 beschrieb, verwendete er diese Bezeichnung: „In dem Jahr, als der König Usija starb, sah ich den Herrn sitzen auf einem hohen und erhabenen Thron". Sein weltlicher Herr war gestorben, aber sein himmlischer Herr saß auf einem Thron. Er war sehr lebendig, mächtig und würdig, gepriesen zu werden!
Dieser Name, Adonai, lautet im griechischen Alten Testament *kyrios* oder „Herr". In Zusammenhang mit dem Namen *jahwe* wird er allein im Buch Hesekiel etwa 200mal verwendet und bedeutet: Jahwe, der, der *ist*, hat den Anspruch, gleichzeitig der zu sein, der regiert.
Wenn wir also aufgerufen sind, den *Namen* Gottes zu preisen, sind all diese Inhalte gemeint – und noch weitere.

Jahwe
Diese Gottesbezeichnung wird am häufigsten in der Bibel verwendet – öfter als 6800mal! Sie läßt sich auf das Verb *hayah*, das mit „sein" übersetzt wird, zurückführen. Der berühmteste jüdische Kommentator des Mittelalters, Moses Maimonides, schrieb: „Alle Namen Gottes, die in den Schriften vorkommen, ergeben sich aus seinen Werken, außer einem, nämlich Jahwe; und dieser wird der einfache Name genannt, weil er einfach und unmißverständlich das Wesen Gottes lehrt." In 2. Mose 3,14 erklärt Gott als Antwort auf Moses

Frage nach seiner Identität: „So sollst du zu den Israeliten sagen: ‚Ich werde sein‘, der hat mich zu euch gesandt." Das ist die Essenz des Namens Jahwe. Er ist der, der ewig lebt, der einzig lebt, der aus sich selbst lebt und von nichts und niemandem außerhalb seiner selbst abhängig ist. Er ist eigenexistent und eigengenügend. Dies bringt uns zum Kernstück unserer Studie über die Namen Gottes. Alle folgenden Namen werden im Zusammenhang mit dem Namen Jahwe verwendet und als die Erlöser- oder zusammengesetzten Namen für Gott bezeichnet. Ich nenne sie gerne die *Bündnis*-Namen Gottes, weil sie uns die Weise nahebringen, wie der Gott des Bundes mit den Kindern seines Bundes umgeht. Denken Sie daran, daß wir sie im Licht ihrer Bedeutung für Lobpreis untersuchen.

Jahwe-Jireh

Diesen Gottesnamen finden wir in 1. Mose 22,14. Die Szene spielt auf dem Berg Morija. Gott hatte Abraham geboten, seinen einzigen Sohn, Isaak, auf dem Altar zu opfern. Unsere Phantasie dreht fast durch, wenn wir versuchen, die Szene zu beschreiben. Gott ordnete an, und Abraham, der sich der Natur seiner Bündnisbeziehung mit El Schaddai bewußt war, stellte keine Fragen und gehorchte. Am Fuß des Berges angekommen, ließen Abraham und Isaak die Diener mit dem Versprechen zurück, sie würden wiederkommen.

Während des Aufstiegs auf den Berg fragte Abrahams geliebter Sohn der Verheißung, der Sohn seines Alters: „Siehe, hier ist Feuer und Holz; wo ist aber das Schaf zum Brandopfer?" Abrahams Antwort kam sanft aus seiner tiefen Trauer heraus: „Mein Sohn, Gott wird sich ersehen ein Schaf zum Brandopfer" (englisch: „God will provide" – „Gott wird dafür sorgen"). Oben auf dem Berg bauten die beiden einen einfachen Altar und bereiteten ihn vor. Abraham gestand seinem Sohn voll Trauer, daß kein anderer als er selbst, Isaak, das Opfer sei. Isaak wurde auf den Altar gelegt, und Abraham hob bereits das Messer, um ihn mit schneller Bewegung zu töten. Genau in dem Moment rief ihn eine Stimme vom Himmel an, ein Engel: „Abraham! Abraham! ... Lege deine Hand nicht an den Knaben und tu ihm nichts; denn nun weiß ich, daß du Gott fürchtest und hast deines einzigen Sohnes nicht verschont um meinetwillen."

Dann zeigte er ihm einen Widder, der sich hinter ihm in einer Hecke verfangen hatte. Erleichtert und voll Freude band Abraham Isaak los, opferte an seiner Statt den Widder und rief aus: „Den

Namen dieses Ortes werden wir Jahwe-Jireh nennen". Der Name Jahwe-Jireh bedeutet also: „Der Herr versorgt". Das Wort *jireh* heißt „sehen". Wieso also nun „versorgen"? Dazu müssen wir uns die Bedeutung genauer ansehen und einen Umweg über die englische Sprache machen. Die englische Vokabel für versorgen, „provide", setzt sich aus zwei lateinischen Wörtern zusammen – „pro" (was für „zuerst" oder „vorher" steht) und „vide" (das heißt „sehen"). Die zwei Teile zusammen bedeuten offensichtlich „vorher sehen". Mit diesem Bündnisnamen wird also der bezeichnet, der „alles vorher sieht" bzw. englisch: „sees *to* everything beforehand" – „sich um alles vorher kümmert". Gott war ja in der Tat am Anfang der Geschichte und kümmerte sich um das letzte Ende der Geschichte und die Zeit darüber hinaus, und er sorgte für alles. Wir können nie eine Not haben, von der er nicht schon wüßte und deren Lösung er nicht schon vorbereitet hätte. Preis sei Jahwe-Jireh!

Jahwe-Rapha
In 2. Mose 15,26 begegnet uns diese Bezeichnung. Anders als Jahwe-Jireh, den Abraham einführte, wurde der Name *Jahwe-Rapha* von Gott selbst gegeben, und zwar in Elim, nach der Krise mit dem bitteren Wasser in Mara. Gott versprach seinem Volk: „Wirst du der Stimme des Herrn, deines Gottes, gehorchen und tun, was recht ist vor ihm, und merken auf seine Gebote und halten alle seine Gesetze, so will ich dir keine der Krankheiten auferlegen, die ich den Ägyptern auferlegt habe; denn ich bin Jahwe-Rapha, der Herr, dein Arzt." Das Wort *rapha* bedeutet immer heilen, wiederherstellen, kurieren. Gott versprach nicht zu heilen, nein, viel besser: Er sagte: „Ich bin Heilung!" Preis sei Jahwe-Rapha!

Jahwe-Nissi
Diesen Namen finden wir in 2. Mose 17,15. Amalek stand dem Volk Gottes im Weg und verwehrte ihnen das Recht, weiterzuziehen. Dort gebot Mose Josua, in das Tal hinabzuziehen und Amalek zu bekämpfen. Mose wollte mit dem Stab Gottes in der Hand auf dem Berg stehen. Nachdem sie die Lektion über das Verhältnis zwischen dem Stab auf dem Berg und der Schlacht im Tal gelernt hatten, wurde der Konflikt beigelegt – mit dem Sieg auf seiten der Israeliten. Jener Stab stand für die Macht Gottes über das menschliche Leben. Im Tal Refidim erkannte Mose, daß Gott das Feldzeichen war, um das sich ganz Israel immer versammeln mußte. So weihte er Gott

feierlich einen Altar, den er in dem Tal baute und *Jahwe-Nissi* nannte. *Nissi* bedeutet „Feldzeichen" oder „Banner". In jenen Tagen hatten Volksgruppen Banner als Identitätszeichen, um die sie sich versammelten. Das war nicht immer eine Flagge, sondern manchmal nur ein Pfahl, der für alle in der Gruppe sichtbar war. Das Wort leitet sich aus einem anderen ab, das „glänzen" heißt und von Juden häufig in der Bedeutung für „Wunder" verwendet wurde. Was drückte Mose also aus? Er sagte: „Gott ist unser Identitätsbanner, unsere Siegesflagge, unser Versammlungspfahl". Wenn die Schlacht tobt, müssen wir dicht beim Feldzeichen bleiben – Jahwe-Nissi! Preis sei Jahwe-Nissi!

Jahwe-M'kaddesch
Diesen Namen findet man in 3. Mose 20,7. Er folgt auf Gottes Gebot, daß wir heilig sein sollten. Wie schön klingt er für uns, wenn wir uns darüber klar sind, daß wir, allein wegen unseres Menschseins, Heiligkeit nicht erreichen können! Wie beruhigend, daß Gott sagt: „Ich bin *Jahwe-M'kaddesch* (der, der euch heiligt)!" Dieser Terminus bezieht sich auf Heiligung und kommt etwa 700mal im Alten Testament vor. Er bedeutet „für göttlichen Gebrauch ausgesondert". Das Wort wurde für Gegenstände und Menschen gebraucht, die für den Gottesdienst zu Jahwes Ehre geheiligt waren. Jetzt *sind* wir Tempel Gottes, und Gott lebt in uns durch den Heiligen Geist! Er ist es, der uns heiligt. Preis sei Jahwe-M'kaddesch!

Jahwe-Schalom
In Richter 6,24 wird berichtet, wie Gideon einen Altar baute, den er *Jahwe-Schalom* nannte. Weil Gottes Volk tat, was in seinen Augen böse war, überließ Gott sie zur Strafe den Midianitern. Das Volk hatte keinen Frieden. Wenn sie ihre Felder bestellten, fiel der Feind in ihr Land ein und ruinierte alles. Das Volk Gottes verarmte durch diese fortgesetzte Verwüstung, und sie schrien zu Gott. Als Gideon unter einer Eiche bei Ofra Weizen drosch, kam ein Engel des Herrn mit unerwartetem Gruß zu ihm: „Der Herr sei mit dir, du streitbarer Held!" Das überraschte Gideon so sehr, daß er entgegnete: „Ist der Herr mit uns, warum ist uns dann das alles widerfahren? Und wo sind alle seine Wunder?" Der Engel tat Gideon kund, daß er selbst es sei, durch den sein Volk befreit werden würde. Unsicher über die Echtheit der Erscheinung, bat Gideon den Engel dazubleiben, bis

er ein Opfer holen könnte. Die Reaktion des Engels auf das Opfer
wollte er als Bestätigung werten. Als Gideon dann mit Fleisch und Broten wiederkam, legte er sie
vor dem Engel auf einen Stein. Der Engel berührte sie mit dem Stab
in seiner Hand, und augenblicklich war das Opfer vom Feuer
verzehrt. Daraufhin rief Gideon aus: „Ach Herr Herr! Habe ich
wirklich den Engel des Herrn von Angesicht zu Angesicht gesehen!"
Da sprach Gott zu ihm und tröstete: „Friede sei mit dir! Fürchte
dich nicht, du wirst nicht sterben." Und Gideon rief laut: „Jahwe-
Schalom! (Gott ist Friede!)". Dieser Dialog ist in Richter 6,11-24
aufgezeichnet. In einer Zeit des Krieges fand Gideon heraus, daß
Gott nicht nur Frieden gab, sondern daß er Frieden *war*. Preis sei
Jahwe-Schalom! Das Wort „schalom" bedeutet „Frieden", wird aber
auch als „voll, vollständig, beendet oder vollendet" übersetzt. Dies
ist eine Ruhe, die alle Menschen brauchen. Jahwe ist unser vollen-
deter Frieden.

Jahwe-Roheh

Die erste Aussage in Psalm 23,1 ist der nächste Name Gottes, der
unser Lob verdient. Sie lautet: „Der Herr ist unser Hirte". Der Geist
des Namens wird im restlichen Psalm perfekt dargestellt. Wie kein
anderer Name drückt dieser Zärtlichkeit und Intimität aus. Alles,
was ein guter Hirte für seine Schafe ist, ist Gott für sein Volk. Seine
Leitung ist so vollkommen, daß uns nichts mangelt. Wir wurden
gemacht, um uns in grünen Auen zu lagern. Wir werden zu stillen
Wassern geführt. Unsere Seelen werden wiederhergestellt, und wir
werden auf rechten Wegen geführt. Wir können durch das dunkle
Todestal gehen, ohne Angst zu haben. Sein Stab und Stecken trösten
uns. Unsere Feinde schauen zu, wie wir an gedeckten Tischen sitzen.
Unser Häupter sind gesalbt, und unser Becher fließt über. Gutes
und Barmherzigkeit sind um uns alle Tage unseres Lebens, und das
Haus des Herrn ist unsere ewige Heimat. All dies, weil er uns *roheh*,
unser Hirte ist. Preis sei Jahwe-Roheh! Hören Sie, was Offenbarung
7,17 diesem Bild noch hinzufügt: „Denn das Lamm mitten auf dem
Thron wird sie weiden und leiten zu den Quellen des lebendigen
Wassers, und Gott wird abwischen alle Tränen von ihren Augen."
Preis sei dem Lamm, das unser Hirte ist!

Jahwe-Zidkenu

Der Hintergrund dieser Bezeichnung ist sowohl tragisch als auch herrlich. Das Volk war in großen Nöten. Juda trieb auf seinen Fall zu; das Land wurde unterdrückt, überall gab es Gewalt. Obwohl der gottesfürchtige König Josia Reformen durchgeführt und eine Erweckung stattgefunden hatte, war die Bosheit des Volkes allzu tief verwurzelt. Die, denen die Verantwortung für die geistliche Versorgung aufgetragen war, hatten die Herde zerstreut. Die Propheten hatten gelogen. Aber in Jeremia 23,5-6 kündigte Gott bessere Tage an: „Siehe, es kommt die Zeit, spricht der Herr, daß ich dem David einen gerechten Sproß erwecken will. Der soll ein König sein, der wohl regieren und Recht und Gerechtigkeit im Lande üben wird. Zu seiner Zeit soll Juda geholfen werden und Israel sicher wohnen. Und dies wird sein Name sein, mit dem man ihn nennen wird: ‚Jahwe-Zidkenu (Der Herr unsere Gerechtigkeit)'." Das Wort *zedek* bedeutet „steif oder gerade sein", ganz ursprünglich einfach „richtig sein". Gott ist der „vollständig Richtige". Gerechtigkeit ist gerade und eng. Ein Pfund entspricht einem halben Kilo, niemals einem Viertel oder dreiviertel Kilo. Ein Meter ist 100 Zentimeter lang, nie 99 oder 101. Gottes Maße sind genau. Er fordert Gerechtigkeit. Dieser Name offenbart, daß er uns wird, was er von uns fordert. In 1. Korinther 1,30 lesen wir von „Christus Jesus, der uns von Gott gemacht ist zur … Gerechtigkeit". Preis sei Jahwe-Zidkenu!

Jahwe-Schamma

Wie viele andere Propheten überbrachte Hesekiel eine wirklich traurige Botschaft. Seinem Volk ging es in jeder Hinsicht schlecht. Der Ort der Versammlung, an dem Gott seinem Volk begegnete, war so entweiht worden, daß Gott sich von seinem Haus entfernte. Die Nation hatte ihren Geist verloren. Wie andere Propheten bot jedoch auch Hesekiel schließlich Hoffnung an. Dieser Name für Gott erscheint ganz zum Schluß im Buch Hesekiel (48,35). Er bedeutet: „Hier ist der Herr". Diese eine Botschaft ist das Kernstück der Hoffnung, die Hesekiel vorstellte. Die Gegenwart Gottes bedeutet alles. Stiftshütte und Tempel waren die Orte, an denen Gott unter seinem Volk lebte. Wir können ihre volle Bedeutung nicht verstehen, da sie die Gegenwart von Jahwe selbst unter den Seinen darstellen. Exakt dort, wo Abraham Isaak dem Herrn opfern sollte, baute Salomo den Tempel. Gott war mit Abraham da, und Gott war mit Salomo da.

Nun, da der Tempel entweiht war, teilte Hesekiel seinem Volk eine Vision der Hoffnung mit. Der letzte Teil dieser herrlichen Schau handelte von einer Stadt. Jene Stadt sollte „Jahwe-Schamma (Hier ist der Herr)" genannt werden. Es sollten bessere Tage kommen. Gott würde zu seinem Tempel zurückkehren. Wo lebt Gott auf Erden? Er ist zuhause in seinen Tempeln – in Ihnen und in mir! Zu Pfingsten kam das Feuer wieder, das den Tempel in Hesekiels Tagen verlassen hatte, und sterbliche Männer und Frauen wurden zu Tempeln des lebendigen Gottes! Jahwe ist da! Paulus ruft in 1. Korinther 3,16 aus: „Wißt ihr nicht, daß ihr Gottes Tempel seid und der Geist Gottes in euch wohnt?" Und in 2. Korinther 6,16 schreibt er mit Bezug auf die Bedingungen im neuen Bund: „Wir aber sind der Tempel des lebendigen Gottes; wie denn Gott spricht: ‚Ich will unter ihnen wohnen und wandeln und will ihr Gott sein, und sie sollen mein Volk sein.'" Jahwe-Schamma ist in uns!

Wir haben nun die acht Bündnis- oder Erlösernamen unseres Gottes kennengelernt. Ich möchte, daß Sie einige wichtige Tatsachen behalten, wenn wir dieses Kapitel abschließen:

1. Gottes Charakter wird uns durch seine Namen offenbart.
2. Gott offenbart unsere Bedürftigkeit durch seine Namen.
3. Das Wesen unserer Erlösung wird durch seine Namen offenbart.
4. Durch seine Namen können wir wissen, was wir vom Leben zu erwarten haben.
5. Wir können Gott durch seine Namen besser kennenlernen.
6. Wir können den Reichtum unserer wahren Identität durch seine Namen kennenlernen.
7. Die Namen Gottes zu preisen bringt jene besonderen Charakteristika ans Licht.

Daß Gott im Lobpreis seines Volkes wohnt, haben wir bereits gelernt. Das heißt also, Lobpreis ist seine Heimatadresse. Er ist im Lobpreis zuhause. Gott ist all das, wovon seine Namen sprechen. Er ist überall alles, aber Lobpreis bewirkt die Manifestation Gottes. Darf ich ein Beispiel anführen? Bitte sehr: Küche und Keller sind leer. Sie können sich kaum noch über Wasser halten. Die Vernunft zwingt sie aufzugeben. Aber gerade da erinnern Sie sich daran, daß einer der Namen Gottes JAHWE-JIREH ist. Und statt aufzugeben, vertrauen Sie ihrem geistlichen Urteil und loben den Namen Gottes:

Jahwe-Jireh! Er war schon immer Jahwe-Jireh, aber in Ihrem Lobpreis wird er befreit, sich als Ihr *Versorger* zu erweisen.

Sie sind krank an Leib und/oder Seele und stehen kurz davor, in eine tiefe Depression zu verfallen. Da erinnern Sie sich, daß Gott einen anderen Namen hat ... JAHWE-RAPHA, unser *Arzt*! Bezeichnen Sie ihn als den, der er ist! Er ist das, was er immer ist. Aber er hat Freiheit, sich Ihnen als das zu zeigen, was er ist, wenn Sie ihn preisen!

Die Schlacht tobt heiß. Sie sind versucht, die weiße Flagge zu hissen. Um Sie herum lösen sich die Schlachtreihen auf. Der Feind bricht durch. Gott hat einen Namen, der jetzt paßt – JAHWE-NISSI. Er ist unser Siegesbanner. Er ist unser Triumphzeichen. Dank sei ihm, der uns immer Anlaß gibt zu triumphieren!

Sie sind am Boden zerstört. Ihr innerer Friede ist dahin, Ihre Seele voller Unruhe. Die Dinge laufen schlecht. Gott hat auch hierfür einen Namen: JAHWE-SCHALOM, unser *Friede*. Beachten Sie, daß alle diese Bezeichnungen nicht nur ausdrücken, was er *gibt*, sondern was er *ist*.

Sie können Beispiele für die übrigen Namen anführen. Versuchen Sie doch einmal, ein Bedürfnis zu finden, das nicht durch einen seiner Namen abgedeckt ist!

UND JESUS?

Wo aber finden wir Jesus in alledem? Jesus ist die völlige Offenbarung Gottes. In ihm war jedes Versprechen Gottes „Ja und Amen". Durch seinen Geist, der in uns wohnt, offenbart Jesus die Fülle Gottes für uns und in uns. Durch Christus sind wir zu Gott gekommen. Wir kennen ihn durch Christus. Jesus betete in Johannes 17: „Und ich habe ihnen" (uns) „die Herrlichkeit gegeben, die du mir gegeben hast, damit sie eins seien, wie wir eins sind." Die Herrlichkeit Christi war die Gegenwart des Vaters in ihm. Unsere Herrlichkeit ist die Gegenwart Christi in uns durch den Geist. Paulus drückte das in Kolosser 1,27 so aus: „... denen Gott kundtun wollte, was der herrliche Reichtum dieses Geheimnisses unter den Heiden ist, nämlich Christus in euch, die Hoffnung der Herrlichkeit." Wir dürfen diese eine großartige, herrliche Tatsache nicht vergessen: ALLES, WAS GOTT IST, IST ER IN SEINEN NAMEN, UND ALLES, WAS ER IN SEINEN NAMEN IST, WAR ER IN CHRISTUS. ALLES, WAS ER IN CHRISTUS WAR, IST ER IN UNS! Preis sei Jahwe!

LOBPREISPROJEKTE:

1. Schreiben Sie die acht Bündnisnamen Gottes in Ihr Gebetstagebuch, um Gott mit ihnen zu loben.
2. Machen Sie in Ihrer Bibel ein Kettenverzeichnis dieser Namen. Beispiel: Schreiben Sie auf das Vorsatzblatt die erste Bibelstelle, in der Jahwe-Jireh erwähnt wird (1. Mose 22,14). Dort notieren Sie die nächste Referenzstelle (2. Mose 15,17) usw. Machen Sie das für alle Erlösernamen, die Sie in diesem Kapitel kennengelernt haben.
3. Wählen Sie aus den acht Namen denjenigen aus, der am besten zu Ihrer größten gegenwärtigen Not paßt. Sprechen Sie mit Gott, und reden Sie ihn als „Jahwe-.................." an. Denken Sie über die Bedeutung dieses Namens nach, und rufen Sie sich ins Gedächtnis, in welcher Situation er eingeführt wurde. Loben Sie Gott unter Verwendung dieses bestimmten Namens, und lassen Sie Gott den sein, der er ist.
4. Verwenden Sie diese Namen regelmäßig in Ihrer Gebetszeit und während des Tages. Sie werden entdecken, daß das ein wunderbares Anbetungserlebnis ist.

PREIS SEI JAHWE
(Dieses Lied wurde von Doug Alexander, Mitarbeiter der First Baptist Church in Little Rock, Arkansas, komponiert. Sie können es zur Melodie des Chorus' „Preis dem Namen Jesu" singen.)

Preis dem Namen Jesu, Preis dem Namen Jesu,
Er ist mein Fels, er ist meine Festung, er ist mein Erretter,
Auf ihn will ich vertrau'n.
Preis dem Namen Jesu.

Preis sei Jahwe-Jireh, Preis sei Jahwe-Jireh,
Er ist meine Quelle, er ist genug für mich, er ist mein Versorger,
Auf ihn will ich vertrau'n.
Preis sei Jahwe-Jireh.

Preis sei Jahwe-Rapha, Preis sei Jahwe-Rapha,
Er ist meine Gesundheit, er ist meine Heilung, er ist mein Arzt,
Auf ihn will ich vertrau'n.
Preis sei Jahwe-Rapha.

Preis sei Jahwe-Nissi, Preis sei Jahwe-Nissi,
Er ist meine Flagge, er ist mein Banner, er ist mein Sieg,
Auf ihn will ich vertrau'n.
Preis sei Jahwe-Nissi.

Preis sei Jahwe-M'kaddesch, Preis sei Jahwe-M'kaddesch,
Er ist mein Licht, er ist meine Heiligkeit, er ist meine Heiligung,
Auf ihn will ich vertrau'n.
Preis sei Jahwe-M'kaddesch.

Preis sei Jahwe-Schalom, Preis sei Jahwe-Schalom,
Er ist mein Frieden, er ist mein Trost, er ist meine Sicherheit,
Auf ihn will ich vertrau'n,
Preis sei Jahwe-, Jahwe-Schalom.

Preis sei Jahwe-Roheh, Preis sei Jahwe-Roheh,
Er ist mein Führer, er ist mein Hirte, er ist mein Beschützer,
Auf ihn will ich vertrau'n.
Preis sei Jahwe-Roheh.

Preis sei Jahwe-Zidkenu, Preis sei Jahwe-Zidkenu,
Er ist mein Leben, meine Erlösung, meine Gerechtigkeit,
Auf ihn will ich vertrau'n.
Preis sei Jahwe-Zidkenu.

Preis sei Jahwe-Schamma, Preis sei Jahwe-Schamma,
Er ist mein Freund, er ist die Treue, gegenwärtig überall,
Auf ihn will ich vertrau'n.
Preis sei Jahwe-Schamma.

Kapitel 6

Der Weg zum Lobpreis

Seid allezeit fröhlich, betet ohne Unterlaß, seid dankbar in allen Din-
gen; denn das ist der Wille Gottes in Christus Jesus an euch

1. Thessalonicher 5,16-18

Beim Schreiben dieses Buches fand ich es fast unmöglich, die
Begriffserklärungen vom Praktischen zu trennen. Ich kann mit der
Praxis kaum bis zur Beendigung des theoretischen Teils warten und
halte es also für sinnvoll, an dieser Stelle eine praktische Einführung
einzufügen: Der Weg zum Lobpreis. Selten legt man eine Strecke
mit einem großen Schritt zurück. Normalerweise sind mehrere
kleine nötig – beim Thema Lobpreis ist das nicht anders.

Der obige Bibeltext spricht nicht von Gotteslob als solchem; das
Befolgen dieser drei Anordnungen wird aber Lobpreis nach sich
ziehen. Lassen Sie eine von ihnen außer acht: Ihr Lob wird nicht
zu wirklich vollem Ausdruck kommen. Diese drei Übungen werden
jeden direkt in das Herz des Lobpreises führen.

ENTSCHEIDUNG ZUR FREUDE

Die Bibel spricht oft von Freude. Man braucht nicht besonders
bibelfest zu sein, um zu wissen: Gott möchte, daß sein Volk fröhlich
ist. Gott ist ein froher Gott. Nehemia sprach zu seinem Volk: „Geht
hin und eßt fette Speisen und trinkt süße Getränke und sendet
davon auch denen, die nichts für sich bereitet haben; denn dieser
Tag ist heilig unserm Herrn. Und seid nicht bekümmert; denn *die*
Freude am Herrn ist eure Stärke" (Nehemia 8,10).

Das Volk Gottes war, wenn sein Verhältnis mit Gott in Ordnung
war, ein fröhliches Volk. Die Psalmen sprechen ständig von Freude.
Hier einige der vielen Beispiele daraus:

5,12 – „Laß sich *freuen* alle, die auf dich trauen; ewiglich laß sie
rühmen, denn du beschirmest sie."

16,11 – „Du tust mir kund den Weg zum Leben: Vor dir ist *Freude* die Fülle und Wonne zu deiner Rechten ewiglich."

30,12 – „Du hast mir meine Klage verwandelt in einen Reigen, du hast mir den Sack der Trauer ausgezogen und mich mit *Freude* gegürtet."

31,8 – „Ich *freue* mich und bin fröhlich über deine Güte, daß du mein Elend ansiehst und nimmst dich meiner an in Not."

33,1 – „*Freuet* euch des Herrn, ihr Gerechten; die Frommen sollen ihn recht preisen."

33,3 – „Singet ihm ein neues Lied; spielt schön auf den Saiten mit *fröhlichem* Schall!"

40,17 – „Laß deiner sich *freuen* und fröhlich sein alle, die nach dir fragen; und die dein Heil lieben, laß allewege sagen: Der Herr sei hoch gelobt!"

David erinnerte sich an die Gelegenheiten, wie er mit „Frohlocken und Danken in der Schar derer, die da feiern" (Psalm 42,5b) zum Hause Gottes gegangen war. Dreimal rief er seiner beschwerten Seele zu: „Warum betrübst du dich, meine Seele, und bist so unruhig in mir? Harre auf Gott; denn ich werde ihm noch danken, daß er meines Angesichts Hilfe und mein Gott ist" (Psalm 42,6, 42,12 und 43,5).

47,2 – „Schlagt froh in die Hände, alle Völker, und jauchzet Gott mit *fröhlichem* Schall!"

47,6 – „Gott fährt auf unter *Jauchzen*, der Herr beim Hall der Posaune."

66,1 – „*Jauchzet* Gott, alle Lande!"

71,23 – „Meine Lippen und meine Seele, die du erlöst hast, sollen *fröhlich* sein und dir lobsingen."

81,2 – „Singet *fröhlich* Gott, der unsre Stärke ist, jauchzet dem Gott Jakobs."

89,16-17 – „Wohl dem Volk, das jauchzen kann! Herr, sie werden im Licht deines Antlitzes wandeln; sie werden über deinen Namen täglich *fröhlich* sein und in deiner Gerechtigkeit herrlich sein."

92,5 – „Denn, Herr, du lässest mich *fröhlich* singen von deinen Werken, und ich rühme die Taten deiner Hände."

95,1 – „Kommt herzu, laßt uns dem Herrn *frohlocken* und jauchzen dem Hort unsres Heils!"

97,12 – „Ihr Gerechten, *freut* euch des Herrn und danket ihm und preiset seinen heiligen Namen!"

98,4 – „*Jauchzet* dem Herrn, alle Welt, singet, rühmet und lobet!"

98,8 – „Die Ströme sollen frohlocken, und alle Berge seien *fröhlich.*"

104,34 – „Mein Reden möge ihm wohlgefallen. Ich *freue* mich des Herrn."

107,22 – „... und sollen Dank opfern und seine Werke erzählen mit *Freuden.*"

118,15 – „Man singt mit *Freuden* vom Sieg in den Hütten der Gerechten."

118,24 – „Dies ist der Tag, den der Herr macht; laßt uns *freuen* und fröhlich an ihm sein."

126,3 – „Der Herr hat Großes an uns getan; des sind wir *fröhlich.*"

132,9 – „Deine Priester laß sich kleiden mit Gerechtigkeit und deine Heiligen sich *freuen.*"

149,5 – „Die Heiligen sollen *fröhlich* sein und preisen und rühmen auf ihren Lagern."

Auch Jesajas Botschaft enthielt immer wieder Texte über Freude:

12,3.6 – „Ihr werdet mit *Freuden* Wasser schöpfen aus den Heilsbrunnen. Jauchze und rühme, du Tochter Zion; denn der Heilige Israels ist groß bei dir!"

35,10 – „Die Erlösten des Herrn werden wiederkommen und nach Zion kommen mit Jauchzen; ewige *Freude* wird über ihrem Haupte sein; *Freude und Wonne* werden sie ergreifen, und Schmerz und Seufzen wird entfliehen."

42,11 – „Rufet laut, ihr Wüsten und die Städte darin samt den Dörfern, wo Kedar wohnt. Es sollen *jauchzen*, die in Felsen wohnen, und rufen von den Höhen der Berge!"

44,23 – „*Jauchzet*, ihr Himmel, denn der Herr hat's getan! *Jubelt*, ihr Tiefen der Erde! Ihr Berge, *frohlocket* mit Jauchzen, der Wald und alle Bäume darin! Denn der Herr hat Jakob erlöst und ist herrlich in Israel."

51,11 – „So werden die Erlösten des Herrn heimkehren und nach Zion kommen mit Jauchzen, und ewige *Freude* wird auf ihrem Haupte sein. Wonne und *Freude* werden sie ergreifen, aber Trauern und Seufzen wird von ihnen fliehen."

55,12 - „Denn ihr sollt in *Freuden* ausziehen und im Frieden geleitet werden. Berge und Hügel sollen vor euch her frohlocken mit Jauchzen und alle Bäume auf dem Felde in die Hände klatschen."

61,3 - „... zu schaffen den Trauernden zu Zion, daß ihnen Schmuck statt Asche, *Freudenöl* statt Trauerkleid, Lobgesang statt eines betrübten Geistes gegeben werden."

61,10 - „Ich *freue* mich im Herrn, und meine Seele ist *fröhlich* in meinem Gott; denn er hat mir die Kleider des Heils angezogen und mich mit dem Mantel der Gerechtigkeit gekleidet."

62,5 - „Denn wie ein junger Mann eine Jungfrau freit, so wird dich dein Erbauer freien, und wie sich ein Bräutigam freut über die Braut, so wird sich dein Gott über dich *freuen*."

65,18-19 - „*Freuet* euch und seid fröhlich immerdar über das, was ich schaffe. Denn siehe, ich will Jerusalem zur Wonne machen und sein Volk zur *Freude*, und ich will fröhlich sein über Jerusalem und mich *freuen* über mein Volk. Man soll in ihm nicht mehr hören die Stimme des Weinens noch die Stimme des Klagens."

66,10 - „*Freuet* euch mit Jerusalem und seid fröhlich über die Stadt, alle, die ihr sie liebhabt! *Freuet* euch mit ihr, alle, die ihr über sie traurig gewesen seid."

Jeremia wird der „weinende Prophet" genannt. Und doch liest man aus seiner Feder: „Dein Wort ward meine Speise, sooft ich's empfing, und dein Wort ist meines Herzens *Freude* und Trost; denn ich bin ja nach deinem Namen genannt, Herr, Gott Zebaoth" (15,16).

Seine Gerichtsbotschaft wurde durch Worte der Freude gemildert: „Und es soll aus ihr erschallen Lob- und *Freuden*gesang" (30,19). „Denn so spricht der Herr: Jubelt über Jakob *mit Freuden* und jauchzet über das Haupt unter den Völkern" (31,7). „Alsdann werden die Jungfrauen fröhlich beim Reigen sein, die junge Mannschaft und die Alten miteinander, denn ich will ihr Trauern in *Freude* verwandeln und sie trösten und sie erfreuen nach ihrer Betrübnis" (31,13).

Die frohe Botschaft setzt sich bei Jesus fort, der Freude brachte, wohin er kam. In Johannes 15,11 spricht er: „Das sage ich euch, damit meine *Freude* in euch bleibe und eure *Freude* vollkommen werde." Sein Kommen wurde mit Freuden angekündigt: „Siehe, ich verkündige euch große *Freude*, die allem Volk widerfahren wird" (Lukas 2,10). Marias Lobgesang beginnt mit einem Freudenruf: „Meine Seele erhebt den Herrn, und mein Geist *freut* sich Gottes, meines Heilandes" (Lukas 1,46-47). Jesus ermutigte zu Freude selbst in schlimmsten Umständen. Er sagte: „Selig seid ihr, wenn euch die Menschen hassen und euch ausstoßen und schmähen und verwerfen euren Namen als böse um des Menschensohnes willen. *Freut euch an jenem Tage und springt vor Freude; denn siehe, eurer Lohn ist groß im Himmel"* (Lukas 22-23). Das Leben Jesu war von unbeirrbarer Freude geprägt. Im Hebräerbrief wird uns Einblick in seine tiefe Freude, selbst im Blick auf das Kreuz, gewährt: „Laßt uns ... auf Jesus blicken, den Urheber und Vollender des Glaubens; er hat angesichts der vor ihm liegenden *Freude* das Kreuz auf sich genommen, ohne auf die Schande zu achten, und sich zur Rechten von Gottes Thron gesetzt" (12,2, Einheitsübersetzung).

Paulus war ein Apostel der Freude. In Römer 14,17-18 erinnert er uns: „Denn das Reich Gottes ist nicht Essen und Trinken, sondern Gerechtigkeit und Friede und *Freude* in dem heiligen Geist. Wer darin Christus dient, der ist Gott wohlgefällig und bei den Menschen geachtet." Er versichert uns, daß eine der Früchte des Heiligen Geistes die Freude sei (Gal. 5,22). Seinen frohsten Brief schrieb er aus einer Gefängniszelle und gebot darin: „Weiter, liebe Brüder: Freut euch in dem Herrn! ... Freut euch in dem Herrn allewege, und abermals sage ich: *Freuet* euch!" (Philipper 3,1 und 4,4). Selbst angesichts seiner Verurteilung erwartete er froh das Ende seines Laufes (Apostelgeschichte 20,24).

Die neutestamentliche Gemeinde hinterließ uns ein Erbe der Freude und des Feierns. Sie „brachen das Brot hier und dort in den Häusern, hielten die Mahlzeiten mit *Freude* und lauterem Herzen und lobten Gott und fanden Wohlwollen beim ganzen Volk" (Apostelgeschichte 2,46b-47).

Nun bin ich sehr ins Detail gegangen, um eine der wichtigsten Aussagen dieses ganzen Buches zu vermitteln. Zum Lobpreis ist Freude nötig. Ich rede nicht von aufgeputschten Gefühlen oder einer oberflächlichen Fröhlichkeit. Ich rede von der echten Freude im Herrn. Für diese ist unerheblich, ob die Gefühle stimmen. Es handelt sich vielmehr um eine geistliche Entscheidung. Georg Müller bemerkte sehr richtig: „Die erste Sorge galt nicht dem, wieviel ich dem Herrn dienen oder wie ich ihn verherrlichen könnte, sondern wie ich meine Seele in einen frohen Zustand bekomme und wie mein inneres Wesen genährt werden könnte."

So ist also meine erste Aufgabe in der Vorbereitung auf Lobpreis die Entscheidung zur Freude!

AUSDAUER IM GEBET

Wir müssen uns nicht nur zur Freude entscheiden, sondern auch beharrlich beten. Obwohl es physisch unmöglich ist, immerfort zu beten, können wir doch ständig in einem Gebetsgeist sein, nämlich den Blick auf Gott gerichtet halten. Die Zeit, die wir regelmäßig mit Gott verbringen, ist absolut nötig, um in diesem Geist zu leben. Jabez ist ein gutes Beispiel für jemanden, der beständig betete. Über ihn gibt es in meinem Buch *Prayer: Life's Limitless Reach* ein ganzes Kapitel. Er stand auf und unterschied sich von seinen Brüdern und, obwohl sein Name „Schmerz" bedeutet, entwickelte er solch eine Ausdauer im Gebet, daß tausende Jahre später wir nicht nur wissen, *daß*, sondern auch, *was* er betete: „Ach daß du mich segnetest und mein Gebiet mehrtest und deine Hand mit mir wäre und schafftest, daß mich kein Übel bekümmere!" Der interessante Bericht des Historikers folgt: „Und Gott ließ kommen, worum er bat" (1. Chronik 4,9-10). Das ist der Lohn für ausdauerndes Gebet. Solches Gebet ist eine Einleitung zum Lobpreis. Lassen Sie uns also zuerst, zuletzt und immer beten!

DANKBARKEIT

Viele Christen stolpern über dieses Gebot: „Seid dankbar in allen Dingen". So mancher reagiert fragend: „In *allen* Dingen?" Und ich antworte: „Ja, in *allen* Dingen." Ich kenne nicht einen Menschen, der gelernt hätte, den Herrn kontinuierlich zu loben, ohne eine dankbare Einstellung zu entwickeln. Die Bedeutung unausgesetzter Dankbarkeit kann gar nicht genug betont werden. Sie stellt einen wertvollen Anteil an geistiger, emotionaler und geistlicher Gesundheit dar. C. S. Lewis sagte: „Lobpreis ist innere Gesundheit, hörbar gemacht." Wie aber entwickelt man eine dankbare Einstellung? Wie kontrolliert man seine Gefühle? Die einfache Antwort auf diese wichtige Frage lautet: durch *Gehorsam*. Ja, wir müssen einfach tun, was uns aufgetragen wurde.

An dieser Stelle scheint es ratsam, auf ein verbreitetes Mißverständnis hinzuweisen. Nirgends wird uns geboten, uns „dankbar zu fühlen". Manchmal haben unsere Gefühle nichts weiter zu sagen. Gefühle werden vom Wetter beeinflußt, von der Luftfeuchtigkeit, der Temperatur, unserer Leberfunktion und wer weiß was sonst noch alles. Gefühle sind unbeständig. Sie kommen und gehen. Für eine objektive Beurteilung der Dinge sind sie sehr unzuverlässige Hilfen. Wir sind gehalten, „Dank zu geben". Gefühle oder Empfindungen werden hier gar nicht erwähnt. Dank zu geben ist ein Willensakt. Ich denke, keinem von uns fällt es schwer zu danken, wenn alles glattläuft. Wenn aber das Licht verlöscht, die Gesundheit schwindet, die Dinge schlechtgehen, dann haben wir unsere Schwierigkeiten mit diesem Gebot. Worin liegt also diese scheinbar unvernünftige Reaktion begründet?

Einige Schriftstellen helfen uns mit der Antwort. Römer 8,28: „Wir wissen aber, daß denen, die Gott lieben, alle Dinge zum Besten dienen, denen, die nach seinem Ratschluß berufen sind." Der Ausdruck „alle Dinge" ist unsere Rettung und die Grundlage für unausgesetzte Dankbarkeit. Weil Gott allmächtig ist, kann nichts geschehen, was er nicht in den Stoff eines bedeutungsvollen und frohen Lebens einweben könnte. Seine unumstößliche Vorsorge macht es unmöglich, daß je etwas stattfinden könnte, das nicht zu unserem Besten wäre. Ist das nicht phantastisch? Wir müssen uns nicht nur schief grinsend mit den Gegebenheiten abfinden, zähneknirschend die Umstände akzeptieren. Wir können Dank geben in dem Wissen, daß das Ergebnis auch der schlimmsten Umstände zu unserem Besten und zu seiner Ehre dienen wird!

Paulus hilft uns noch weiter: „Denn es geschieht alles um euretwillen, damit die überschwengliche Gnade durch die Danksagung vieler noch reicher werde zur Ehre Gottes. Darum werden wir nicht müde; sondern wenn auch unser äußerer Mensch verfällt, so wird doch der innere von Tag zu Tag erneuert. Denn unsre Trübsal, die zeitlich und leicht ist, schafft eine ewige und über alle Maßen gewichtige Herrlichkeit, uns, die wir nicht sehen auf das Sichtbare, sondern auf das Unsichtbare. Denn was sichtbar ist, das ist zeitlich; was aber unsichtbar ist, das ist ewig" (2. Korinther 4,15-18). Wir wollen einmal zusammenfassen, was uns dieser Text beibringt:
1. Was auch geschieht, es ist zu unserem Nutzen.
2. Das Ergebnis wird überschwengliche Dankbarkeit bewirken.
3. Dank ehrt Gott.
4. Äußerlich gibt es keinen Grund zu Entmutigung.
5. Innerlich geschieht eine geistliche Erneuerung.
6. Unsere Schwierigkeiten sind leicht und zeitlich begrenzt.
7. Jene Schwierigkeiten bewirken für uns eine Herrlichkeit, die sie bei weitem übertrifft.
8. Wir entscheiden uns also, unsere Augen auf die unsichtbare, nicht auf die sichtbare Wirklichkeit zu richten. Erstere ist ewig, letztere zeitlich begrenzt!

Deshalb kann ich über alles sagen: „Dies kommt von Gott. Es ist zu meinem Nutzen und zu seiner Ehre. Ich entscheide mich, ihm in allen Dingen zu danken. Danke, Herr, für diese Gabe. Ich nehme sie von dir an und bin dankbar, daß du genau das daraus machen wirst, wozu du sie bereits vor Ewigkeiten bestimmt hast."
An dieser Stelle fällt mir eine Erfahrung aus meiner Pastorentätigkeit ein. Eine liebe Dame aus unserer Gemeinde erfuhr, daß sie Krebs hatte. Sie wurde operiert, und nach weiterer Behandlung schien der Befund relativ ermutigend zu sein. Meine Frau und ich besuchten die Dame zuhause. Das Zimmer war dunkel, und so war ihr auch zumute. Wir hatten noch nicht lange miteinander gesprochen, als sie etwas entschuldigend meinte: „Jack, ich weiß, Sie haben uns immer beigebracht, in allem Dank zu sagen, aber in dieser Angelegenheit kann ich einfach nicht danken!"
Ich fragte sie nach dem Grund dafür, und ihre Antwort war: „Ich fühle mich einfach nicht dankbar, und wenn ich Gott dankte, wäre ich ein Heuchler." Ich erinnerte sie daran, daß die Bibel nicht gebietet, sich dankbar zu fühlen – nur, Dank zu geben. Zu danken, wenn man sich nicht danach fühlt, ist keine Heuchelei, sondern Glaube. Es ist eine öffentliche Erklärung des Glaubens an die Richtigkeit der Bibel und Gottes Güte und Souveränität. Wir sprachen noch eine Weile über die Absicht dieses biblischen Gebotes, und ich fragte die Dame: „Würden Sie dem Wort Gottes einfach gehorchen wollen?" Ich versicherte ihr, es sei so einfach wie „danke" sagen. Wir beugten unsere Köpfe und beteten zusammen. Zum ersten Mal dankte jene liebe Dame Gott inmitten ihres Schmerzes und ihrer Verwirrung. Als wir gingen, war das Zimmer heller, nicht nur, weil die Jalousien hochgezogen waren, sondern weil ihr Herz dem Herrn gehorcht hatte. Es gibt einen hilfreichen Merksatz: „Wenn du dich nicht danach fühlst, Gott zu danken, dann danke Gott, bis du dich danach fühlst, Gott zu danken, und dann danke Gott noch mehr!"
C. S. Lewis schrieb in *Das Gespräch mit Gott:* „Es war mir entgangen, daß die demütigsten und gleichzeitig ausgewogensten und umfassendsten Geister am meisten loben, während es am wenigsten die Sonderlinge, Eigenbrötler und Unzufriedenen tun. Gute Kritiker finden auch an manchen unvollkommenen Werken etwas zu loben; die schlechten kürzen immerzu die Liste der Bücher, die man allenfalls lesen dürfe. Der gesunde und ungezwungene Mensch, mag er auch im Luxus aufgewachsen und in den guten

Küchen vieler Länder erfahren sein, kann eine sehr bescheidene Mahlzeit loben: der Magenkranke und der Snob finden an allem etwas auszusetzen."

Lieber Leser, wählen Sie den Weg, der zum Lobpreis führt. Entscheiden Sie sich zur Freude. Beten Sie ohne Unterlaß. Nehmen Sie eine dankbare Haltung ein. Dann werden Sie bereit sein, in den Lobpreis der ganzen Schöpfung einzustimmen: „Alles was Odem hat, lobe den Herrn!"

LOBPREISPROJEKTE:
1. Lernen Sie die Schriftstelle auswendig, die in diesem Kapitel behandelt wurde: 1. Thessalonicher 5,16-18.
2. Seien Sie ehrlich über Haltungen in Ihrem Leben, die mit dem Geist dieser Schriftstelle nicht übereinstimmen.
3. Bitten Sie den Herrn, Sie an all die Dinge zu erinnern, für die Sie noch nicht gedankt haben. Antworten Sie, indem Sie die Sünde des Ungehorsams bereuen und dann gehorsam Dank geben.
4. Es ist an der Zeit, Psalm 119,164 einzuüben: „Ich lobe dich des Tages siebenmal um deiner gerechten Ordnungen willen." Bedenken Sie: Wenn Sie beim Aufstehen, beim Zubettgehen und zu den drei Mahlzeiten beten sowie am Vormittag und am Nachmittag eine „Lobpreispause" einlegen, dann loben Sie den Herrn siebenmal. Bald werden Sie Gott ganz gewohnheitsmäßig preisen.

Kapitel 7

Das Lobpreismuster

Die Szene aus Jesaja 6 kann uns eine Vorstellung vom Muster himmlischen Lobpreises vermitteln. Im Jahr 759 vor Christus starb König Usija. Höchstwahrscheinlich war seine Regierungszeit mehr mit Größe, Pracht und Wohlstand gesegnet als die irgendeines Königs vor ihm, ausgenommen Salomo. Jedoch können nur wenige Menschen Größe vertragen, und es dauerte nicht lang, bis Stolz und Unabhängigkeit ihren Tribut von Usija forderten. Mit 16 Jahren fing er an zu regieren, und zu Beginn suchte er den Herrn. Er richtete sich nach den Weisungen des Propheten Secharjas, der ihn in den Dingen des Herrn anleitete. Wir lesen von ihm: „Und solange er den Herrn suchte, ließ es ihm Gott gelingen" (2. Chronik 26,5). Er schlug die Philister, die Araber und die Meüniter. Er baute Städte neu auf, errichtete Türme in der Wüste und hielt Rinderherden in der Ebene und im Hügelland. Seine gut trainierte Armee war jederzeit zum Kampf gerüstet. Er konstruierte Kriegsmaschinen für die Verteidigungstürme. Sein Ruhm verbreitete sich nah und fern, bis an die Grenze nach Ägypten. So war das Königtum unter dem mächtigen König Usija.

Wie viele andere vergaß jedoch auch Usija die Quelle seines Erfolgs – daß Gott es war, der ihm seine Größe gegeben hatte und sie auch wieder von ihm nehmen konnte. In 2. Chronik 26,15b wird der tragische Beginn seines Niedergangs wiedergegeben: „... weil ihm wunderbar geholfen wurde, bis er sehr mächtig war." Mit dieser Macht konnte er dann nicht umgehen. Direkt im nächsten Satz wird folgendes beschrieben: „Und als er mächtig geworden war, überhob sich sein Herz zu seinem Verderben." Seine Treulosigkeit Gott gegenüber fand ihren Ausdruck darin, daß er voll Anmaßung den Tempel mit einem goldenen Rauchfaß in Händen betrat, um Weihrauch zu opfern. Dieses Vorrecht war den geweihten Priestern vorbehalten. Als die Priester den König vor der Gefahr seiner Handlung warnten, wurde er zornig und floh, voller Wut auf die Priester. Augenblicklich wurde er vom Aussatz, der zu seiner Zeit schmachvollsten Krankheit, befallen. Er war aussätzig bis zum Tage seines Todes. Aus Palast und Tempel ausgeschlossen, lebte er dann in einem besonderen Haus – eine traurige und kranke Einsiedelei. Es war in Usijas Todesjahr, als Jesaja seine atemberaubende Vision hatte. Plötzlich fand er sich selbst mitten in einem aufrührenden Anbetungsgottesdienst wieder. Er sah den Herrn (Adonai) hoch erhoben auf einem Thron, und der Saum seines Gewandes füllte den Tempel. Dann beschrieb Jesaja die Anwesenheit seltsamer Geschöpfe, die er Serafim nannte. An keiner anderen Stelle der Bibel wird dieses rätselhafte Wort verwendet. Es bedeutet „die Flammenden". Diese Kreaturen hatten sechs Flügel. Mit einem Flügelpaar bedeckten sie ihre Gesichter, mit dem zweiten bedeckten sie ihre Füße, und mit dem übrigen Flügelpaar flogen sie um den Thron. Sie riefen einander zu: „Heilig, heilig, heilig ist der Herr Zebaoth, alle Lande sind seiner Ehre voll!" (Jesaja 6,3). Die Stimme ihres Rufens ließ die Türschwellen beben, und der ganze Tempel war von Rauch erfüllt.

Aus Jesajas wunderbarer Anbetungserfahrung können wir bereits ein Muster, eine Ordnung beim Lobpreis ableiten. Selbstverständlich handelte es sich hier um eine himmlische Szene. Jesaja bildete sich das nicht ein. Es war auch kein Alptraum, der sich auf Frau Jesajas würzigen Hackbraten oder die Lasagne am Abend vorher zurückführen ließe. Vielmehr geschah hier eine Öffnung in den Bereich des Unsichtbaren, an der Jesaja einen Blick auf die Wirklichkeit werfen konnte. Die Fortsetzung dieser Szene finden wir in Offenbarung 4. Das war das Thema unseres ersten Kapitels. Ich würde gerne vier Aspekte dieser Episode wiederholen.

BEDINGUNGEN, DIE EINER SCHAU GOTTES FÖRDERLICH SIND

Nichts scheint so sehr in die Anbetung zu ziehen wie die Tragödie. Der König war tot. Er hatte 52 Jahre lang regiert, und sein Tod war quasi der Höhepunkt eines nationalen Trauerspiels. Als Gott ihn mit Aussatz schlug, war er nicht tot und konnte also nicht betrauert werden. Sein Sohn Jotham trug die Verantwortung über den Palast und regierte das Volk, war aber nicht der König. Der hatte keine Gemeinschaft mit seinem Volk. Bald war er ein vergessener Mann, außer wenn jemand nach ihm fragte und die Antwort erhielt: „Er ist aussätzig." Man kennt Gott als den, der sich offenbaren kann, wenn Throne, Stühle oder Häuser verlassen sind. Als der weltliche

König tot war, warf Jesaja, und also das Volk, einen Blick auf den himmlischen König.

ANBLICK DES ANGEBETETEN

Nicht Gott als solchen, sondern die königliche Pracht seiner Umgebung beschrieb Jesaja, als er seine Vision wiedergab. Gott saß auf einem Thron. In der westlichen Welt haben wir wenig Verständnis von Thronen und ihrer Bedeutung. In alten Zeiten galt: Je höher und großartiger der Thron, desto größer war die Persönlichkeit darauf. Gott saß auf einem hohen und erhabenen Thron. Dieser Thron, zweifellos derselbe, der von Johannes in Offenbarung 4 beschrieben wurde, ist der wahre Thron des Weltalls, und ein Größerer als Usija oder Salomo in all ihrer Pracht sitzt darauf. Sein Saum füllte den Tempel. Auch die Länge des Gewandes stellte ein Maß für Größe dar. Dieser König war so groß, daß sein Saum „den Tempel füllte". Er ist Adonai, der, der regiert. Noch nie hatte Jesaja solch einen König gesehen!

ANBLICK DER ANBETENDEN

Wir werden das Geheimnis um die Serafim nicht lüften können, bevor auch wir vor dem himmlischen Thron anbeten, aber ihre Handlungen geben uns wichtige Hinweise auf die Lobpreisordnung. Sowohl ihre Haltung als auch ihre Äußerungen sind beachtenswert. Mit einem Flügelpaar bedeckten sie ihre Gesichter, ein Symbol für *Ehrfurcht*. Sie konnten die Größe des Scheinenden auf dem Thron nicht ansehen. Mit einem zweiten Flügelpaar bedeckten sie ihre Füße, ein Zeichen der *Demut*. Mit dem übrigen Paar flogen sie, ein Zeichen für *Dienstbarkeit* und *Gehorsam*. Sie priesen Gott.

Ihre Worte sind im ersten Teil identisch mit denen, die die himmlischen Gestalten aus Offenbarung 4 sprechen: „Heilig, heilig, heilig ist der Herr Zebaoth!" Sie geben uns einen Schlüssel zum zentralen Merkmal Gottes. Er ist heilig. Er ist ohne Flecken und Runzeln. Niemand könnte je irgend etwas an ihm kritisieren. Er befindet sich jenseits jeglicher Überprüfung! Er ist El Schaddai, der zu ernähren und zu versorgen Mächtige. Ihre Stimmen sind laut, so laut, daß die Türschwellen beben und zittern. Wer lauten Lobpreis verabscheut, sei gewarnt: Hier ist ein Bericht davon, wie es im Himmel vor sich geht. Wer sind wir, daß wir entscheiden, wie man sich anständigerweise vor dem Thron Gottes benimmt? Dies ist die

Palast-Etikette! Ihre Lobrufe waren wie tausend Niagarafälle, die sich die Klippen hinabstürzen. Und so ist es auch mit biblischem Lobpreis. Es kann schon einmal laut werden! In der Offenbarung wird Lobpreis nicht nur in Ausnahmefällen als „mit lauter Stimme" beschrieben. In Offenbarung 5,11-12 heißt es, daß „zehntausendmal zehntausend und tausendmal tausend" Engel „mit lauter Stimme"... riefen (Einheitsübersetzung). In Offenbarung 7,10 rief eine große Schar, die niemand zählen konnte, „mit lauter Stimme: Die Rettung kommt von unserem Gott, der auf dem Thron sitzt, und von dem Lamm'" (Einheitsübersetzung). In Offenbarung 12 verkündete *eine laute Stimme*, nachdem der große Drache, der im Himmel gekämpft hatte, auf die Erde geworfen worden war: „Nun ist das Heil und die Kraft und das Reich unseres Gottes geworden und die Macht seines Christus" (Vers 10). Die vier „Hallelujas" aus Offenbarung 19 waren alle laut wie der Ruf einer großen Schar (Vers 1); sie wurden wiederholt (Vers 3); „wie eine Stimme einer großen Schar und wie eine Stimme großer Wasser und wie eine Stimme starker Donner..." (Vers 6).

ANBLICK DES BETRACHTERS
Zunächst war Jesaja Zuschauer. In einer echten Anbetungsszene kann aber niemand lange Zuschauer bleiben. Bald ist man selbst an der Reihe zu reagieren. In solch einer Umgebung wird man gerichtet, bevor man Zeit hat, selber ein Urteil zu fällen! Drei kleine Wörter geben uns einen Hinweis darauf, was inmitten des himmlischen Lobpreises geschieht.

Wehe! ist das erste Wort, ein Wort der Überführung und des Bekenntnisses. Die Anbetungsatmosphäre bringt immer eine richtige Selbsteinschätzung mit sich. „Ich bin verloren" (Einheitsübersetzung), rief Jesaja aus. Dann wurde er genauer: „Denn ich bin unreiner Lippen und wohne unter einem Volk von unreinen Lippen." Es ist nicht ungewöhnlich, daß während eines Anbetungsgottesdienstes Menschen von Sünde überführt werden. Manchmal bewirkt eine strenge Predigt Überführung. Bei anderen Gelegenheiten geschieht das am besten durch Lobpreis. Vor einiger Zeit nahm ich an einem Treffen teil, das sich zur Erweckungsversammlung entwickelte. Am zweiten Abend dieser Zusammenkunft machte der Pastor eine ziemlich schockierende Eröffnung. Er bekannte, daß er nicht schriftgemäß getauft sei und schuldig war, dies vertuscht zu haben. Dann bat er um die Taufe. Sein Gehorsam und seine schonungslose Offenheit „knackten" die Versammlung, und Dutzende reagierten auf die Botschaft. Für das Treffen waren eigentlich vier Tage vorgesehen gewesen, es dauerte aber vierzehn Tage. Nach dem zweiten Abend brachte Lobpreis mehr Überführung und Entscheidungen mit sich als Predigen und Überzeugen. Abend für Abend versammelten wir uns und priesen Gott in Lied und Zeugnis mindestens eine Stunde lang. Ich stand auf und sagte, da die Predigt ja in sich kein Ziel, sondern nur Mittel zum Erreichen eines Ziels sei, hätte es keinen Sinn, wenn ich die Sache dadurch nur komplizierter machte. Die Leute waren ja schon bereit, Gott zu gehorchen. Ohne zu predigen, lud ich also ein, nach vorne zu kommen, und sie kamen und kamen und kamen. Lobpreis hatte den gesamten Ablauf dieses Treffens sowohl vorbereitet als auch durchzogen. Eines Abends kam ein Besucher in diese Lobpreisatmosphäre, und augenblicklich wurde er von einer persönlichen Sünde überführt. Diese Sünde war mit keinem Wort erwähnt worden. Sofort tat er öffentlich Buße.

So war es auch mit Jesaja. Keiner hatte seine Sünde angesprochen, aber etwas an diesem Lobpreis, der einen heiligen Gott erhob, brachte die Überführung mit sich, die sich in Bekenntnis persönlicher und gesellschaftlicher Sünde niederschlug.

Das zweite Wort ist *Siehe!* (Jesaja 6,7). Jesaja hatte den König, den allmächtigen Herrn gesehen und war überführt worden. Jetzt kam einer der Serafim der Vision mit einer glühenden Kohle vom Altar zu ihm. Der Seraf sagte: „Siehe, hiermit sind deine Lippen berührt, daß deine Schuld von dir genommen werde und deine Sünde gesühnt sei." Die Rede ist von göttlicher Reinigung: Überführung bewirkt ein Bekenntnis, und das Bekenntnis bereitet die Reinigung vor.

Das dritte Wort heißt *Gehe!*, ein Wort des Dienstes. Lobpreis, der nicht zu geheiligtem Dienst führt, ist kein echter Lobpreis. Direkt nach der Reinigung seiner Lippen mit glühender Kohle hörte er den Herrn fragen: „Wen soll ich senden? Wer will unser Bote sein?" Sofort antwortete Jesaja: „Hier bin ich, sende mich!" Echte Anbetung und Lobpreis bewirken immer Hingabe, Weihe und Gehorsam. Sie bringen neue Ausrichtung und Intensität mit sich.

Mehr als siebenhundert Jahre später erlebte Johannes auf der Insel Patmos die gleiche Lobpreisszene! Könnte es sein, daß es einen ewigen Anbetungsgottesdienst gibt, und ab und zu wird jemand besonders gesegnet mit dem Vorrecht, daran teilzunehmen? Welch ein Gedanke! Und so weit hergeholt ist er nicht, meine ich! In Römer 1,25 erinnert uns Paulus, daß Gott „gelobt ist in Ewigkeit". Die himmlischen Gestalten aus Offenbarung 4 haben auch sechs Flügel, und „ruhen nicht, bei Tag und Nacht, und rufen: Heilig, heilig, heilig ist der Herr, der Gott, der Herrscher über die ganze Schöpfung" (Einheitsübersetzung).

Ich bin davon überzeugt, daß diese Anbetung und dieser Lobpreis immer noch stattfinden. Im Bereich ewiger und unsichtbarer Wirklichkeit ist Lobpreis an der Tagesordnung. Wir machen uns eins mit der Ewigkeit, wenn wir anbeten.

Unser Zeugnis wird dem von Jesaja über Lobpreis ähnlich sein: „Ich sah den Herrn. Ich wurde Zeuge des Lobpreises. Ich wurde überführt, und ich bekannte meine Schuld; ich wurde gereinigt. Ich hörte den Ruf, und ich gab mich hin." Dieses Muster wird sich kaum je verändern.

LOBPREISPROJEKTE:
1. Vergleichen Sie die beiden Szenen aus Jesaja 6 und Offenbarung 4. Vergleichen und unterscheiden Sie die Beschreibungen Gottes, des Throns und der Anbeter.
2. Lernen Sie sowohl die Anbetungserklärungen der Serafim aus Jesaja 6 als auch die der himmlischen Gestalten aus Offenbarung 4 auswendig: *Heilig, heilig, heilig ist der Herr der Heere. Von seiner Herrlichkeit ist die ganze Erde erfüllt (Jes. 6,3; Einheitsübersetzung). Heilig, heilig, heilig ist der Herr, der Gott, der Herrscher über die ganze Schöpfung; er war, und er ist, und er kommt (Ofb. 4,8; Einheitsübersetzung).*
3. Lernen Sie die Antwort der vierundzwanzig Ältesten aus Offenbarung 4,11 auswendig: *Herr, unser Gott, du bist würdig, zu nehmen Preis und Ehre und Kraft; denn du hast alle Dinge geschaffen, und durch deinen Willen waren sie und wurden sie geschaffen.*
4. Benutzen Sie heute diese Texte im persönlichen Lobpreis.
5. Denken Sie daran, während des Tages zu „Lobpreispausen" innezuhalten. Diese Verse eignen sich ideal dafür.

Kapitel 8

Das Hauptwort für Lobpreis: Halleluja im Alten Testament

Wie wir sehen werden, heißt das im Alten Testament am häufigsten im Zusammenhang mit Lobpreis benutzte Wort *halal*. Dies ist natürlich die Transkription des hebräischen Wortes. In einem der folgenden Kapitel, in dem es um Wortstudien geht, werden wir dieses Wort noch genauer untersuchen. In der hebräischen Sprache gibt es viele verschiedene Ausdrücke, die mit „Lobpreis (loben/preisen/rühmen/anrufen)" übersetzt wurden. Ohne die Hilfe des hebräischen Textes würden wir dem Irrtum erliegen, es gäbe auch in der Ursprungssprache nur ein Wort dafür. In Wirklichkeit sind es mehr als fünfzig! Mit vielen von ihnen werden wir uns später beschäftigen, aber im Moment möchte ich einen bemerkenswerten Ausdruck behandeln, der sich aus *halal* ableitet, dem in der ganzen Bibel am häufigsten benutzten Wort in Verbindung mit Lobpreis. (Es kommt etwa 99mal vor!)

Das Wort, das ich meine, ist *HALLELUJA*. Das hebräische Wort *halal* bildet den ersten Teil dieses großartigen Ausdrucks, den ich das Hauptwort für Lobpreis nenne. Man sagte mir, dieses Wort überwinde die Sprachbarrieren zwischen den wichtigsten Weltsprachen. Ich glaube, daß das ursprüngliche Wort, weil es von Gott kommt, so majestätisch und vollständig war, daß es nicht übersetzt, sondern nur *transliteriert* wurde. Das heißt, daß es praktisch ebenso ausgesprochen wird wie im Original – im Deutschen „Halleluja", im Englischen „hallelujah", im Italienischen „alleluia" usw. In diesem wunderbaren Wort finden wir zwei hebräische Ausdrücke. Der erste, *halal*, bedeutet „preisen, rühmen, loben, prahlen, angeben, eine Show abziehen, selbst bis zu dem Punkt, an dem es lächerlich wirkt". Der zweite, *ja*, ist einfach eine verkürzte Bezeichnung für Gott (*Jah*we). *Halleluja* wurde also der spontane Ausruf dessen, der über Gott begeistert ist, dem Gottes Majestät zu Bewußtsein gekommen ist. Ich erinnere daran, daß das Wort *halal*, aus dem sich *halleluja* ableitet, 99mal im Alten Testament vorkommt, das Wort *halleluja* als solches aber nur 24mal, und zwar ausschließlich in der Psalmen 104 bis 150. Ich glaube, diese Unterscheidung verdient Beachtung. „Halleluja" scheint einer besonderen Reaktion bei extremer Begeisterung, Überschwang und Jubel vorbehalten zu sein. Warum aber „Halleluja"? Warum gebrauchen wir dieses Wort? Was drücken wir damit über das Leben, den Menschen, die Geschichte, über Gott aus? Welche Auswirkung hat das Aussprechen dieses Wortes auf uns? Warum ist es sowohl im gemeinschaftlichen wie auch im privaten Lobpreis so wichtig? Keine dieser Fragen können wir auf der Erde vollständig beantworten, aber ich glaube, der Gebrauch dieses Terminus' in den Schriften gibt uns einige Hinweise. Streichen Sie an, wo in Ihrer Bibel „Halleluja" steht. Dies sind die Stellen:

Psalm 104,35; 105,45; 106,1; 106,48; 111,1; 112,1; 113,1; 113,9; 115,18; 116,19; 117,2; 135,1; 135,3; 135,21; 146,1; 146,10; 147,1; 147,20; 148,1; 148,14. 149,1; 149,9; 150,1; 150,6.

Weiter ist es interessant und aufschlußreich, folgendes zu beachten: Zwei Psalmen fangen mit *Halleluja* an (111 und 112). Fünf Psalmen hören mit *Halleluja* auf (104, 105, 115, 116, 117). Acht Psalmen beginnen und enden mit *Halleluja* (106, 113, 135, 146-150). Nur Psalm 135 enthält das Wort *Halleluja* in der Mitte (Vers 3). Wenn wir die herrlichen Wahrheiten im Rahmen dieser 24 Verse sorgfältig untersuchen, bekommen wir einige Schlüssel an die Hand, die unsere Frage beantworten helfen: „Warum ‚Halleluja'?"

HALLELUJA KLINGT NACH ENTSCHLOSSENHEIT UND VORSORGE. In den „Halleluja-Psalmen" werden Gottes Absichten in vielerlei Hinsicht erwähnt. Er wird in diesen Psalmen als jemand dargestellt, der zielstrebig und entschlossen auf etwas hin arbeitet. Erstens: Seine Absicht ist die Erschaffung der Welt. In Psalm 104 heißt es: Er kleidet sich mit Licht und breitet den Himmel aus wie einen Teppich (Vers 2). Er baut seine Gemächer über den Wassern, fährt auf den Wolken wie auf einem Wagen und kommt daher auf den Fittichen des Windes (Vers 3). Er macht Winde zu seinen Boten und Feuerflammen zu seinen Dienern (Vers 4). Er hat das Erdreich gegründet, daß es bleibt immer und ewiglich (Vers 5). Der Rest von Psalm 104 zeigt Gott in der Kontrolle über die Wasser, das Gras, die wilden Tiere, die Vögel, den Mond, die Sonne, die Tiere des Meeres, Erde und Berge. Mittendrin ruft der Psalmist aus: „Herr, wie sind deine Werke so groß und viel! Du hast sie alle weise geordnet, und die Erde ist voll deiner Güter" (Vers 24).

Die Psalmen 105 und 106 enthalten Beispiele der Art, wie Gott seine Kontrolle über die Elemente im Leben seines Volkes einsetzte. Er ließ eine Hungersnot ins Land kommen (105,16). Auch die Ägyptischen Plagen geben Zeugnis davon, daß Gott die Elemente beherrscht. Er sandte Finsternis (105,28). Die Wasser der Ägypter verwandelte er in Blut. Er gebot, da kam Ungeziefer, Stechmücken in all ihr Gebiet (105,29-30). Er gab ihnen Hagel statt Regen und gebot den Heuschrecken, das Land zu verwüsten (105,32-34). Er breitete eine Wolke aus, die Israeliten zu decken, und ein Feuer, des Nachts zu leuchten (105,39). Sie baten, da ließ er Wachteln kommen, und er sättigte sie mit Himmelsbrot (105,40). Die Wasser des Schilfmeeres teilten sich für Gottes Volk auf seinen Befehl und strömten wieder zurück, um ihre Feinde zu bedecken (106,9-11).

Auch Psalm 135 bezeugt Gottes Weise, an Himmel, Erde und Meeren zu handeln (Verse 6-7). In Psalm 147 wird uns Gott vor Augen geführt, „der den Himmel mit Wolken bedeckt und Regen gibt auf Erden; der Gras auf den Bergen wachsen läßt" (Vers 8). „Er gibt Schnee wie Wolle, er streut Reif wie Asche. Er wirft seine Schloßen herab wie Brocken; wer kann bleiben vor seinem Frost? Er sendet sein Wort, da schmilzt der Schnee; er läßt seinen Wind wehen, da taut es" (Verse 15-18).

Psalm 148 ist ein echter Morgenappell der Schöpfung. Alles muß den Herrn preisen. Nicht weniger als 22 Personengruppen, Tiere und Schöpfungselemente werden aufgerufen, den Herrn zu preisen. Die Engel, das himmlische Heer, Sonne, Mond, Sterne, Himmel aller Himmel, Wasser über dem Himmel, große Fische, alle Tiefen des Meeres, Feuer, Hagel, Schnee und Nebel, Sturmwinde, Berge, Hügel, fruchttragende Bäume, Zedern, wilde Tiere, Vieh, Gewürm und Vögel – an alle ergeht die Aufforderung, den Herrn zu preisen, eingerahmt von zwei klingenden „Hallelujas"! Der Rest von Psalm 148 ruft Menschen der Erde auf, Gott zu preisen. Ein „Halleluja" scheint angebracht zu sein, weil die ganze Schöpfung mit allem, was sie umfaßt, Gott Antwort gibt und auf seine Einladung reagiert.

Zweitens: In den „Halleluja-Psalmen" sehen wir Gottes Absichten für Israel. In Psalm 105 werden die Nachfahren Abrahams und Jakobs aufgerufen, sich an die Wunder, Zeichen und Urteile Gottes zu erinnern (Verse 5 und 6). Der Rest des Kapitels ist eine Darstellung von Gottes Bündnishandeln mit seinem Volk und kommt in den Versen 43-45 zu einem Höhepunkt: „So führte er sein Volk in Freuden heraus und seine Auserwählten mit Jubel und gab ihnen die Länder der Heiden, daß sie die Güter der Völker gewannen, damit sie seine Gebote hielten und seine Gesetze bewahrten." Und dann erklingt ein weiteres Halleluja!

Psalm 106, der mit einem Halleluja anfängt und aufhört, ist eine Auswahl der Geschichte Israels, ihre Befreiung, ihre Rückfälle, ihr Murren, ihr Götzendienst, ihre Sünde und Gottes Strafen. Dann der Schrei am Ende des Psalms: „Hilf uns, Herr, unser Gott, und bring uns zusammen aus den Heiden, daß wir preisen deinen heiligen Namen und uns rühmen, daß wir dich loben können! Gelobt sei der Herr, der Gott Israels, von Ewigkeit zu Ewigkeit, und alles Volk spreche: Amen! Halleluja!" (Verse 47-48).

Psalm 112 dehnt die Absichten Gottes auf jeden aus, der „den Herrn fürchtet, der große Freude hat an seinen Geboten" (Vers 1). Im restlichen Psalm werden die Vorteile aufgeführt, die aus solcher Einstellung erwachsen: Sein Geschlecht wird gewaltig sein im Lande; Reichtum und Fülle wird in seinem Hause sein, sein Heil hat Bestand für immer; vor schlimmer Kunde fürchtet er sich nicht; sein Herz ist getrost und fürchtet sich nicht; seine Gerechtigkeit bleibt ewiglich; seine Feinde werden es sehen, und es wird sie verdrießen. All dies wird von einem Halleluja eingeleitet!

In Psalm 113 flankieren Hallelujas die gute Nachricht, daß Gott den Geringen aus dem Staub aufrichtet und den Armen aus dem Schmutz erhöht, daß er ihn neben die Fürsten setzt. Die Unfruchtbare macht er zu einer fröhlichen Mutter.

In Psalm 115 (der mit „Halleluja" endet) werden Gottes Segnungen auf dem Haus Israel und dem Haus Aaron ausgesprochen.

Auch in Psalm 135 (der einzige, in dem dreimal „Halleluja" vorkommt) werden die Taten Gottes an Israel herausgestellt, besonders die Wunder und Zeichen der Plagen, mit denen er Ägypten schlug (Verse 8 und 9). Ihretwegen unterwarf er Völker und Könige und gab deren Land seinem Volk, Israel, zum Erbe (Verse 8-12). Dann werden die Häuser Israel, Aaron und Levi ermahnt, den Herrn zu preisen. Im letzten Satz schließt sich wieder ein Halleluja an.

Gottes Absichten mit seinem Volk werden in Psalm 146 weiter offenbart. Gott bleibt ihnen treu. „Der Recht schafft denen, die Gewalt leiden, der die Hungrigen speist. Der Herr macht die

Gefangenen frei. Der Herr macht die Blinden sehend. Der Herr richtet auf, die niedergeschlagen sind. Der Herr liebt die Gerechten. Der Herr behütet die Fremdlinge und erhält Waisen und Witwen; aber die Gottlosen führt er in die Irre" (Verse 7-9).

HALLELUJA KLINGT NACH MACHT UND HERRSCHAFT.
Durch diese Psalmenfolge klingen Gottes Macht und seine unbeschränkten Fähigkeiten ständig hindurch. „Herr, mein Gott, du bist sehr herrlich; du bist schön und prächtig geschmückt", ruft der Psalmist in Psalm 104,1 aus. In Psalm 106,2 fragt er: „Wer kann die großen Taten des Herrn alle erzählen und sein Lob genug verkündigen?" „Groß sind die Werke des Herrn; wer sie erforscht, der hat Freude daran. Was er tut, das ist herrlich und prächtig, und seine Gerechtigkeit bleibt ewiglich", erklärt er weiter in Psalm 111,2-3.
Ein Halleluja scheint im Licht der Größe Gottes die einzig angebrachte Reaktion zu sein. „Der Herr ist hoch über alle Völker; seine Herrlichkeit reicht, so weit der Himmel ist. Wer ist wie der Herr, unser Gott, im Himmel und auf Erden? Der oben thront in der Höhe, der herniederschaut in die Tiefe."
Am Anfang von Psalm 115 werden die Unterschiede zwischen dem Gott Israels und den Göttern der Heiden untersucht. Er tut, was immer ihm gefällt. Die Götzen haben Mäuler und reden nicht, Augen und sehen nicht, Nasen und riechen nicht, Hände und greifen nicht, Füße und gehen nicht. Der Gott Israels verdient Ruhm und Ehre (115,1.18).
Dieser Vergleich wird zum Teil in Psalm 135,15-18 wiederholt. In Vers 13 bricht der Psalmist in das Lob Gottes aus: „Herr, dein Name währet ewiglich, dein Ruhm, Herr, währet für und für." Das kontinuierliche Thema der „Halleluja-Psalmen" ist Gottes Größe.
Das Crescendo baut sich durch die weiteren Psalmen bis zu dem Höhepunkt in Psalm 150 auf: „Lobet ihn für seine Taten, lobet ihn in seiner großen Herrlichkeit!" (Vers 2).

HALLELUJA KLINGT NACH DAUER UND BESTAND.
Ein „Halleluja" ist unausweichlich ewig. Wenn wir es sagen, singen oder rufen, dann reihen wir uns in der Ewigkeit ein. Hören Sie auf den Klang der Ewigkeit in diesen Psalmen:
104,31 – „Die Herrlichkeit des Herrn bleibe ewiglich."
106,48 – „Gelobt sei der Herr, der Gott Israels, von Ewigkeit zu Ewigkeit."

111,3-10 – „Seine Gerechtigkeit bleibt ewig. ... Er gedenkt ewig an seinen Bund. ... Die Werke seiner Hände sind Wahrheit und Recht; alle seine Ordnungen sind beständig. Sie stehen fest für immer und ewig; sie sind recht und verläßlich. ... Er verheißt, daß sein Bund ewig bleiben soll. ... Sein Lob bleibet ewiglich."

113,2 – „Gelobt sei der Name des Herrn von nun an bis in Ewigkeit!"

115,18 – „Wir loben den Herrn von nun an bis in Ewigkeit."

117,2 – „Denn seine Gnade und Wahrheit waltet über uns in Ewigkeit."

135,13 – „Herr, dein Name währet ewiglich, dein Ruhm, Herr, währet für und für."

146,10 – „Der Herr ist König ewiglich, dein Gott, Zion, für und für."

Haben Sie bemerkt, wie oft in der Umgebung eines Hallelujas von der Ewigkeit die Rede ist?

Dieser Ausruf läßt uns die Luft des Himmels atmen, er entspricht der Größe, die Gottes Namen gebührt, und belohnt uns damit, Gott und die Welt sehen zu können, wie sie sind.

Zehnmal erklingt ein Halleluja in den letzten fünf Psalmen. Letztlich ist die gesamte Schöpfung aufgefordert, Gott zu loben. Alle Elemente, Pflanzen und Tiere, Fürsten und Könige auf Erden, alle Musikinstrumente und „alles, was Odem hat," muß den Herrn preisen. Der letzte, triumphierende Ausruf ist entsprechend ... Halleluja!

LOBPREISPROJEKTE:

1. Lesen Sie alle Psalmen, die ein Halleluja enthalten, durch.
2. Benutzen Sie „Halleluja", um die Betrachtung eines Wesenszugs Gottes, der in diesen Psalmen genannt wird, einzuleiten.
3. Versuchen Sie, in jeder Ihrer sieben „Lobpreispausen" das Wort „Halleluja" zu benutzen, um Gottes Tugenden zu erheben.
4. Lernen Sie einen der letzten fünf Psalmen (146-150) für Ihre tägliche persönliche Lobpreiszeit auswendig.
5. Überarbeiten Sie noch einmal, was sie für die letzten Lobpreisprojekte auswendig gelernt hatten.

Kapitel 9

Das Hauptwort für Lobpreis: Halleluja im Neuen Testament

Im vorigen Kapitel stellten wir fest, daß das Hauptwort für Lobpreis, *Halleluja*, 24mal im Alten Testament vorkommt.

Nun kommen wir zum Neuen Testament und werden sehen, daß es hier sogar noch seltener verwendet wird. Und doch lohnt es sich, diese wenigen Stellen zu untersuchen, denn in ihnen erfahren wir viel über die Geheimnisse dieses faszinierenden Wortes. Alle Hallelujas des Neuen Testaments stehen in Offenbarung 19. Diese wollen wir einmal genauer betrachten.

GESCHICHTLICHER HINTERGRUND
In Offenbarung 17 wird berichtet, wie Johannes eine Frau, eine Hure, sieht, die auf einem scharlachroten Tier sitzt. Unabhängig von unterschiedlichen Überzeugungen zur Auslegung der Offenbarung besteht doch weitgehend Übereinstimmung, daß dies ein Weltsystem symbolisiert, in dem sich religiöse und politische Macht miteinander verbinden. Die Hure hat große Macht unter den Völkern der Welt. Sie verführt die Könige auf Erden und hat große Autorität über Nationen. Das Tier, auf dem sie sitzt, hat sieben Häupter und zehn Hörner. Die Häupter stehen für sieben Berge oder sieben Könige unter der Hure. Die zehn Hörner (das Horn ist allgemein ein Symbol für Macht) sind zehn Königreiche, die es noch nicht gibt, die aber mit dem Tier zusammen Vollmacht bekommen werden. Sie haben diese eine Absicht: das Lamm zu bekämpfen. Natürlich wird das Lamm sie überwinden; es ist ja kein anderer als der Herr der Herren und König der Könige.

In Offenbarung 18 wird die völlige Zerstörung dieses Weltsystems aufgezeichnet, die Zerstörung Babylons. Ihre Produktivität ist dahin, und die Kaufleute der Erde weinen über ihren Fall. Gottes Gericht kommt umfassend und plötzlich. „In einer Stunde ist sie verwüstet!" (Offenbarung 18,19b). Ihr Untergang wird in den letzten Versen des 18. Kapitels der Offenbarung besiegelt: „Und die Stimme der Sänger und Saitenspieler, Flötenspieler und Posaunenbläser soll nicht mehr in dir gehört werden, und kein Handwerker irgendeines Handwerks soll mehr in dir gefunden werden, und das Geräusch der Mühle soll nicht mehr in dir gehört werden, und das Licht der Lampe soll nicht mehr in dir leuchten, und die Stimme des Bräutigams und der Braut soll nicht mehr in dir gehört werden. Denn deine Kaufleute waren Fürsten auf Erden, und durch deine Zauberei sind verführt worden alle Völker; und das Blut der Propheten und der Heiligen ist in ihr gefunden worden, und das Blut aller derer, die auf Erden umgebracht worden sind" (Verse 22-24). Dies ist der Hintergrund, vor dem die vier Hallelujas aus Offenbarung 19 erklingen.

DAS HALLELUJA DER GEKRÖNTEN ERLÖSUNG.

„Danach ...", schreibt Johannes, „hörte ich etwas wie den lauten Ruf einer großen Schar im Himmel" (Einheitsübersetzung). Dieser Ruf erklingt vom Himmel her nach der Vision der totalen Zerstörung des Weltsystems, offensichtlich als Reaktion auf das, was auf der Erde stattgefunden hat: „Halleluja! Das Heil und die Herrlichkeit und die Kraft sind unseres Gottes! Denn wahrhaftig und gerecht sind seine Gerichte." Wegen der Qualitäten, die nur Gott hat, wird unsere Erlösung gekrönt. In der völligen Befreiung manifestiert sich das *Heil*. Gott offenbart seine Herrlichkeit. Gewaltig wirkt sein mächtiger Arm. Seine Gerechtigkeit ist auf der Erde zu sehen. Er, der die Erlösung seines Volkes begann, wird sie vollenden. Kein Wunder, daß der Himmel in ein großes Halleluja ausbricht! Es spielt keine Rolle, wie sich die Geschichte vom momentanen, sichtbaren Standpunkt aus darstellt. Wirklich interessant ist nur, wie sie ausgehen wird. Und das sehen wir hier. Im letzten Kapitel wird es beschrieben, und wir gewinnen. Wir gewinnen, weil ER gewonnen hat! Halleluja!

DAS HALLELUJA DER VÖLLIGEN VERGELTUNG.

Jedes Rechtssystem handelt mit Vergeltung und Belohnung. Im Bewußtsein der absoluten Wahrheiten Gottes ist es äußerst schwer, unbeteiligt zuzusehen, wie sich auf Erden unter dem Mantel der Aufklärung Ungerechtigkeit breitmacht. Die vielfache Verletzung der Menschenrechte durch gewissenlose Despoten und das Abschlachten Millionen unschuldiger, ungeborener Kinder sind nur ein Teil des tragischen Bildes. Niemand scheint arrogante Tyrannen auf ihre Pläne zum Erreichen der Herrschaft über die ganze Erde hin zu überprüfen. Das Weltsystem scheint die Nase weit vorn zu haben. Vom menschlichen Standpunkt aus sieht es wirklich übel aus, aber bestellen Sie noch nicht den Totengräber! Es besteht Hoffnung. Vom Himmel her ist etwas zu hören. Die himmlischen Heerscharen rufen: „Er hat die große Hure gerichtet, die mit ihrer Unzucht die Erde verdorben hat. Er hat Rache genommen für das Blut seiner Knechte. ... Der Rauch der Stadt steigt auf in alle Ewigkeit. ... Halleluja!" Vergeltung wartet auf die Hure. Die Heiligen werden gerächt werden. Der Richter der Erde wird keine einzige Ungerechtigkeit ungestraft durchgehen lassen. Sein Vergeltungssystem paßt zu seiner Herrschaft. Am Ende wird alles ausgeglichen. Da jubeln die Engel, weil sie seit Jahrhunderten ungestrafte Ungerechtigkeit, blühende Bosheit, triumphierendes Übel und ungeprüfte Unmoral vom Himmel aus mitansehen mußten. Bis dahin leiden die Gerechten, für eine gute Sache muß gebettelt werden, und Ehrbarkeit und Ehrlichkeit haben keinen Lohn. Jetzt aber werden die aufgelaufenen Rechnungen bezahlt. Jeder ungerecht vergossene Tropfen Blut wird gerächt. Die Waagschalen des Ewigen Gerichts werden hundertprozentig ausbalanciert sein! Gott wird den Ausgleich herstellen. Wenn die himmlischen Heerscharen sehen, wie das Weltsystem, die Hure, die verdiente Vergeltung bekommt, rufen sie voll Freude: „Halleluja!"

DAS HALLELUJA DER BESTÄTIGTEN HERRSCHAFT.

Die Szene ändert sich etwas, und die 24 Ältesten und die vier himmlischen Wesen (die wir bereits in Offenbarung 4 kennenlernten) sind zu sehen, wie sie niederfallen und Gott, der auf einem Thron sitzt, mit dem Ausruf anbeten: „Amen, halleluja!" Mit einer frischen Offenbarung der Allmacht Gottes kommt ein neues Bewußtsein seiner Herrschaft. Dies ist bekanntes Gebiet. Wir sind wieder dorthin zurückgekehrt, wo wir begonnen hatten. Die Tatsache, daß Gott regiert, entlockt Erde und Himmel einen lauten Ruf des Lobpreises. Um dem zuzustimmen, ertönt eine Stimme vom Thron und sagt: „Lobt unsern Gott, alle seine Knechte und die ihn fürchten, klein und groß!" (Vers 5).

In solch einer Umgebung können wir nicht als Zuschauer abseits stehen bleiben! Wir müssen uns bereit machen, um den letzten Ruf mit ihnen gemeinsam zu tun.

DAS HALLELUJA DER VOLLENDETEN BEZIEHUNG.

Jetzt hört man es vom Himmel lauter denn je, „wie den Ruf einer großen Schar und wie das Rauschen gewaltiger Wassermassen und wie das Rollen mächtiger Donner" (Vers 6, Einheitsübersetzung). Wir nähern uns dem Schlußhalleluja der Bibel, dem vollendeten, das dem großen Ereignis der zukünftigen Geschichte vorbehalten ist, wenn sich bei der Hochzeit des Lammes Braut und Bräutigam in ewiger Harmonie vermählen. Gott regiert! Wir sollen uns freuen und fröhlich sein und ihm die Ehre geben. Es ist Hochzeit, und die Braut ist bereit. Wenn wir uns so ansehen, trifft uns die Erkenntnis hart, daß die Braut jetzt noch nicht bereit ist. Aber der Gedanke, daß es in der Zukunft einmal so sein wird, sollte uns alle freudig erregen. Gottes Herrschaft hat der Freude seines Volkes den Weg bereitet. Und wir freuen uns zu Recht – es ist unser Hochzeitstag! Da ist das Brautgewand: „strahlend reines Leinen" (Vers 8, Einheitsübersetzung). Reines Leinen steht für die gerechten Taten der Heiligen. Die Beziehung ist vollendet. Die Verlobte wird wirklich zur Braut. Sie sitzt neben ihrem Bräutigam-Herrn und wird an seiner Seite mit ihm in alle Ewigkeit Autorität ausüben. Bei solchen Aussichten ist ein Halleluja sicher angebracht.

„DER HALLELUJA-CHOR."

Die meisten von uns kennen das musikalische Meisterwerk *Der Messias* mehr oder weniger gut. Jedoch werden nur wenige die Umstände kennen, unter denen es entstand: Händels persönliches Leben war in einem traurigen Zustand. Er war hoffnungslos verschuldet und hatte schlimme Depressionen. Man schrieb das Jahr 1741, und Händel war 57 Jahre alt. Tatsächlich schien kaum Hoffnung auf Besserung zu bestehen. Ungefähr zu dieser Zeit lieferte ein unbedeutender Dichter mit Namen Charles Jenners eine Sammlung ausgewählter Bibeltexte mit dem Titel *A Sacred Oratorio* (Geistliches Oratorium) bei Händel ab. Ohne großes Interesse blätterte Friedrich Händel die Seiten des Manuskripts durch. „Er ward verschmäht und verachtet." Das berührte Händel, weil auch er „verschmäht und verachtet" war. In ihm bewegte sich etwas. Die Worte hallten in seiner Seele nach: „Wunderbar, Herrlicher, der starke Gott, der Ewigkeiten Vater und Friedefürst!" Händel begann zu schreiben und zu komponieren. Vierundzwanzig Tage lang zog er sich in die Einsamkeit zurück! Manchmal blieb sein Essen unberührt. Hin und wieder sprang er auf, fuhr mit den Händen

durch die Luft und rief: „Halleluja!" Später vertraute er jemandem
an: „Ich glaube, ich sah den ganzen Himmel vor mir und den großen
Gott selbst." Das Ergebnis ist Geschichte, und seitdem werden in
jeder Oster- und Weihnachtszeit Tausende durch dieses Meisterwerk
inspiriert, das im großen „Halleluja-Chor" seinen Höhepunkt findet. Als bei einer der frühen Aufführungen vor dem König in
London das Crescendo im „Halleluja-Chor" anschwoll, erhob sich
der König, und mit ihm der ganze Saal. Seitdem ist es allgemein
üblich, daß der letzte Chor im Stehen gehört wird.

WARUM „HALLELUJA"?

Wir haben die tiefen Geheimnisse um das Hauptwort für Lobpreis
auf keinen Fall ganz ausgelotet, aber jetzt dürften wir doch eine
ungefähre Vorstellung davon haben, warum wir es benutzen. Das
Halleluja blickt in alle Richtungen. Es sieht nach hinten auf das
begonnene Heil und nach vorn auf das gekrönte Heil. Es schaut
nach oben zu Gott auf dem Thron und nach unten auf den Teufel
in Ketten. Es schaut nach innen auf verlorene Furcht und gewon-
nenen Glauben. Es sieht nach außen auf Gerechtigkeit und Bereitschaft.

Da kommt mir ein Wort in den Sinn. Es fällt Ihnen sicher nicht
schwer zu erraten, welches. Richtig: *Halleluja!*

LOBPREISPROJEKTE:
1. Unsere Projekte drehen sich um das Wort „Halleluja". Lernen
   Sie Offenbarung 19,6b-7 (das letzte Halleluja) auswendig.
2. Untersuchen Sie den Gebrauch des Wortes „Halleluja" im
   Gesangbuch Ihrer Kirche.
3. Lernen Sie wenigstens zwei Verse eines Kirchenliedes auswendig, in dem ein Halleluja vorkommt, und benutzen Sie es in
   Ihrer persönlichen Lobpreiszeit.
4. Wie klappt es mit Ihren „Lobpreispausen" (sieben täglich)?
5. Nehmen Sie sich noch einmal Ihre bisherigen Lobpreisprojekte
   vor, und machen Sie mit ihnen weiter.

Kapitel 10

Lobpreis: Kleine hebräische Wortkunde

Dieses und das folgende Kapitel mußten geschrieben werden. Ich weiß, daß der Leser diese Kapitel recht arbeitsintensiv finden wird. Deshalb habe ich mit ihnen bis zur Hälfte des Buches gewartet. Wer sich nämlich bis hierher auf das Abenteuer Lobpreis eingelassen hat, wird sicherlich Interesse an den tieferen Bedeutungen der entsprechenden Wörter haben. Wenn wir unter der Oberfläche der deutschen Ausdrücke graben, werden wir Schätze entdecken, die die Mühe reich belohnen. Immer wieder kehre ich zu den Originalbedeutungen zurück, um bestimmte Bibelstudien über Lobpreis zu verbessern, und das hat sich bisher in jedem Fall gelohnt.

Ausgehend von Gott, sind uns die Schriften in ihrer Urfassung auf hebräisch und griechisch überliefert. Auf keinen Fall soll der Eindruck entstehen, man müßte diese Sprachen beherrschen, um die Bibel zu verstehen. Das wäre ein schlimmes Mißverständnis. Allerdings möchte ich klarstellen, daß auf der anderen Seite Kenntnisse über die Bedeutung der Originalwörter wertvolle Einsichten vermitteln und Verständnis und Wertschätzung der deutschen Texte verbessern können.

Meine mangelnde Kompetenz bezüglich der Originalsprachen, besonders des Hebräischen, ist mir sehr bewußt, und so bat ich einen Seminarprofessor, mir zu helfen. Er hatte keine Zeit dazu, empfahl mir aber für diese Arbeit den besten jungen Linguisten, den er kannte. Ich nahm Kontakt zu Dr. Robert D. Bergen auf, und er sagte sofort zu. Nur sieben Tage nach unserem ersten Gespräch überreichte er mir eine recht gründliche Studie sowohl hebräischer als auch griechischer Ausdrücke. Das folgende Material ist ein Ergebnis dieser Arbeit. Auch hier halte ich es für wichtig, den Leser, besonders den Laien, daran zu erinnern, daß dieses Material weniger inspirierend als „technisch" ist. Wenn Sie sich das vor Augen halten, werden Sie es lesen, obwohl es zunächst eher langweilig wirkt, es später jedoch als wichtige Grundlage zur Unterstützung biblischer Lobpreispraxis schätzen.

Wir stellten bereits fest, daß in der hebräischen Sprache mehr als 50 Wörter mit Bezug auf Lobpreis benutzt werden. Es handelt sich um unterschiedliche Wörter, was aber nicht bedeutet, daß sie nichts miteinander zu tun hätten. Tatsächlich sind viele von ihnen Weiterbildungen eines Wurzelwortes. Ich gehe nach folgendem Schema vor: Die Wörter werden in der Reihenfolge ihrer Häufigkeit behandelt. Neben der deutschen Aussprache und der Bedeutung gebe ich Schriftstellen an, in denen das jeweilige Wort vorkommt. Das ermöglicht dem Leser, in seiner Bibel die unterschiedlichen Bedeutungsschattierungen des Lobpreises zu markieren.

halal
Dieses Wort kennen wir bereits. Aus ihm hat sich abgeleitet, was ich das Hauptwort für Lobpreis in der Bibel nenne, *halleluja*. „Lobpreis (loben/preisen/rühmen/anrufen)" kommt zwar mehr als 200mal in der Bibel vor, es kann sich dabei jedoch um ein Dutzend verschiedener hebräischer oder griechischer Wörter handeln. Es ist also nicht nur äußerst interessant, sondern auch sehr lohnenswert, genau zu wissen, welches Wort im Urtext steht. *halal* kommt im Alten Testament 99mal vor, öfter als irgendein anderer Ausdruck, der mit „Lobpreis (loben/preisen/rühmen/anrufen)" übersetzt wird, fast ein Drittel davon in den Psalmen und als Aufforderung zum Lobpreis. *halal* bedeutet „loben, rühmen, angeben, feiern, lautstark albern sein". Der Vergleich mit der ersten Jugendliebe zwischen einem Jungen und einem Mädchen drängt sich förmlich auf. Da gibt es einen Punkt, an dem sich die Vernunft abmeldet und die Gefühle überschäumen. All dies ist gerechtfertigt unter dem Zauberwort „Liebe". Und ebenso gibt es einen Punkt, an dem Lobpreis anscheinend recht wenig mit dem Intellekt zu tun hat und vom skeptischen Zuschauer als „albern" bezeichnet werden könnte.

Vierundzwanzigmal kommt dieses Wort zusammen mit dem Namen Gottes, *jah*, vor und bildet so das Hauptwort für Lobpreis. Diese Schriftstellen haben wir schon in Kapitel 8 aufgelistet. Wenn Sie sie noch nicht in Ihrer Bibel angestrichen haben, hören Sie auf zu lesen, und tun Sie es jetzt.

Schlüsselstellen mit halal:
1. Chronik 16,4 – „*Und er (David) bestellte einige Leviten zu Dienern vor der Lade des Herrn, daß sie priesen, dankten und lobten (*halal*) den Herrn, den Gott Israels.* "

Psalm 56,4,5,11 - *„Wenn ich mich fürchte, so hoffe ich auf dich. Ich will Gottes Wort rühmen (*halal*), auf Gott will ich hoffen und mich nicht fürchten. Was können mir Menschen tun? Ich will rühmen (*halal*) Gottes Wort; ich will rühmen (*halal*) des Herrn Wort."*

Psalm 84,5 - *„Wohl denen, die in deinem Hause wohnen; die loben (*halal*) dich immerdar."*

Psalm 102,19 - *„Das werde geschrieben für die Nachkommen; und das Volk, das er schafft, wird den Herrn loben (*halal*)."*

Psalm 113,3 - *„Vom Aufgang der Sonne bis zu ihrem Niedergang sei gelobet (*halal*) der Name des Herrn!"*

Psalm 119,164 - *„Ich lobe (*halal*) dich des Tages siebenmal um deiner gerechten Ordnungen willen."*

Dies sind nur einige von vielen Schriftstellen. Wir werden sie noch näher ansehen, wenn wir die Verse untersuchen, die in derselben Passage mehr als ein Wort für Lobpreis benutzen. Unten finden Sie eine Liste von Bibelversen für Ihr persönliches Studium.

Weitere Schriftstellen mit halal *im Alten Testament:*
2. Samuel 22,4; 22,50; 1. Chronik 16,10,25,36; 23,5,30; 25,3; 29,13; 2. Chronik 7,6; 8,14; 20,19,21; 29,30; 30,21; 31,2; Esra 3,11; Nehemia 5,13; Psalm 9,12; 18,4; 22,23,24,26; 35,18; 48,2; 63,5; 69,31,35; 74,21; 102,19; 104,35 (halleluja); 105,45 (halleluja); 106,1,48 (halleluja); 107,32; 109,30; 111,1 (halleluja); 112,1 (halleluja); 113,1,9 (halleluja); 115,18 (halleluja); 116,19 (halleluja); 117,2 (halleluja); 119,175; 135,1,3,21 (halleluja); 145,2,3; 146,1,2,10 (1,10 - halleluja); 147,1,12,20 (12,20 - halleluja); 148,1,2,3,4,5,7,13,14 (1,14 - halleluja); 149,1,3,9 (1,9 - halleluja); 150,1,2,3,4,5,6 (halleluja); Jesaja 62,8-9; Jeremia 20,13; Joel 2,26.

Das Wort *halal* kommt auch in anderen Bedeutungen vor, die nicht das Gotteslob betreffen. Diese wurden bewußt ausgelassen.

jada

Dies ist das zweithäufigste Wort für Lobpreis im Alten Testament. Es bedeutet „mit ausgestreckten Händen anbeten, Hände erheben, Gott danken". Oft wird es mit „danken" oder „Dank geben" übersetzt. Aus alttestamentlichen Bibelstellen wird deutlich, daß das Aufheben der Hände eine gewisse Bedeutung in der Anbetung hatte. Keine Anbetungsübung außer dem öffentlichen Zungenreden ist heute umstrittener als das Aufheben der Hände. Für Menschen, die es nie praktizierten, stellt es offenbar das allergrößte Ärgernis dar. Lassen Sie uns einige Bibelstellen über diesen Akt des Händehebens ansehen. Psalm 134,2 mahnt uns eindringlich: „Hebet eure Hände auf im Heiligtum und lobet den Herrn". In Nehemia 8,6 lesen wir: „Und alles Volk antwortete: ‚Amen! Amen!' Und sie hoben ihre Hände empor." Der Psalmist erklärt in Psalm 63,5: „So will ich ... meine Hände in deinem Namen aufheben." Und Paulus schreibt in 1. Timotheus 2,8: „So will ich nun, daß die Männer beten an allen Orten und aufheben heilige Hände."

Ich möchte offen zu Ihnen sein, obwohl mir klar ist, daß ich damit riskiere anzuecken. Diese Übung ist einer der explosivsten und bedeutungsvollsten Ausdrücke des Lobpreises! Ich glaube, daß Gott sie liebt, daß das Fleisch sie haßt und daß sie dem Teufel den Garaus macht. Ich glaube, daß mit der Ausübung des Händehebens Glaube gefestigt, Angst verjagt und Freude verankert wird. Die Hände sind ein unvermeidlicher Teil fast jedes unserer Reaktionsmuster. Sie helfen, unsere Gefühle sowohl zu bereichern als auch auszudrücken. Unsere Hände verraten uns. Wie kein anderer Körperteil verleihen sie unserer Persönlichkeit Ausdruck. Wenn uns etwas peinlich ist, wissen wir nicht, wohin mit den Händen, ob wir sie in die Taschen stecken sollen, ob wir die eine mit der anderen oder mit beiden den Jackenaufschlag festhalten sollen. Wir brauchen unsere Hände beim Wandern, beim Arbeiten und beim Kommunizieren. Wir benutzen sie, um uns auszudrücken. Ein wütender Mensch ballt seine Hände zu Fäusten und droht so, mit ihnen wie mit einer Keule Gewalt anzuwenden. Ein brutaler Mensch geht über die reine Drohung hinaus und setzt sie tatsächlich ein. Der Schuldige versucht, seine Hände zu verstecken. Der Sorgenvolle ringt die Hände, als ob er aus ihnen Hoffnung herausreiben könnte. Wer Angst hat, klammert mit seinen Händen. Ein verzweifelter Mensch wirft sie voll Resignation hoch. Verwundert und bestürzt verlängert der Ratlose seine Stirnrunzeln durch erhobene Hände, die Handflächen nach oben. Der Mensch benutzt seine Hände, um willkommen zu heißen, zu flehen oder um sein Einverständnis zu erklären. Wer einen anderen anklagt, streckt einen Finger aus, während die restliche Hand zur Faust zusammengeballt bleibt (Gewalt, die zur Anklage aussetzt). Beim Anbeten erheben wir unsere Hände zu Gott, um Ergebung, Anbetung oder Ehrfurcht auszudrücken.

Man sagte mir, das Heben der Hände sei ein internationales Zeichen für Kapitulation. Diese Tatsache ist vielleicht nicht unwichtig, aber ich glaube nicht, daß sie die eigentliche Bedeutung der Geste voll wiedergibt. Lassen Sie mich das näher erläutern: Ich bin ein glücklicher, abgöttisch liebender, bezauberter, bewundernder Großvater. Es war Liebe *vor* dem ersten Blick. Nie zuvor habe ich so etwas erfahren. Ich kann mich nicht erinnern, in demselben Maße die Zeit oder das Empfinden für Liebe zu meinen eigenen Kindern gehabt zu haben, wie ich es meiner Enkelin gegenüber empfinde. Ich liebte sie, bevor ich wußte, daß sie eine „Sie" war! Ich liebte sie, bevor sie wußte, wie sie auf diese Liebe eingehen konnte. Im Laufe der Monate fing sie an zu reagieren. Zuerst war es ein Lächeln, dann ein Glucksen, dann offenes Lachen. Später machte sie deutlich, wohin sie wollte. Welch ein glücklicher Tag, als sie ihre kleinen Grübchenhände zum Opa hochhielt! Sie benutzte keine Worte, nur diese einfache Geste. Ich brauchte weder Wörterbuch noch Lexikon, weder soziologische noch psychologische Kenntnisse, um zu wissen, was sie sagen wollte. Es war so klar wie irgend möglich. Sie drückte aus: „Ich will zu dir kommen. Ich will, daß du mich in deine Arme schließt. Da gefällt es mir. Wir wollen Spaß miteinander haben. Ich mag, was mit mir geschieht, wenn ich bei dir bin. Ich nehme deine Liebe an." Können Sie sich vorstellen, wie meine Antwort aussah? Da müssen Sie nicht dreimal raten, oder? Natürlich sagte ich nicht: „Hör auf damit, du kleine Charismatikerin! Du spielst ja nur Theater! Du willst mich wohl blamieren!", sondern hob sie sofort hoch und nahm sie auf den Arm!

Seitdem bedeutet es mir noch mehr, die Hände in persönlicher Anbetung (und manchmal öffentlich ...!) zum Herrn zu erheben. Ich sage ihm damit: „Vater, ich will dich, ich empfange dich, ich ergebe mich dir. Ich mag es, was ich in deiner Gegenwart spüre. Nimm mich." Vielleicht halten Sie das ja für billige Gefühlsduselei – überlassen Sie es doch bitte einfach mir. Ich habe das gern, sowohl bei meiner Enkelin als auch bei Gott!

Das Wort *jada* wird über 90mal im Alten Testament gebraucht. Ich bin der Überzeugung, daß wir ganz sicher davon ausgehen können, daß diese bestimmte Erwähnung von Lobpreis bedeutet, Gott mit erhobenen Händen zu danken.

Ferner ist noch hinzuzufügen, daß die Wurzel dieses Wortes *jad* ist, das heißt „Hand" und wird in der längeren Form als „werfen, schießen" übersetzt. In der *King James Version* wird es 53mal mit „praise (preisen)", 32mal mit „give thanks (Dank geben)", 5mal mit „thank (danken)" und 16mal mit „confess (bekennen)" übersetzt.

Schlüsselstellen, in denen jada *vorkommt:*
1. Mose 29,35 (Hier wird über die Geburt von Jakobs und Leas viertem Sohn berichtet. Sie nannten ihn „Juda", das heißt „Preis dem Herrn"), 2. Chronik 20,21; Psalm 9,2; 52,11; 107,8,15,21,31; 139,14; 145,10.

Andere Verwendungen des Wortes jada *im Alten Testament (in der King James Version mit „praise (loben)" übersetzt, in der Lutherbibel aber meistens mit „danken")*
1. Mose 49,8; 2. Chronik 7,3,6; Psalm 7,18; 28,7; 30,10; 33,2; 42,5,11; 43,4,5; 44,9 (rühmen, preisen); 45,18; 49,19 (preisen); 52,11; 54,8 (preisen); 57,10; 67,4,6; 71,22; 76,11 (Ehre bringen); 86,12; 88,11; 89,6 (preisen); 99,3 (preisen); 108,4; 109,30; 111,1; 118,19,21,28; 119,7; 138,1,2, (V.4 preisen); 142,8 (preisen); Jesaja 12,1,4; 25,1 (preisen); 38,18,19 (loben); Jeremia 33,11.

barakh
In Verbindung mit Lobpreis ist dies ein sehr wichtiges Wort des Alten Testaments. Seine Einzigartigkeit wird noch erhöht, wenn wir herausfinden, daß es in der *King James Version* nur selten mit *„praise (preisen)"* übersetzt wird. Meine Hauptquelle, die *New International Version*, übersetzt es immer mit *„praise"*. Holladay sagt: „Wenn Gott das Objekt ist, bedeutet es ‚Gott zum Ursprung der Kraft für Erfolg, Reichtum, Fruchtbarkeit erklären'". Über 200mal wird es eingesetzt, um Segen zu beschreiben, der von Gott oder von Menschen kommt. Gotteslob wird etwa 70mal damit ausgedrückt. Harris schreibt in seinem *Theological Wordbook of the Old Testament*, es heiße „knien, segnen, grüßen" oder sehr selten auch „fluchen". Mitunter wird die Meinung vertreten, daß, da es in bestimmten Fällen mit „knien" übersetzt wird, eine Verbindung zu dem Wort für „Knie", *berek*, bestehen könnte. Die Fälle, in denen *barakh* in der *King James Version* mit *„praise"* übersetzt wird, sind Richter 5,2 und Psalm 72,15. Der Hintergrund des ersten Verses ist das Lied von Debora und Barak (dessen Name selbst „segnen" bedeutet). Ihr Lied begann mit diesen Worten: „Lobet (*barakh*) den Herrn, daß man sich in Israel zum Kampf rüstete und das Volk willig dazu gewesen ist." Die zweite Referenzstelle, Psalm 72,15, ist auf Salomo bezogen: „Er soll leben, und man soll ihm geben vom Gold aus Saba. Man soll immerdar für ihn beten und ihn täglich segnen (*barakh*)."

Mehrere Schlüsselstellen verdienen besondere Beachtung. Nachdem er die Gelder und Materialien für den Bau des Tempels zusammengebracht und aus seinem eigenen, persönlichen Vermögen eine große Menge Gold und Silber gegeben hatte, wird von David berichtet: „Er lobte (*barakh*) den Herrn vor der ganzen Gemeinde".

In der *King James Version* heißt es an dieser Stelle „*bless*" (segnen), die *New International Version* übersetzt in diesem und im folgenden Satz mit „*praise*", die Lutherbibel mit „loben": „Gelobt seist du, Herr, Gott Israels, unseres Vaters, von Ewigkeit zu Ewigkeit!"

Bekannteste Referenzstellen mit barakh *im Sinne von Lobpreis im Alten Testament*

Hiob 1,21 - *„Der Herr hat's gegeben, der Herr hat's genommen; der Name des Herrn sei gelobt (*barakh*)!"*

Psalm 96,2 - *„Singet dem Herrn und lobet (*barakh*) seinen Namen, verkündet von Tag zu Tag sein Heil!"*

Psalm 103,1,2,20,21,22 - *„Lobe (*barakh*) den Herrn, meine Seele, und was in mir ist, seinen heiligen Namen! Lobe (*barakh*) den Herrn, meine Seele, und vergiß nicht, was er dir Gutes getan hat". „Lobet (*barakh*) den Herrn, ihr seine Engel, ihr starken Helden, die ihr seinen Befehl ausrichtet, daß man höre auf die Stimme seines Wortes! Lobet (*barakh*) den Herrn, alle seine Heerscharen, seine Diener, die ihr seinen Willen tut! Lobet (*barakh*) den Herrn, alle seine Werke, an allen Orten seiner Herrschaft! Lobe (*barakh*) den Herrn, meine Seele!"*

Psalm 104,1 - *„Lobe (*barakh*) den Herrn, meine Seele! Herr, mein Gott, du bist sehr herrlich; du bist schön und prächtig geschmückt."*

Andere Verwendungen von barakh *im Sinne von Lobpreis im Alten Testament*

1. Mose 9,26; 14,20; 24,27; 2. Mose 18,10; 1. Samuel 25,32,39; 2. Samuel 18,28; 1. Könige 1,48; 8,15,56; 10,9; 1. Chronik 16,36; 2. Chronik 6,4; 9,8; Esra 7,27; Psalm 16,7; 18,47; 26,12; 28,6; 31,22; 34,2; 66,8,20; 68,27,33,36; 72,18-19; 89,53; 100,4b; 106,48; 115,18; 119,12; 124,6; 134,1,2; 135,19,20,21; 144,1; 145,1,2,10,21.

Noch ein Schlußwort zu barakh

Manchmal werden wir aufgefordert, ein Zeugnis davon zu geben, wie der Herr uns segnet, und dann sollten wir immer etwas zu sagen wissen. Man darf jedoch auch in diesem Zusammenhang nicht

vergessen, daß Geben mehr Segen bringt als Nehmen (Apostelgeschichte 20,35). Es ist ein sehr willkommener Gedanke, daß ich
Segen vom Herrn empfangen kann. Daß ich dem Herrn Segen *sein*
und *geben* kann, begeistert mich aber noch mehr! Wenn David den
Herrn segnete, können Sie und ich es auch tun. Wenn Segen
bedeutet, Segen zu *empfangen*, dann ist es doppelter Segen, Segen zu
spenden. barakh ist eins der wichtigsten Lobpreiswörter, weil es an
das erhabene Vorrecht erinnert, den Herrn segnen zu dürfen.

tehilla
In Verbindung mit Lobpreis wird *tehilla* im Alten Testament am
vierthäufigsten gebraucht. Es kommt über 50mal vor. Der Ausdruck
leitet sich von *halal* ab und bezeichnet nach allgemeiner Überzeugung das Singen von „*halals*". Das Wort bedeutet „singen oder
loben, verherrlichen". Es deutet auf die Verwendung von Musik,
besonders Gesang, hin. Gesang war immer ein wichtiges Mittel, um
Gott zu loben. Außer diesem gibt es noch acht verschiedene
hebräische Wörter, mit denen auch „singen" ausgedrückt wird. In
der Bibel wird über 300mal zum Singen aufgefordert. Gesang ist ein
wichtiges und unerläßliches Mittel, Gott zu loben.

Bedeutende Schriftstellen mit tehilla *im Alten Testament*
Psalm 22,4 - „*Du aber bist heilig, der du thronst über den Lobgesängen
(*tehilla*) Israels.* "
Psalm 147,1 - „*Halleluja! Lobet den Herrn! Denn unsern Gott loben, das
ist ein köstlich Ding, ihn loben* (tehilla) *ist lieblich und schön.* "
2. Mose 15,11 - „*Wer ist wie du unter den Göttern, o Herr? Wer ist wie
du gewaltig und heilig, gepriesen* (tehilla) *als furchtbar, Wunder vollbrin-
gend?* " *(Einheitsübersetzung). (Die* King James Version *übersetzt hier
„awesome in praises (ehrfurchtgebietend im Lobpreis)".)*
5. Mose 10,21 - „*Er ist dein Lobgesang* (tehilla*), er ist dein Gott. Für
dich hat er all das Große und Furchterregende getan, das du mit eigenen
Augen gesehen hast" (Einheitsübersetzung).*
    Die obengenannten Schriftstellen zeigen, daß Gott selbst unser
Lobgesang ist. Das stimmt mit mit dem überein, was Mose und die
Israeliten sangen: „*Der Herr ist meine Stärke und mein* Lobgesang *und
ist mein Heil" (2. Mose 15,2).*

5. Mose 26,19 - „*... und daß er dich zum höchsten über alle Völker machen werde, die er geschaffen hat, und du gerühmt, gepriesen (tehilla) und geehrt werdest, damit du dem Herrn, deinem Gott, ein heiliges Volk seist, wie er zugesagt hat.*"

1. Chronik 16,35 - „*Und sprecht: Hilf uns, Gott, unser Heiland, und sammle uns und errette uns von den Heiden, daß wir deinen heiligen Namen preisen und dir Lob sagen (tehilla)!*"

2. Chronik 20,22 - „*Während sie den Jubelruf (rinna, das bedeutet ,ein Lied rufen') und Lobpreis (tehilla) anstimmten, führte der Herr Feinde aus dem Hinterhalt gegen die Ammoniter, Moabiter und die Bewohner des Berglands Seïr, die gegen Juda gezogen waren, so daß sie geschlagen wurden*" *(Einheitsübersetzung).*

Nehemia 9,5b - „*Auf! lobet (barakh) den Herrn, euren Gott, von Ewigkeit zu Ewigkeit! Und man lobe seinen herrlichen Namen, der erhaben ist über allen Preis und Ruhm (tehilla)!*"

Nehemia 12,46 - „*Denn schon zu den Zeiten Davids und Asaphs wurden die Vorsteher der Sänger eingesetzt, um Gott zu loben und zu danken (tehilla)* "

Jesaja 61,3 - „*... zu schaffen den Trauernden zu Zion, daß ihnen Schmuck statt Asche, Freudenöl statt Trauerkleid, Lobgesang (tehilla) statt eines betrübten Geistes gegeben werden.*"

Andere Verwendungen von tehilla *im Alten Testament*
Psalm 9,15; 22,16; 33,1; 34,2; 35,28; 40,4; 48,11; 51,17; 65,2; 66,1,2,8; 71,6,8,14; 78,4; 79,13; 100,4; 102,22; 106,2,12,47; 109,1; 111,10; 119,171; 145,21; 147,1; 148,14; 149,1; Jesaja 42,8,10,12; 43,21; 48,9; 60,6,18; 61,11; 62,7; 63,7; Jeremia 13,11; 17,14; 33,9; 49,25; Habakuk 3,3; Zefanja 3,19-20.

zamar
Dieses Wort kommt fast ausschließlich in den poetischen Büchern vor, und zwar fast nur in den Psalmen. Es bedeutet „die Saiten eines Instruments zupfen, singen, preisen", ist ein Wort aus der Musik und hat viel mit dem Ausdrücken von Freude zu tun. Als Lobpreisbezeichnung wird es etwa 40mal gebraucht (davon nur dreimal außerhalb der Psalmen). Wir finden es in 1. Chronik 16,9, einem der großartigsten Kapitel über Lobpreis in der ganzen Bibel. „Singet und spielet (*zamar*) ihm, redet von allen seinen Wundern!" Interessanterweise sind in diesem Kapitel vier verschiedene hebräische Wörter für „preisen" zu finden. In Vers 35 heißt es *tehilla*, in Vers 36

barakh im ersten Teil und *halal* am Ende. Wie tief und vielfältig sind diese Ausdrücke für Lobpreis!

Weitere Verwendungen von zamar *im Alten Testament*
Richter 5,3; 2. Samuel 22,50; Psalm 7,18; 9,3,12; 18,50; 21,14; 27,6; 30,5,13; 33,2; 47,7,8; 57,8,10; 61,9; 66,2,4; 68,5,33; 71,22,23; 75,10; 98,4,5; 101,1; 104,33; 105,2; 108,2,4: 135,3; 138,1; 144,9; 146,2; 147,7; 149,3; Jesaja 12,5.

toda
Dieses Wort steht in Verbindung mit einem Opfer. Man kann seine Bedeutung auffassen als „zum Lobopfer Hände ausstrecken, Dank sagen oder Dank opfern". In mindestens einem Fall scheint es mit dem zu tun zu haben, was noch nicht sichtbar ist, ein Glaubensakt, über den hinaus Gott sich zeigt, Befreiung bringt. Dies sehen wir in Psalm 50,23 - „Wer Dank opfert (*toda*), der preiset mich, und da ist der Weg, daß ich ihm zeige das Heil Gottes." Am wichtigsten könnte an diesem Punkt das „Lobopfer" sein. In *toda* haben wir die Sorte Lobpreis, die den Sieg, die Lösung, die Antwort noch nicht erkennt. Gesunder Menschenverstand, menschliche Augenschein-lichkeit und die Logik werden mit dem eigentlichen „Dankopfer" *toda* gemeinsam dargebracht.

Es ist interessant und auch bedeutungsvoll, daß dieses das Wort ist, das im 3. Buch Mose im Zusammenhang mit den Dankopfern gebraucht wird. Der große Zusammenhang ist der Text über die „Heilsopfer". „Für das Heilsopfer, das man für den Herrn darbringt, gilt folgendes Gesetz: Wenn man es als Dankopfer darbringt, soll man zu diesem Dankschlachtopfer (*toda*) ungesäuerten, mit Öl vermengten Kuchen hinzutun und ungesäuerte, mit Öl bestrichene Brotfladen sowie Kuchen aus Feinmehl, das mit Öl vermengt und eingerührt ist. Dazu soll man auch Gebäck aus gesäuertem Brot geben und das alles zusammen mit dem Heilsopfer als Dankopfer (*toda*) darbringen. ... Das Opferfleisch des Schlachtdankopfers (*toda*) soll am Tag der Darbringung gegessen werden; nichts davon darf bis zum nächsten Morgen liegenbleiben" (3. Mose 7,11-13,15; Einheits-übersetzung).

Wichtige Bibelstellen mit toda
Psalm 42,5 – *„Daran will ich denken und ausschütten mein Herz bei mir selbst: wie ich einherzog in großer Schar, mit ihnen zu wallen zum Hause Gottes mit Frohlocken und Danken* (toda) *in der Schar derer, die da feiern."*
Psalm 50,14 – *„Opfere Gott Dank* (toda) *und erfülle dem Höchsten deine Gelübde."*
Psalm 56,13 – *„Ich habe dir, Gott, gelobt, daß ich dir danken* (toda) *will.*
Psalm 95,2 – *„Laßt uns mit Danken* (toda) *vor sein Angesicht kommen und mit Psalmen ihm jauchzen!"*
Ferner lautet der Titel des 100. Psalms: „Ein Psalm zum Dankopfer *(toda)".* In Psalm 100,4 finden wir eine interessante Kombination hebräischer Worte für Lobpreis: „Gehet zu seinen Toren ein mit Danken *(toda),* zu seinen Vorhöfen mit Loben *(tehilla);* danket ihm, lobet *(barakh)* seinen Namen!" Die Reihenfolge verdient Beachtung. Zuerst wird gedankt, und das manchmal nur im Glauben. Wir alle kennen Zeiten, in denen das der einzige Zugang zu echtem Lobpreis ist. Die Umstände sind dann nicht dazu angetan, uns emotionale Sicherheit zu bieten. Sichtbare Hoffnung gibt es nicht, also fangen wir an, im Glauben zu danken *(toda).* Dann, nachdem wir zum Tor der Danksagung hereingekommen sind, stehen wir im Vorhof des gesungenen Lobes *(tehilla).* Wir fahren fort zu danken, loben *(barakh)* Gott jetzt aber auch! Halleluja!
Es gibt noch eine interessante Kombination hebräischer Wörter, und zwar in Psalm 147,7. „Singt *(zamar)* dem Herrn ein Danklied *(toda)* und lobt unsern Gott mit Harfen." Ist es nicht ein schöner Gedanke, daß wir dazu geschaffen wurden, gleichzeitig auf verschiedene Arten zu preisen?
Erinnern Sie sich, daß wir darüber sprachen, wie Lobpreis den Weg für wunderbare Befreiung bereiten kann? Einen weiteren Beweis für diesen Aspekt des Lobpreises finden wir in Jona 2,10. „Ich aber will mit Dank *(toda)* dir Opfer bringen. Meine Gelübde will ich erfüllen dem Herrn, der mir geholfen hat." Direkt im nächsten Vers wird berichtet: „Und der Herr sprach zu dem Fisch, und der spie Jona aus ans Land."

Andere Stellen mit toda *im Alten Testament*
3. Mose 22,29; 2. Chronik 29,31; 33,16; Nehemia 12,27,31,38,40; Psalm 26,7; 69,31; 107,22; 116,17; Jesaja 51,3; Jeremia 17,26; 33,11; Amos 4,5.

schabach
Dieses Wort bedeutet „rufen, befehlen, mit lauter Stimme ansprechen". Es ist die Ausrufeform des Lobpreises. Dieses bestimmte Wort für „rufen" wird in nur wenigen Fällen mit „preisen" übersetzt, und zwar in diesen:
Psalm 63,4 - „*Denn deine Güte ist besser als Leben; meine Lippen preisen (*schabach*) dich.*"
Psalm 117,1 - „*Lobet (*halal*) den Herrn, alle Heiden! Preiset (*schabach*) ihn, alle Völker!*"
Psalm 145,4 - „*Kindeskinder werden deine Werke preisen (*schabach*).*"
Psalm 147,12 - „*Preise (*schabach*), Jerusalem, den Herrn; lobe (*halal*), Zion, deinen Gott!*"

Dem Wort *schabach* entspricht *schebach*, das im Zusammenhang mit Lobpreis an drei Stellen im Buch Daniel zu finden ist. In Kapitel 2, Vers 23 bezeugt Daniel: „Ich danke dir und lobe (*schebach*) dich, Gott meiner Väter, daß du mir Weisheit und Stärke verliehen und jetzt offenbart hast, was wir von dir erbeten haben; denn du hast uns des Königs Sache offenbart." Die beiden anderen Fälle haben mit der Wiederherstellung von Nebukadnezars geistiger Gesundheit zu tun. „Nach dieser Zeit hob ich, Nebukadnezar, meine Augen auf zum Himmel, und mein Verstand kam mir wieder, und ich lobte (*King James Version: „blessed* (segnete)", *barakh*) den Höchsten. Ich pries und ehrte (*schebach*) den, der ewig lebt, dessen Gewalt ewig ist und dessen Reich für und für währt" (4,32). Und weiter bezeugt er: „Darum lobe, ehre und preise (*schebach*) ich, Nebukadnezar, den König des Himmels; denn all sein Tun ist Wahrheit, und seine Wege sind recht, und wer stolz ist, den kann er demütigen" (4,34).

SCHLUSSFOLGERUNG
Puh! Dieses Kapitel war am allerschwersten zu schreiben, und ich nehme an, für Sie fast ebenso schwer zu lesen. Deshalb will ich eine Warnung wiederholen. Wenn Sie die Bedeutung des Lobpreises wirklich ergründen wollen, dann gehen Sie nicht leichtfertig über dieses Material hinweg. Für Ihr persönliches Studium und Ihre Lobpreiszeiten werden dieses Kapitel und die folgenden Wörtertabellen eine ausgezeichnete Hilfe darstellen. Sie werden sicherlich immer wieder auf dieses Material und auf die griechischen Wortbedeutungen im folgenden Kapitel zurückgreifen.

Ich erläuterte nur die sieben wichtigsten hebräischen Wörter, die als „Lobpreis" übersetzt werden. Es gibt noch viel mehr, die zwar mit Lobpreis zu tun haben, aber kein direkter Ausdruck dafür sind. Deshalb füge ich eine Liste solcher Wörter an. Zunächst aber wollen wir die bereits behandelten Wörter mit der einfachsten Form ihrer Bedeutung hier zusammenstellen:

halal: „loben, angeben, schwärmen, feiern" - kommt etwa 100mal im Alten Testament vor.

jada: „mit ausgestreckten Händen anbeten, Hände aufwerfen" - kommt über 90mal im AT vor. (*jad* bedeutet „Hand".)

barakh: „segnen, Gott zum Ursprung der Kraft für Erfolg, Reichtum, Fruchtbarkeit erklären" - kommt in bezug auf Gotteslob etwa 70mal im AT vor.

tehilla: „singen oder loben" - leitet sich aus *halal* ab und wird allgemein für das Singen von „*halals*" gehalten. Kommt über 50mal im AT vor.

zamar: „die Saiten eines Instruments zupfen, mit einem Lied preisen" - kommt etwa 40mal im AT vor, und zwar fast ausschließlich in den Psalmen.

toda: „die Hände zum Dank ausstrecken, ein Dankopfer" - als „preisen" kommt es nur ein paarmal vor, in Verbindung mit Dank aber viel öfter.

schabach (schebach): „befehlen, mit lauter Stimme ansprechen, rufen" - Ausrufeform des Lobpreises in besonderem Sinn, kommt nur etwa siebenmal im AT vor. Interessanterweise finden jedoch andere Wörter für „rufen" im Zusammenhang mit Lobpreis Anwendung (siehe Liste über andere hebräische Wortbedeutungen).

LOBPREISPROJEKTE:
1. Lernen Sie die sieben Wörter, die wir in diesem Kapitel untersuchten, und ihre jeweiligen Bedeutungen mit mindestens je einer Schriftstelle auswendig.
2. Fangen Sie an, in Ihrer Bibel Referenzstellen für Lobpreis zu markieren und jeweils das hebräische Wort danebenzuschreiben. (Ich halte das für äußerst wertvoll - zeitaufwendig, aber lohnend!)

TABELLE DER HEBRÄISCHEN WÖRTER FÜR LOBPREIS
(Bitte beachten Sie, daß diese Tabelle die bereits behandelten Wörter nicht mehr beinhaltet.)

Umschrift des hebräischen Wortes	Bedeutung	Häufigkeit des Vorkommens mit Bezug auf Lobpreis
alas/alaz	frohlocken	11
ana	bezeugen (singen)	1
avar	widerhallen lassen	1
chada	sich freuen	1
gadal	großmachen, preisen	6
gil	rufen, im Kreise tanzen	29
haphez	sich freuen, Wohlgefallen finden	3
hillul	Dankfest (für Ernte, 3. Mose 19,24)	1
hul	tanzen	1
jahav	geben, zuschreiben	7
kabed	ehren	12
kara	knien, niederbeugen	1
karar	tanzen	2
macha	klatschen	1
mahol/mehola	Tanz	7
mismor	Psalm	57
nagan	Saiteninstrument spielen	2
nasa	(Stimme) erheben	4
nathan	proklamieren	4
negina	Musik, Lied, Saitenmusik	8
paar	angeben, verherrlichen	1
pasas	hüpfen	1
paza	herausbrechen mit	6
rakad	tanzen, herumhüpfen	1
ranan	mit Freude rufen, singen	42
renana/rinna	Freudenruf	20
rua	im Triumph rufen	13
rum	erheben, preisen, rühmen	8
safar	wiedergeben, proklamieren	18
sahak	spielen, tanzen	4
sama	sich freuen, froh sein	64
schacha	anbeten, auf die Knie fallen	170
schama	proklamieren	10
schava	verherrlichen, preisen	6
schir	singen	31
selal	erheben, singen	1
sus/sis	sich freuen	10
zahal	vor Freude rufen	1
zakar	sich erinnern, anerkennen, preisen	12
zamir	Lied	4
zava	laut schreien	1
zimra	Lied	6

Kapitel 11

Lobpreis: Kleine griechische Wortkunde

Wir kommen jetzt zum Beitrag der griechischen Sprache zu unserem Verständnis von Lobpreis. Wie im Hebräischen gibt es auch hier neben einigen mit „preisen" übersetzten Wörtern viele andere, die in den Zusammenhang gehören. Wir wollen zuerst die Ausdrükke behandeln, die im allgemeinen mit „preisen" übersetzt werden, und ihren Einsatz näher ansehen. Dabei gehen wir in alphabetischer Reihenfolge vor.

ainesis, ainos, aineo

Die ersten beiden sind Hauptwörter, das letzte ein Zeitwort, sie gehören zueinander und werden nur im Zusammenhang mit dem Gotteslob verwendet. In der Septuaginta, der Übersetzung des Alten Testaments in griechischer Sprache, entspricht *aineo halal* und *jada*, den gebräuchlichsten hebräischen Wörtern für „preisen". In der *King James Version* wird es in jedem Fall mit „*praise* (preisen)" übersetzt. Ich liste die Einsatzstellen einfach auf:

Lukas 2,13 – „*Und alsbald war da bei dem Engel die Menge der himmlischen Heerscharen, die lobten (*aineo*) Gott.*"

Lukas 2,20 – „*Und die Hirten kehrten wieder um, priesen (*aineo*) und lobten Gott für alles, was sie gehört und gesehen hatten, wie denn zu ihnen gesagt war.*"

Lukas 18,43 – „*Und sogleich wurde er sehend und folgte ihm nach und pries Gott. Und alles Volk, das es sah, lobte (*ainos*) Gott.*"

In den beiden letzten Versen findet sich auch ein anderes Wort, das normalerweise mit „ehren" oder „preisen" übersetzt wird. Unter dem Stichwort *doxazo* werden wir uns damit näher befassen.

Matthäus 21,16 – „*... und sprachen zu ihm: Hörst du auch, was diese sagen? Jesus antwortete ihnen: Ja! Habt ihr nie gelesen: ‚Aus dem Munde der Unmündigen und Säuglinge hast du dir Lob (*ainos*) bereitet'?*"

Lukas 19,37 – „*Und als er schon nahe am Abhang des Ölbergs war, fing die ganze Menge der Jünger an, mit Freuden Gott zu loben mit lauter Stimme (*aineo*) über alle Taten, die sie gesehen hatten.*"

Lukas 24,53 – „*... und waren allezeit im Tempel und priesen* (aineo) *Gott.*"
Apostelgeschichte 2,47 – „*... und lobten* (aineo) *Gott und fanden Wohlwollen beim ganzen Volk. Der Herr aber fügte täglich zur Gemeinde hinzu, die gerettet wurden.*"
Apostelgeschichte 3,8-9 – „*Er sprang auf, konnte gehen und stehen und ging mit ihnen in den Tempel, lief und sprang umher und lobte* (aineo) *Gott. Und es sah ihn alles Volk umhergehen und Gott loben* (aineo).
Römer 15,11 – „*Lobet* (aineo) *den Herrn, alle Heiden, und preist* (epaineo) *ihn, alle Völker!*"
Hebräer 13,15 – „*So laßt uns nun durch ihn Gott allezeit das Lobopfer darbringen* (ainos), *das ist die Frucht der Lippen, die seinen Namen bekennen.*"

doxa (Hauptwort), doxazo (Zeitwort)
Das Wort *doxa* und seine Verbform *doxazo* werden im allgemeinen mit „Ehre" bzw. „ehren" wiedergegeben. Die *New International Version* übersetzt es hier und dort mit „praise", sowohl als Substantiv (Lobpreis) als auch als Verb (preisen). Es stammt von einem Wort, das „annehmen oder scheinen, wirken" bedeutet, und steht für „einschätzen", „meinen" oder „wegen einer guten Meinung ehren". Wie auch immer es übersetzt wird, es ist auf jeden Fall ein gutes Wort, um Gott die ihm gebührende Ehre zu geben. Lassen Sie uns einige Schriftstellen des Neuen Testaments ansehen.
Lukas 2,14 – „*Ehre* (doxa) *sei Gott in der Höhe und Friede auf Erden bei den Menschen seines Wohlgefallens.*"
Lukas 18,43 – „*Und sogleich wurde er sehend und folgte ihm nach und pries* (doxazo) *Gott. Und alles Volk, das es sah, lobte* (ainos) *Gott.*"
Interessanterweise wurde Herodes von Würmern zerfressen und starb, als er sich weigerte, Gott die Ehre zu geben (*doxa*) (Apostelgeschichte 12,23).
Paulus sagte über den Glauben Abrahams: „Denn er zweifelte nicht an der Verheißung Gottes durch Unglauben, sondern wurde stark im Glauben und gab Gott die Ehre (*doxa*) (Römer 4,20).
In Galater 1,5, Philipper 4,20, 1. Petrus 4,11 und 2. Petrus 3,18 lesen wir eine allgemeine Lobpreisformel, in der das Wort *doxa* verwendet wird. „Ihm sei Ehre von Ewigkeit zu Ewigkeit! Amen."
Unser Fremdwort „Doxologie" kommt von diesem Wort *doxa*. Eine der berühmten Doxologien der Bibel steht in Römer 11,36: „Denn von ihm und durch ihn und zu ihm sind alle Dinge. Ihm

sei Ehre (*doxa*) in Ewigkeit! Amen." Das dem Hauptwort „Doxologie" entsprechende Verb müßte eigentlich „doxologieren" heißen! An mehreren Stellen wird von Menschen berichtet, die Gott „doxologierten". In den folgenden Fällen steht in der *New International Version* immer „*praise* (preisen)":

Matthäus 5,16 – „*So laßt euer Licht leuchten vor den Leuten, damit sie eure guten Werke sehen und euren Vater im Himmel preisen (*doxazo)."

Matthäus 9,8 – „*Und als das Volk das sah, fürchtete es sich und pries* (doxazo*) Gott, der solche Macht den Menschen gegeben hat.*"

Matthäus 15,31 – „*... so daß sich das Volk verwunderte, als sie sahen, daß die Stummen redeten, die Verkrüppelten gesund waren, die Gelähmten gingen, die Blinden sahen; und sie priesen (*doxazo*) den Gott Israels.*"

Römer 15,6 – „*... damit ihr einmütig mit einem Munde Gott lobt* (doxazo*), den Vater unseres Herrn Jesus Christus.*"

Anmerkung: Im folgenden Vers ist das Wort *doxa* in der *New International Version* mit „*praise*" („Lob" in der Lutherbibel) übersetzt. „ Darum nehmt einander an, wie Christus euch angenommen hat zu Gottes Lob (*doxa*)" (Römer 15,7).

Im Neuen Testament finden sich viele weitere Verse mit diesen Wörtern. Mit Hilfe einer guten Konkordanz könnten Sie diese Studie fortsetzen. Die Schlußbetrachtung über *doxazo* in W. E. Vines *Expository Dictionary of New Testament Words* ist zu gut, um sie hier unerwähnt zu lassen. Dort heißt es: „Da die Ehre Gottes die Offenbarung alles dessen ist, was er ist und hat, ... ist dies eine Offenbarung seiner selbst, in der Gott all das manifestiert, was ihm gehört (Johannes 12,28: ‚Vater, verherrliche (*doxazo*) deinen Namen!'). Soweit es Christus ist, durch den dies sichtbar wird, heißt es von ihm, daß er den Vater verherrlicht (*doxazo*) (Johannes 17,1,4), oder daß der Vater in ihm verherrlicht ist (Johannes 13,31; 14,13); und Christus meint das gleiche, wenn er zu seinen Jüngern sagt: „Darin wird mein Vater verherrlicht, daß ihr viel Frucht bringt und werdet meine Jünger" (Johannes 15,8). Wenn *doxazo* auf Christus bezogen ist, ... bedeutet es einfach, daß seine wesensmäßige Ehre ans Licht gebracht, sichtbar gemacht wird. ... Da die Offenbarung des Heiligen Geistes mit der Verherrlichung Christi zusammenhängt, sagt Christus von ihm: ‚Er wird mich verherrlichen' (Johannes 16,14)."

Es ist schon ein wunderbarer Gedanke, daß wir den Herrn segnen können. Und außerdem dürfen wir uns für etwas einsetzen, das seine Ehre, seinen echten Charakter und Wert sichtbar macht. Das ist die Herrlichkeit des Lobpreises! Der Akt des Lobens enthüllt den Reichtum von Gottes Wesen und Charakter. Halleluja!

epainos (Hauptwort), epaineo (Zeitwort)
Dies ist das Wort für Lobpreis *(ainos)*, versehen mit der Vorsilbe „*epi*", die mit „auf" übersetzt wird. W. E. Vine stellt es als eine stärkere Form von *ainos* dar. Mit diesem Wort kommen wir zu einem neuen Aspekt: Der Mensch *macht* nicht nur, sondern er *ist* Lobpreis. In seinem *Theological Word Dictionary of the New Testament* schreibt Kittel über dieses Wort: „Wert hat *epainos* (Anerkennung, Lobpreis) nur, wenn es nicht eine allgemeine menschliche Beurteilung oder populäre Einschätzung, sondern die Anerkennung des Menschen durch Gott ausdrückt. In Epheser und Philipper bedeutet *epainos* Lobpreis und Anbetung der Gemeinschaft in ihrem Bekenntnis."

Im Neuen Testament gibt es neun Bibelstellen, die *epainos* in einer Form enthalten, die für diese Untersuchung interessant ist:
Römer 2,29 – „*... sondern der ist ein Jude, der es inwendig verborgen ist, und das ist die Beschneidung des Herzens, die im Geist und nicht im Buchstaben geschieht. Das Lob (*epainos*) eines solchen ist nicht von Menschen, sondern von Gott.*"
Römer 13,3 – „*Denn vor denen, die Gewalt haben, muß man sich nicht fürchten wegen guter, sondern wegen böser Werke. Willst du dich aber nicht fürchten vor der Obrigkeit, so tue Gutes; so wirst du Lob (*epainos*) von ihr erhalten.*"
1. Korinther 4,5 – „*Darum richtet nicht vor der Zeit, bis der Herr kommt, der auch ans Licht bringen wird, was im Finstern verborgen ist, und wird das Trachten der Herzen offenbar machen. Dann wird einem jeden von Gott sein Lob (*epainos*) zuteil werden.*"
Epheser 1,5-6 – „*In seiner Liebe hat er uns dazu vorherbestimmt, seine Kinder zu sein durch Jesus Christus nach dem Wohlgefallen seines Willens, zum Lob (*epainos*) seiner herrlichen Gnade, mit der er uns begnadet hat in dem Geliebten.*"
Epheser 1,12 – „*damit wir etwas seien zum Lob (*epainos*) seiner Herrlichkeit, die wir zuvor auf Christus gehofft haben.*"
Epheser 1,14 – „*... mit dem heiligen Geist, der verheißen ist, welcher ist das Unterpfand unsres Erbes, zu unsrer Erlösung, daß wir sein Eigentum würden zum Lob (*epainos*) seiner Herrlichkeit.*"
Philipper 1,11 – „*... erfüllt mit Frucht der Gerechtigkeit durch Jesus Christus zur Ehre und zum Lobe (*epainos*) Gottes.*"

Philipper 4,8 – „*Weiter, liebe Brüder: Was wahrhaftig ist, was ehrbar, was gerecht, was rein, was liebenswert, was einen guten Ruf hat, sei es eine Tugend, sei es ein Lob (*epainos*) - darauf seid bedacht!*"
1. Petrus 1,7 – „*... damit euer Glaube als echt und viel kostbarer befunden werde als das vergängliche Gold, das durchs Feuer geläutert wird, zu Lob (*epainos*), Preis (*doxa*) und Ehre, wenn offenbart wird Jesus Christus.*"

Bitte beachten Sie, daß es mehrere Referenzstellen zu „Lob" gibt, die mit zwischenmenschlicher Bestätigung zu tun haben. Wir behandeln hier jedoch nur das Lob in der wechselseitigen Beziehung zwischen Gott und Mensch.

eulogatos, eulogia
Dieses Wort wird nie auf Menschen, sondern immer auf Gott bezogen. Es bedeutet „gesegnet" oder „gepriesen". Das entsprechende hebräische Wort lautet *barukh* oder *barakh* und wird im allgemeinen mit „gesegnet, Segen, segnen" übersetzt. Zacharias wurde bei der Geburt seines Sohnes, Johannes des Täufers, mit dem Heiligen Geist erfüllt. So begann er zu sprechen: „Gelobt (*eulogatos*) sei der Herr, der Gott Israels! Denn er hat besucht und erlöst sein Volk" (Lukas 1,68). Im Deutschen gibt es eine Transliteration des griechischen Wortes *eulogia*: Die „Eloge" (Lobrede) beinhaltet Worte der Anerkennung und Würdigung. Paulus erinnert uns, daß Gott „gelobt (*eulogatos*) ist in Ewigkeit" (Römer 1,25, 9,5 und 2. Korinther 11,31). Außerdem kommt dieses Wort in folgenden Versen vor:
2. Korinther 1,3 – „*Gelobt (*eulogatos*) sei Gott, der Vater unseres Herrn Jesus Christus, der Vater der Barmherzigkeit und Gott allen Trostes.*"
Epheser 1,3 – „*Gelobt (*eulogatos*) sei Gott, der Vater unseres Herrn Jesus Christus, der uns gesegnet hat mit allem geistlichen Segen im Himmel durch Christus.*"
1. Petrus 1,3 – „*Gelobt (*eulogatos*) sei Gott, der Vater unseres Herrn Jesus Christus, der uns nach seiner großen Barmherzigkeit wiedergeboren hat zu einer lebendigen Hoffnung durch die Auferstehung Jesu Christi von den Toten.*"
Jakobus 3,10 – „*Aus einem Munde kommt Loben (*eulogia*) und Fluchen. Das soll nicht so sein, liebe Brüder.*"
Offenbarung 5,12 – „*... die sprachen mit großer Stimme: Das Lamm, das geschlachtet ist, ist würdig, zu nehmen Kraft und Reichtum und Weisheit und Stärke und Ehre und Preis und Lob (*eulogia*).*"

Offenbarung 5,13 – *„Und jedes Geschöpf, das im Himmel ist und auf Erden und unter der Erde und auf dem Meer und alles, was darin ist, hörte ich sagen: Dem, der auf dem Thron sitzt, und dem Lamm sei Lob (eulogia) und Ehre und Preis und Gewalt von Ewigkeit zu Ewigkeit!"* Offenbarung 7,12 – *„... und sprachen: Amen, Lob (eulogia) und Ehre und Weisheit und Dank und Preis und Kraft und Stärke sei unserm Gott von Ewigkeit zu Ewigkeit! Amen."*

Auch dieses wunderbare Wort läßt uns erkennen, daß wir in der Lage sind, den Herrn mit Worten zu segnen. Aus dieser gottgegebenen Fähigkeit ergibt sich die Freude am Segnen anderer.

exomologeomai

Hierbei handelt es sich um eine Ableitung von *homologeo*, „bekennen". Die Präposition *ek*, die für „aus ... heraus" steht, verstärkt die Bedeutung des Wortes. Man könnte es übersetzen als „öffentlich und frei bekennen". In der *New International Version* wird dieses Wort mindestens dreimal als *„praise* (preisen)" übersetzt, davon zweimal in einem Jesuswort. Dies sind die Referenzstellen:

Matthäus 11,25 – *„Zu der Zeit fing Jesus an und sprach: Ich preise (exomologeomai) dich, Vater, Herr des Himmels und der Erde, weil du dies den Weisen und Klugen verborgen hast und hast es den Unmündigen offenbart."*

Lukas 10,21 – *„Zu der Stunde freute sich Jesus im heiligen Geist und sprach: Ich preise (exomologeomai) dich, Vater, Herr des Himmels und der Erde, weil du dies den Weisen und Klugen verborgen hast und hast es den Unmündigen offenbart. Ja, Vater, so hat es dir wohlgefallen."*

Römer 15,9 – *„Darum will ich dich loben (exomologeomai) unter den Heiden."*

hymneo, hymnos

Dieses Wort bedeutet einfach „Lob singen". Es wird in der englischen Bibel nur einmal als *„praise* (preisen)" übersetzt, und zwar in Hebräer 2,12 (Luther: „lobsingen"). Das (englische) *Greek Interlinear* schreibt einfach: „I will *hymn* you". – Weiter kommt es in folgenden Texten vor: Matthäus 26,30 (Luther: „Lobgesang"), Markus 14,26 (Luther: „Lobgesang"), Apostelgeschichte 16,25 (Luther: „loben"), Epheser 5,19 (Luther: „Lobgesänge") und Kolosser 3,16 (Luther: „lobsingen"). Die Elberfelder Übersetzung gibt die Worte durchgängig als „Loblied" bzw. in der Verbform als „lobsingen" wieder.

An dieser Stelle möchte ich noch einen anderen Text über Lobpreis besprechen. In 1. Petrus 2,9 heißt es: „Ihr aber seid das auserwählte Geschlecht, die königliche Priesterschaft, das heilige Volk, das Volk des Eigentums, daß ihr *verkündigen* sollt *die Wohltaten* dessen, der euch berufen hat von der Finsternis zu seinem wunderbaren Licht." Dem Kursivgedruckten, *Wohltaten verkündigen*, liegen zwei griechische Wörter zugrunde, nämlich *exangellein* (eine Botschaft überbringen oder verkünden) – *angelos* bezeichnet Engel oder Botschafter – und *arate*, das bedeutet „Tugend oder Lob".

megalyno
Dies ist das Wort für „vergrößern, erweitern, verlängern oder aufbauschen". Die *New International Version* macht daraus an zwei Stellen „*praise* (preisen)". Marias Lobgesang fängt mit diesen Worten an (Lukas 1,46): „Meine Seele erhebt (*megalyno*) den Herrn, und mein Geist freut sich Gottes, meines Heilandes." In Apostelgeschichte 10,46 wird von der Begebenheit berichtet, als Petrus im Hause des Kornelius war und der Geist auf die Heiden fiel: „... denn sie hörten, daß sie in Zungen redeten und Gott hoch priesen (*megalyno*)."
Dasselbe Wort finden wir auch in Apostelgeschichte 19,17: Es sprach sich schnell herum, daß die Söhne des Skevas ohne Erfolg versucht hatten, Dämonen auszutreiben, und: „Das aber wurde allen bekannt, die in Ephesus wohnten, Juden und Griechen; und Furcht befiel sie alle, und der Name des Herrn Jesus wurde hoch gelobt (*megalyno*)." Obwohl hier ein wenig unterschiedlich übersetzt wird, steht doch im Urtext dasselbe Wort, und die eindeutige Assoziation ist Lobpreis. Ferner verdient die Tatsache Beachtung, daß dieses Wort, *megalyno*, dem hebräischen Wort *gadal* (erheben) entspricht.

psallo (Zeitwort), psalmos (Hauptwort)
Für uns ist das Bedeutendste an diesem Wort („Lob singen oder Musik machen"), daß es in der Septuaginta etwa 40mal die griechische Entsprechung für *zamar* (singen oder die Saiten eines Instruments zupfen) darstellt.
Außerdem wird es 10mal für das hebräische Wort *ranan* eingesetzt, welches „vor Freude rufen" bedeutet. Das Hauptwort *psalmos* heißt einfach „Loblied".
Im Neuen Testament kommt es viermal vor:

Römer 15,9 – „*... die Heiden aber sollen Gott loben* (doxazo) *um der Barmherzigkeit willen, wie geschrieben steht: ‚Darum will ich dich loben* (exomologeomai) *unter den Heiden und deinem Namen singen* (psallo)."'

1. Korinther 14,15 – „*Wie soll es denn nun sein? Ich will beten mit dem Geist und will auch beten mit dem Verstand; ich will Psalmen singen* (psallo) *mit dem Geist und will auch Psalmen singen* (psallo) *mit dem Verstand.*"

Epheser 5,19 – „*Ermuntert einander mit Psalmen* (psalmos) *und Lobgesängen und geistlichen Liedern, singt und spielt* (psallo) *dem Herrn in eurem Herzen.*"

Jakobus 5,13 – „*Leidet jemand unter euch, der bete; ist jemand guten Mutes, der singe Psalmen* (psallo).*"

ANDERE WÖRTER, DEREN BEDEUTUNG „LOBPREIS" IST, DIE ABER ANDERS ÜBERSETZT WURDEN

Wie im Kapitel zur hebräischen Wortkunde bin ich nur auf solche Wörter ausführlicher eingegangen, die in der *New International Version* als „*praise* (Lobpreis/preisen)" übersetzt werden.

Die folgende Tabelle führt die Begriffe auf, die wir bisher noch nicht behandelten.

Sie werden bemerken, daß ein sehr wichtiges Lobpreiswort des Neuen Testamentes, *Halleluja*, in dieser Tabelle nicht enthalten ist. Das liegt daran, daß es bereits in Kapitel 9 behandelt wurde. Wie dort bereits gesagt, ist es einfach eine Übersetzung des hebräischen Wortes ohne Änderung der Aussprache, und es bedeutet: „Preis sei Jahwe".

TABELLE GRIECHISCHER AUSDRÜCKE FÜR LOBPREIS

Umschrift des griechischen Wortes	Bedeutung	Häufigkeit des Vorkommens mit Bezug auf Lobpreis
ado	singen	5
agalliao	frohlocken, froh sein	10
anthomologeomai	preisen, danken	1
chairo	sich freuen	28
charis	Dank, Gnade	7
eucharisteo	Dank geben	35
eucharistia	Dankbarkeit	14
eucharistos	dankbar	1
euphraino	sich freuen	5
gonypeteo	niederknien	4
hallomai	hüpfen	1
hosanna	hilf doch!	5
kampto	das Knie beugen	3
kauchaomai	rühmen, prahlen	8
ode	Lied	5
pipto	niederfallen	15
proskyneo	niederfallen, anbeten	42
skirtao	vor Freude hüpfen	3
synedomai	sich freuen	1

LOBPREISPROJEKTE:

1. Lernen Sie mindestens drei der wichtigsten griechischen Ausdrücke für Lobpreis im Neuen Testament und pro Wort mindestens einen Vers, in dem es vorkommt, auswendig.
2. Lernen Sie 1. Timotheus 1,17 auswendig: „Aber Gott, dem ewigen König, dem Unvergänglichen und Unsichtbaren, der allein Gott ist, sei Ehre und Preis in Ewigkeit! Amen."
3. Markieren Sie andere Referenzstellen zum Thema Lobpreis in Ihrem Neuen Testament. Viele werden Sie in den Erzählungen um die Geburt Jesu finden. (Später werden wir diese noch genauer betrachten.) Auch die Offenbarung ist eine richtige Fundgrube für Lobpreistexte.
4. Wiederholen Sie Ihre früheren Lernverse, besonders Psalm 119,164.
5. Nehmen Sie sich fest vor, den Herrn entsprechend mindestens siebenmal täglich zu preisen, nämlich beim Aufwachen, Zubettgehen, zu den drei Mahlzeiten und in je einer ‚Lobpreispause' am Vormittag und am Nachmittag.

Kapitel 12

Widerstand durch Menschen oder Probleme

Lobpreis hat auch seine Widersacher. Der Teufel haßt ihn und bietet seine ganze Macht auf, um das Gotteslob verstummen zu lassen. Oberflächliche menschliche Logik wird daraus nicht schlau und sucht nach etwas „Vernünftigerem". Weltliche Gesinnung empfindet Lobpreis als bedrohlich und einschüchternd und motiviert dazu, wo immer möglich das Preisen aufzugeben.

Alle obengenannten Quellen kämpfen heftig gegen die Wiederentdeckung des Lobpreises im Leib Christi. Das sollte uns frühzeitig klar sein, damit wir uns, wenn sich Widerstand erhebt, nicht in reaktionärem Taktieren gefangennehmen lassen. Wenn es richtig ist, Gott zu loben, dann brauchen wir das nicht zu verteidigen, und ebensowenig müssen wir zum Gegenangriff blasen. Immer wieder erhalte ich Anrufe aus Gemeinden, die anfangen, biblischen Lobpreis zu praktizieren. Zuerst gibt es einen gewissen Widerstand. Lobpreis ist neu, revolutionär, riecht nach Fanatismus. Diese Reaktion kommt im allgemeinen von einigen aus der obersten Leiterschaft. In den meisten Fällen erwächst sie aus gutem Willen und ehrlicher Sorge über das allgemeine Wohlergehen und die Zukunft der Gemeinde. Was weiter passiert, hängt im wesentlichen vom Pastor und den kirchlichen Mitarbeitern ab. Durch Abwehr und Gegenangriffe verdichtet sich die Spannung, und die Gemeinde teilt sich in zwei Lager. Daraus entsteht Spaltung und Verwirrung. Die Praxis des Lobpreises wird zum Sündenbock. Um den Auslöser für ihre Schwierigkeiten zu beseitigen, weicht die Gemeinde wieder vom Lobpreis ab – und verliert das kostbare Gut.

Das Hauptanliegen dieses Kapitels ist also, zu warnen und herauszufordern. Die Warnung lautet: Erwarten Sie nicht, daß jede Gemeinschaft von Menschen sofort und positiv reagiert. Und die Herausforderung: Zeichnen Sie einen Kurs für zielgerichtete, schriftgemäße Unterweisung über Lobpreis in Theorie und Praxis auf – und überlegen Sie, wie man mit kontrolliertem Eifer den Kurs hält.

In der Annahme, daß deren nichtsahnende Sippschaft heute noch unter uns weilt, will ich zuerst einige biblische Beispiele von Menschen besprechen, die dem Lobpreis Widerstand entgegensetzten. Ich möchte nicht den Eindruck erwecken, daß jeder, der das in irgendeinem Maß tut, schlechte Absichten hat. Das wäre unfair und allzu einfaches Schemadenken. Dennoch ist es hilfreich, sich die Reaktion auf Lobpreis in der Geschichte anzusehen. Jetzt geht es zunächst um die Menschen im Widerstand gegen Lobpreis und die Auswirkungen auf ihr Leben.

MICHAL

Michal war Davids Frau und die Tochter von Saul. Wir wollen uns ihre Reaktion darauf ansehen, daß ihr Ehemann, König David, voller Begeisterung Gott lobte. In 1. Chronik 13-15 wird diese Begebenheit berichtet. Nach dem Tod von Saul und Jonathan war David als König bestätigt worden. Eine seiner ersten Entscheidungen im Amt betraf die Rückführung der Bundeslade zu ihrem rechtmäßigen Standort in der Hauptstadt. Die Bundeslade war für das geistliche Leben des Volkes bedeutungsvoll, weil sie die Gegenwart Gottes unter seinem Volk symbolisierte und an die Bundesbeziehung mit ihm erinnerte. Der erste Versuch, bei dem man die Lade auf einem neugebauten Wagen statt auf den Schultern gottgewählter Männer transportierte, scheiterte. Das Ergebnis war der Tod eines Mannes namens Usa, was David veranlaßte, die Lade den Umweg über das Haus Obed-Edoms nehmen zu lassen – ein typischer Fall schlechter Ausführung des guten Auftrags. Sicher: die Bundeslade sollte zurückgebracht werden, aber die Methode hätte sorgfältig von Gott ausgewählt werden müssen. Schließlich jedoch wurde die Mission in rechter Art und Weise erfüllt, und man brachte die Bundeslade zum Klang des Widderhorns, unter dem Lärm der Trompeten und Zimbeln, beim Spiel der Harfen und Zithern in die Stadt Davids. Der Anblick der zurückkehrenden Lade, alles, was sie bedeutete, das königliche Drumherum und der Anbetungs- und Opferdienst, der ihre Rückführung begleitete, waren zuviel für Davids jubelndes Herz: Er legte los mit einem „heiligen Tanz". In 1. Chronik wird beschrieben, wie er „tanzte und spielte" (Einheitsübersetzung: „hüpfte und tanzte"). Das hebräische Wort, das hier für „tanzen" steht, bedeutet „stampfen, springen, einen Satz ma-

chen, wild herumspringen, hüpfen". Die entsprechende Stelle in
2. Samuel 6,16 benutzt die Wörter „springen und tanzen" bzw.
„hüpfen und tanzen" in der Einheitsübersetzung. Das war Davids
spontaner, d. h. nicht einstudierter, und ungehinderter Akt des Preisens.
Als Michal die Vorgänge durch ein Fenster beobachtete, sah sie
David tanzen, hüpfen und zweifellos auch singen. Und sie verachtete ihn in ihrem Herzen. Die Konfrontation zwischen Michal und
David wird in 2. Samuel 6,20-22 erzählt. Wir können unmöglich
wissen, was alles Michal zu dieser Reaktion bewog, erfahren aber
interessante und aufschlußreiche Einzelheiten. Als David heimkam,
um seinem Haus den Segensgruß zu bringen, wartete Michal. Ärger
und Kränkung brachen aus ihr heraus, als sie aus dem Haus trat,
um David zu begegnen. Sie wies ihn zurecht: „Wie würdevoll hat
sich heute der König von Israel benommen, als er sich vor den
Augen der Mägde seiner Untertanen bloßgestellt hat, wie sich nur
einer vom Gesinde bloßstellen kann" (Einheitsübersetzung). Zwei
Dinge an ihrer Reaktion geben uns Einsicht in die Gründe für ihr
Beleidigtsein. Erstens sieht es so aus, als wäre ihr Empfinden für
Würde verletzt worden. David hatte sich nicht so benommen, wie
sie es für einen König für richtig hielt. Als sie sah, wie frei und
locker er Gott pries, geriet ihr Bild von königlichem Benehmen,
wie sie es zu sehen gelernt hatte, ins Wanken. In ihrem Kopf paßte
das nicht zusammen. Sie konnte mit dem plötzlichen Wandel im
Benehmen ihres Mannes nicht zurechtkommen. Daraus ergaben
sich Ärger und Bitterkeit, die zu dieser bösen Anschuldigung
führten. Der zweite Grund läßt sich aus dem Erwähnen der Mägde
ableiten. David hatte getan, was Begeisterung und Freude ihm zu
tun geboten hatten, ohne an die Menschen um ihn herum zu
denken. Das ist der Geist des echten Lobpreises: Er bleibt unberührt
von der Umgebung, egal, wer zuschaut. Michal hatte an dieser
Begeisterung keinen Anteil. Sie begriff einfach nicht, welche Bedeutung dieses Ereignis hatte; ihr machte es mehr aus, was die Mägde
wohl denken mochten, als der König tanzte. In diesem Ausbruch
kommt vielleicht auch eine Wurzel der Eifersucht zum Vorschein.

Letztendlich können wir über die Gründe für ihre Opposition
gegenüber Davids Lobpreis nur spekulieren. Klar ist jedoch, daß sie
keine Wertschätzung für die geistliche Bedeutung dieser großen
Stunde hatte. Vielleicht existiert heute dasselbe Wurzelproblem. Wer
Gott in seinem Herzen noch nicht erkennt, muß eine andere
Einschätzung der Dinge haben als der, der ihn erfahren hat. Solche

Reaktionen drücken zwar wahre Gefühle aus, dürfen uns aber von unserem Entschluß, Gott zu preisen, nicht abbringen. David antwortete, und diese Gesinnung sollten wir alle teilen: „Ich will vor dem Herrn tanzen, der mich erwählt hat vor deinem Vater und vor seinem ganzen Hause, um mich zum Fürsten zu bestellen über das Volk des Herrn, über Israel, und ich will noch geringer werden als jetzt und will niedrig sein in meinen Augen; aber bei den Mägden, von denen du geredet hast, will ich zu Ehren kommen." Unbeeindruckt von der Ablehnung seiner Frau, antwortete David spontan: „Du hast noch gar nichts erkannt. Ich will vor dem Herrn feiern, koste es, was es wolle!" Amen! Amen!

ATALJA
Atalja war eine niederträchtige Königin, die ohne Zögern mordete, um ihre Stellung zu sichern. Nie hätte sie Königin werden sollen. Nach dem Tod ihres Sohnes Ahasja brachte sie alle aus dem königlichen Geschlecht um und besetzte sechs Jahre lang selbst den Thron. Nur Joasch, Ahasjas Sohn und rechtmäßiger Erbe des Throns, wurde im Tempel des Herrn versteckt gehalten.

Nach sechs Jahren voll Korruption und Ungerechtigkeit unter Atalja rief der Priester Jojada die Hauptleute über hundert von der Garde und der Leibwache zu sich, schloß einen Bund mit ihnen und plante die Krönung des rechtmäßigen Königs Joasch (siehe 2. Könige 11). Jojada gab dem neugekrönten König eine Abschrift der Bundesordnung und verkündete seine Herrschaft. Die Menschen klatschten und riefen: „Es lebe der König!" Als Atalja das Geschrei des Volkes hörte, rannte sie zum Tempel des Herrn. Dort sah sie die Menschen sich freuen und in froher Feier Trompeten blasen. Atalja hörte in dem Lobpreis des Volkes nicht mehr als das Todesgeläut für ihre Herrschaft. „Aufruhr, Aufruhr!", rief sie. An ihrem Tod führte kein Weg vorbei. Jojada „schloß einen Bund zwischen dem Herrn und dem König samt dem Volk, daß sie des Herrn Volk sein sollten". Daraus ergab sich Erweckung; der Baalstempel wurde niedergerissen, die Götzenbilder zerstört, und der Baalspriester wurde vor dem heidnischen Altar umgebracht.

Atalja widerstand dem Lobpreis, weil sie wußte, daß Lobpreis und Ungerechtigkeit nicht lange nebeneinander existieren können. In kurzer Zeit würde entweder das eine oder das andere die Oberhand gewinnen. Lobpreis wird bei einer unrechten Leiterschaft immer Unsicherheit hervorrufen und seine wütendsten Gegner unter denen haben, deren Position durch seine Ausübung bedroht wird. Diese Episode wird in 2. Könige 11 berichtet.

MADAME HIOB

In gewisser Weise widersetzte sich auch Hiobs Frau dem Lobpreis. Hiob hatte seine Besitztümer und auch seine Kinder verloren. Seine Reaktion auf diese furchtbaren Schläge war: „Ich bin nackt von meiner Mutter Leibe gekommen, nackt werde ich wieder dahinfahren. Der Herr hat's gegeben, der Herr hat's genommen; der Name des Herrn sei gelobt!" Das war Hiobs Ausrichtung, sogar als er den allerpersönlichsten Besitz, die Gesundheit, verlor. Seine Frau aber schalt: „Hältst du noch fest an deiner Frömmigkeit? Sage Gott ab und stirb!" Mit anderen Worten: „Hör auf, Gott zu loben, und fang an, Gott zu verfluchen!" Hiobs Antwort kam sofort: „Du redest, wie die törichten Weiber reden. Haben wir Gutes empfangen von Gott und sollten das Böse nicht auch annehmen?" (Hiob 1,21; 2,9-10). Hiob hielt noch an seiner Lobpreis-Einstellung fest. Die Schlußbemerkung dieser Episode lautet: „In diesem allen versündigte sich Hiob nicht mit seinen Lippen."

Madame Hiobs Problem war Unwissenheit und Kurzsichtigkeit. Sie konnte hinter den unmittelbaren Umständen nicht die Herrschaft eines liebenden Gottes erkennen.

DIE PHARISÄER

Wo immer Lobpreis erklang, hatten die Pharisäer etwas dagegen. Als Jesus im Triumph in Jerusalem einzog, riefen die Massen: „Hosianna dem Sohn Davids! Gelobt sei, der da kommt in dem Namen des Herrn!" Er ging in den Tempel hinein und stieß die Tische der Geldwechsler und der Taubenhändler um. Die Lahmen und Blinden im Tempel heilte er unter den Lobrufen der Kinder. Da fragten die Hohenpriester und Schriftgelehrten entrüstet: „Hörst du auch, was diese sagen?" Sie haßten Lobpreis, weil sie Jesus haßten. Sie haßten Jesus, weil er nicht in ihr religiöses Programm paßte. Er machte ihr System und ihre Zeremonien kaputt. Allein schon der Klang von Lobgesang ließ sie mit den Zähnen knirschen. Religiöse ohne Christus stellen sich immer gegen Lobpreis.

Dies sind einige Personen, von denen berichtet wurde, wie sie sich dem Lobpreis widersetzten. Man tut gut daran zu überlegen, wem man sich anschließt, wenn das Gotteslob Opposition erfährt. – Außer Menschen hindern auch bestimmte Probleme Lobpreis.

VERBORGENE SÜNDEN

Unbekannte Sünde im Leben des Gläubigen behindert Lobpreis. Deshalb ist vollständige und gründliche Buße eine notwendige Voraussetzung. In Sprüche 28,13 finden wir ein Gesetz mit Bezug auf Erweckung und Lobpreis: „Wer seine Sünde leugnet, dem wird's nicht gelingen; wer sie aber bekennt und läßt, der wird Barmherzigkeit erlangen." Denken Sie daran, daß die letzte Station vor der Anbetung im Allerheiligsten der Stiftshütte das kupferne Becken war, in dem sich die Priester Hände und Füße waschen sollten, „auf daß sie nicht sterben" (2. Mose 30,21). Der Anbetung mußte Reinigung vorausgehen. Das ist heute nicht anders. Wir brauchen keine Bußhandlungen zu tun oder Opfer zu bringen; die Schuld wurde schon bezahlt, aber wir müssen von jedem Hindernis der Sünde in unserem Leben gereinigt werden. Der Psalmist schreibt: „Lobe den Herrn, meine Seele, und alles in mir seinen heiligen Namen!" (Einheitsübersetzung). Diese großartige Erklärung setzt völlige Reinigung von Sünde voraus. Wenn Sünde im Anbeter ist, kann er den Herrn nicht segnen. Lobpreis bezieht „alles in uns" ein.

Wir machen uns der Verheimlichung von Sünde schuldig, wenn wir nicht nach der Methode, die Gott uns dafür gab, mit ihr umgehen. Wir können rationalisieren, kompensieren, leugnen oder nicht beachten, aber das reicht alles nicht. Wir müssen uns an Gottes Anweisung halten. „Wenn wir aber unsre Sünden bekennen, so ist er treu und gerecht, daß er uns die Sünden vergibt und reinigt uns von aller Ungerechtigkeit" (1. Johannes 1,9).

Der Psalmist erklärt: „Wenn ich Unrechtes vorgehabt hätte in meinem Herzen, so hätte der Herr nicht gehört" (Psalm 66,18). Verborgene Sünde im Herzen des verhinderten Anbeters unterdrückt den Klang des Lobpreises und erzeugt ein Schuldgefühl, das den Lobpreis lähmt.

Paulus gab dem jungen Timotheus einen handfesten Rat: „Fliehe die Begierden der Jugend! Jage aber nach der Gerechtigkeit, dem Glauben, der Liebe, dem Frieden mit allen, die den Herrn anrufen aus reinem Herzen" (2. Timotheus 2,22).

UNWISSENHEIT

Zum Thema Lobpreis herrscht verbreitet erschreckende Unkenntnis in der heutigen Christenheit. Ein Freund kommentierte einmal: „Man ist im allgemeinen auf das schlecht zu sprechen, wovon man keine Ahnung hat." In bezug auf Lobpreis war diese Aussage nie richtiger als heute. Unwissenheit zieht eine Menge Mißverständnisse nach sich. Ich hatte von Inhalt oder Zielsetzung des Lobpreises keine Ahnung. Als ich dann seine zentrale Bedeutung in der Geschichte der Offenbarung Gottes an die Welt entdeckte, überwältige mich das. Bereits eine oberflächliche Schriftstudie zu diesem Thema wird den meisten Menschen einen Schock versetzen! Das ist kein Randthema – das ist die Mitte! Das Wort Jesu über Freiheit und die Kenntnis der Wahrheit habe ich noch nie so geschätzt wie heute: „... und werdet die Wahrheit erkennen, und die Wahrheit wird euch frei machen" (Johannes 8,32). Voller Freude erlebe ich, daß echte Gläubige immer auf die Wahrheit reagieren und daß sie das frei macht. Wenn in einem Lebensbereich keine Freiheit herrscht, ist das, weil die Wahrheit in dem Bereich nicht empfangen wurde und ihr nicht erlaubt wurde zu wirken. Freiheit ist immer das Ergebnis von empfangener und angewendeter Wahrheit. Wenn jemand die Wahrheit über Lobpreis an sich heranläßt, wird immer Freiheit im Lobpreis folgen. Wenn eine Gemeinde die biblische Wahrheit über Lobpreis akzeptiert, beginnt Freiheit bei der Ausübung.

Ich möchte Pastoren und Lobpreis- bzw. Musikleitern sehr ans Herz legen, ihre Leute über Wesen und Potential des Gotteslobes zu schulen und ganz bewußt in seiner Ausübung anzuleiten. Schimpfen Sie nicht über die Dunkelheit. Zünden Sie ein Licht an. Betrauern Sie nicht die Unwissenheit. Lehren Sie die Wahrheit!

STOLZ

Nichts versetzt dem Stolz einen solchen Schlag wie Lobpreis. David bemerkte Michal gegenüber: „Ich will noch geringer werden als jetzt und will niedrig sein in meinen Augen" (2. Samuel 6,22). Michals Empfinden für Würde (ein solches ist oft falsch und humanistisch) war beleidigt worden. David konnte sich entscheiden, aufzuhören und sich ihrem Beleidigtsein zu fügen oder Gott weiter zu loben.

Die durchschnittliche Gemeinde kann mit mehrere Formen von Stolz aufwarten. Die meisten von uns haben mit ihnen allen Erfahrung. Da gibt es z. B. den *Gesichts*stolz. Wir achten darauf, vor anderen nicht das Gesicht zu verlieren. Wir haben ein Image, das wir meinen schützen zu müssen, und viele unserer Aktionen werden nach ihrer Wirkung für unser Image bewertet. Ferner existiert der *Rassen*stolz. Der wurzelt in dem Denken, daß die Hautfarbe eines

Menschen den Grund darstellt, ob man ihn und seine Handlungen anerkennen oder verachten sollte. Bevor ich nicht in der Lage bin, mit *jedem* gemeinsam anzubeten, unabhängig von der Rasse, ist mein Lob sehr eingeschränkt. Es gibt auch *Standes*stolz. Wenn ich mich wegen meines gesellschaftlichen oder finanziellen Status' herausgehoben fühle, erstickt das meinen Lobpreis. Die subtilste Form ist vielleicht der *Gnaden*stolz. Diese Sorte Stolz schleicht sich über die Annahme ein, Gottes reicher Segen sei ein Zeichen für meine hervorragende Geistlichkeit. Ich erinnere daran, daß vor Zeiten Usija mächtig vom Herrn gesegnet wurde, solange er Gott suchte. Der tragische Bericht liest sich so: „Und sein Name drang weit hinaus, weil ihm wunderbar geholfen wurde, bis er sehr mächtig war. Und als er mächtig geworden war, überhob sich sein Herz zu seinem Verderben." Unter dem Lärmen des Stolzes erstarben die Lobpreisklänge. Untreue war der nächste Schritt – und dann kam die Zerstörung (2. Chronik 26)!

Lobpreis hilft, jede Form des Stolzes als solchen zu identifizieren. Stolz wird von echtem, biblischem Lobpreis demaskiert. Entweder setzt Stolz dem Lobpreis ein Ende, oder Lobpreis wird den Stolz herausreißen und zerstören.

TRADITION

Lassen Sie mich erst für die Tradition sprechen. Heutzutage ist sie nicht sehr beliebt. Es geht ein Geist um, der die Zerstörung jeder Überlieferung ohne Unterscheidung diktiert, aber wenn wir richtig darüber nachdenken, sind die einzigen Formen, die verdienen, Brauchtum zu werden, jene, die sich als durchführbar, glaubwürdig und vorteilhaft erwiesen haben. *Gute Traditionen* sollten um jeden Preis erhalten bleiben. Wir dürfen das Kind der edlen Sitten nicht mit dem Badewasser leerer, wertloser Formen ausschütten. Aber einige Traditionen müssen mit allem Respekt abgeschafft werden, wenn sie ausgedient haben. Über solche möchte ich hier sprechen.

Seit einiger Zeit bin ich davon überzeugt, daß es in jeder Gemeinde und Kirche Festungen und Flüche von Traditionen gibt. So komisch sich das für manches fromme Ohr anhören mag, glaube ich ferner, daß es Horden von dämonischen Spezialisten für die Erhaltung wertloser und zerstörerischer Bräuche gibt. Als Ergebnis widersteht so mancher wohlmeinende Gläubige biblischer Wahrheit und biblischen Praktiken im Namen der „Verteidigung des Glaubens", während er doch in Wirklichkeit bedeutungslose Traditionen bewacht, die besser abgeschafft würden.

Manchmal ist es schwierig zu unterscheiden, ob Überzeugungen oder Geschmack (der sich auf Brauchtum gründet) verletzt werden. Die Unterscheidung ist aber notwendig, andernfalls werden wir irgendwann feststellen, daß wir Gott selbst im Weg stehen! Noch eine andere Warnung muß hier ausgesprochen werden. Ungeliebte Traditionen mit großem Trara in die Luft zu sprengen bewirkt oft unnützen Schaden auf anderen Gebieten. Die beste Methode, mit ihnen umzugehen, ist, neue, frische, biblische Konzepte einzuführen. In deren Licht wird der Ballast bedeutungsloser Traditionen abfallen, ohne daß sie vermißt werden! Dies ist keine erschöpfende Aufzählung. Ich nehme an, Sie wissen, daß der Teufel und sein Heer Lobpreis unerbittlich bekämpfen. Wir wissen, daß es dämonische Bombardements geben wird, und wir können damit umgehen. An anderer Stelle bin ich auf dieses Themengebiet eingegangen. In diesem Kapitel wollte ich einige der menschlichen Faktoren behandeln, die sich der freien Ausübung von Lobpreis wahrscheinlich in den Weg stellen werden.

LOBPREISPROJEKTE:
1. Nehmen Sie sich Zeit, die Episoden um Michal (2. Chronik 13-15), Atalja (2. Könige 11) und Madame Hiob (Hiob 2) zu lesen.
2. Versetzen Sie sich in die Lage dieser Frauen, und überlegen Sie, ob Sie deren Gefühle auch bei sich entdecken können.
3. Schreiben Sie jedes Gefühl des Widerstands auf, das Sie gegenüber persönlichem oder gemeinschaftlichem Lobpreis empfinden. Verfolgen Sie diese Gefühle ehrlich bis zu ihrer Wurzel zurück, und geben Sie sie vor Gott zu.
4. Überarbeiten Sie Ihre Lernverse, besonders Ihre Zielsetzung, Gott täglich zu loben (Psalm 113,3; 119;164; 150,6).
5. Nehmen Sie sich vor, heute froh zu sein. Zitieren Sie Psalm 118,24: „Dies ist der Tag, den der Herr macht; laßt uns (ich will mich) freuen und fröhlich an ihm sein."
6. Lernen Sie folgenden Vers auswendig, und zitieren Sie ihn immer wieder in den nächsten Tagen: „... denn die Freude am Herrn ist eure (meine) Stärke" (Nehemia 8,10).

Kapitel 13

Menschen, die Gott preisen

Zum viertenmal ward sie schwanger und gebar einen Sohn und sprach:
Nun will ich dem Herrn danken. Darum nannte sie ihn Juda

1. Mose 29,35

Jakob hatte lange für Laban gearbeitet. Labans Tochter Rahel sollte der Lohn dafür sein. Laban aber, sehr clever, gab ihm statt dessen Rahels Schwester Lea zur Frau – Lea, „deren Augen ohne Glanz waren". Man kann sich Jakobs Enttäuschung vorstellen, als er nach der Hochzeitsnacht aufwachte und herausfand, daß die falsche jetzt seine Ehefrau war. Er arbeitete weitere sieben Jahre für die Erlaubnis, Rahel heiraten zu dürfen. Während dieser Zeit wurden ihm von Lea mehrere Kinder geboren. Das erste war Ruben, und Lea sprach: „Der Herr hat angesehen mein Elend; nun wird mich mein Mann liebhaben." Den zweiten Sohn nannte sie Simeon, denn: „Der Herr hat gehört, daß ich ungeliebt bin, und hat mir diesen auch gegeben." Zur Geburt ihres dritten Sohnes, Levi, meinte sie: „Nun wird mein Mann mir doch zugetan sein, denn ich habe ihm drei Söhne geboren."

In den Namen ihrer ersten drei Kinder von Jakob klingt Leas Verlangen nach Liebe und Zugehörigkeit durch. Aber die Beziehung zwischen Jakob und ihr blieb technisch, legal und kalt. Es ist nicht klar, was sich zwischen dem dritten und vierten Kind ereignete. Wir können nur vermuten, daß Lea entweder fühlte, daß das Kind, das sie trug, in Liebe empfangen und ihre Ehe endlich eine warme und lebendige Beziehung geworden war, oder daß sie ihre Erwartungen dem Herrn abgab und aufhörte, bei ihrem Ehemann nach Anerkennung zu suchen. Wie auch immer, jedenfalls nahm sie sich vor, den Herrn zu preisen, und machte diese Entscheidung mit dem Namen ihres vierten Kindes öffentlich. Sie nannte ihn *Juda*, das bedeutet „Lobpreis". Und da ihr Sohn die Bedeutung seines Namens auslebte, kam Freude in ihr Leben.

Auf dem Sterbebett sprach Jakob über jedem seiner Söhne eine Prophetie aus. Von Juda sagte er: „Juda, du bist's! Dich werden deine Brüder preisen. Deine Hand wird deinen Feinden auf dem Nacken sein, vor dir werden deines Vaters Söhne sich verneigen. Juda ist ein junger Löwe. Du bist hochgekommen, mein Sohn, vom Raube. Wie ein Löwe hat er sich hingestreckt und wie eine Löwin sich gelagert. Wer will ihn aufstören? Es wird das Zepter von Juda nicht weichen noch der Stab des Herrschers von seinen Füßen, bis daß der Held komme, und ihm werden die Völker anhangen." Welch eine herrliche Prophetie! Kein Stamm hat so eine reiche Bestimmung wie der, dessen Name „Lobpreis" bedeutet. Der ultimative Segen dieses Stammes Juda ist der, daß der Messias aus ihm hervorging. Das ist doch interessant: Er wurde aus dem Stamm des Lobpreises, nicht etwa aus dem priesterlichen Stamm Levi geboren. Sein Erbe ist Lobpreis. Wenn Christus in uns lebt, lebt Lobpreis in uns. Die letzte Aussage von Jakobs Prophetie betrifft das Kommen Jesu aus dem Stamm Juda (1. Mose 49,10).

Durch das ganze Alte Testament hindurch können wir die Geschichte des Stammes Juda verfolgen. Vergessen Sie nicht, daß wir jedes Mal, wenn wir den Namen sehen, an Lobpreis erinnert sein sollen. Tatsächlich ist die Geschichte Judas die Geschichte des Lobpreises. Was von Juda als Stamm gilt, ist auch wahr beim echten Gläubigen. Wir sind auf Christus hin geboren. Unser Erbe ist, wie das des Stammes, Lobpreis. Lobpreis bezeichnet die Zeit, zu der unser Leben mehr als eine technische Beziehung wurde. Mit Christus und Lobpreis kam die Liebe, und das Leben begann von neuem.

Die Ergebnisse der Ausübung von Lobpreis sind durch die Geschichte hindurch ziemlich gleich geblieben. Da der Stamm Juda ständig mit seinem Namen lebte, waren die Ergebnisse herrlich. Mit dieser Geschichte im Hinterkopf wollen wir einige Wahrheiten über Menschen, die den Herrn preisen, ansehen. Es wird uns helfen, unsere Entscheidung zum Lobpreis zielgerichteter zu verfolgen, und uns beim Verständnis der Resultate, die sich aus der Ausübung des Lobpreises ergeben, unter die Arme greifen.

MENSCHEN, DIE GOTT PREISEN, GENIESSEN ANSEHEN.

Wer lobt, wird gelobt! So einfach ist das. „Gebt, so wird euch gegeben" ist eine Regel, die in jedem Bereich zutrifft (Lukas 6,38a). Als Jakob, offensichtlich unter der Salbung Gottes, in Judas Zukunft schaute, sah er, wie seine anderen Söhne sich vor Juda niederbeugten.

Lobpreis bringt Ansehen! Lobpreis verherrlicht Gott, und Gott erhöht den Anbeter. Wenn Menschen den Herrn preisen, widerspiegelt sich in ihnen ein Charakter, der andere veranlaßt, sich auf ihre Leiterschaft zu verlassen. So war es mit Juda, und so wird es mit uns sein. Wenn Sie dieses Kapitel lesen, lesen Sie auch Jakobs Prophetie in 1. Mose 49,8-10.

Das Ansehen, das durch Lobpreis gewonnen wird, reicht weit. Feinde werden durch die Kraft des Lobpreises überwunden. Voll Respekt wagt niemand, den Anbeter zu reizen. „Wie ein Löwe hat er sich hingestreckt und wie eine Löwin sich gelagert. Wer will ihn aufstören?" (1. Mose 49,9).

Menschen, die anbeten, setzen sich auf Dauer durch. Was von Juda gesagt werden kann, trifft auf jeden zu, der sich entscheidet zu loben: „Es wird das Zepter von Juda nicht weichen noch der Stab des Herrschers von seinen Füßen." Herrschaft ist das Erbe für anbetende Menschen.

Ich kenne persönlich niemanden, der Gott regelmäßig lobt und doch je von Bitterkeit, Angst, Ärger oder Depression übermannt worden wäre. Die Entscheidung zu loben ist wichtig. Ob das Leben in Terror oder in Vertrauen gelebt wird, entscheidet sich daran, ob wir den Herrn preisen oder nicht. In einem wirklichen Sinne gelten sämtliche Prophetien Jakobs über Juda für alle, die zu Jesus Christus gehören, dem „Löwen aus dem Stamme Juda".

MENSCHEN, DIE GOTT PREISEN, SIND AM BESTEN AUF ANBETUNG VORBEREITET.

In 4. Mose 2,1-2 lesen wir: „Und der Herr redete mit Mose und Aaron und sprach: Die Israeliten sollen um die Stiftshütte her sich lagern, ein jeder bei seinem Banner und Zeichen, nach ihren Sippen. Nach Osten soll sich lagern das Banner des Lagers Juda mit seinen Heerscharen." Das Lager des „Lobpreises" (Judas Stamm) wurde am nächsten zum Eingang in den Vorhof der Stiftshütte gelegt. Das hatte eine Bedeutung. Juda lagerte im Osten, der Stamm Juda sah den Sonnenaufgang zuerst.

Wer den Herrn preist, lebt am nächsten zu den Freuden wahrer Anbetung und sieht als erster die Dämmerung der Hoffnung, die die Nächte dunkler Verzweiflung beenden. Vom Lobpreis bis zur Befreiung ist es nie weit. Lobpreis läßt uns die Tore der Anbetung sehen und führt uns beständig in jenes Erlebnis.

Erinnern wir uns, daß Joschafat König des Stammes mit dem Namen „Lobpreis" war. So lange der Stamm rein war, ging es ihm großartig. Unter dem gottesfürchtigen König Joschafat wurden riesige Armeen aufgestellt und befestigte Städte gebaut. Der Herr bestätigte Joschafat; Wohlstand und Ehre umgaben ihn. Er entfernte die heidnischen Opferhöhen und lehnte es ab, die Baalspropheten um Rat anzugehen. Er suchte den Herrn und ließ die Gesetze im ganzen Land lehren. Vom Stamm Juda selbst wurden alle Kommandeure der Armeen rekrutiert, insgesamt eintausend. Auch 780 000 Kämpfer stammten vom Stamm Juda. Der Stamm Benjamin stellte 380 000 Kämpfer mit Bogen und Schildern, bereit zum Kampf, zur Verfügung.

Nach der Beschreibung von Judas Größe erfolgt der traurige Bericht einer Verbindung durch Heirat mit Ahab. Wenn Lobpreis sich mit Kompromiß mischt, fängt der Ärger an. In einer Schlacht, in die Juda nie hätte einziehen sollen, fand Ahab den Tod. Bei seiner Rückkehr zum Palast wurde Joschafat von Jehu empfangen - mit strengem Tadel. „Sollst du so dem Gottlosen helfen und die lieben, die den Herrn hassen? Darum kommt über dich der Zorn vom Herrn. Etwas Gutes ist aber doch an dir gefunden, daß du die Bilder der Aschera aus dem Lande ausgetilgt und dein Herz darauf gerichtet hast, Gott zu suchen" (2. Chronik 19,2-3). Trotz seiner groben Fehlentscheidung bewirkte Joschafats Bereitschaft, Gott im Lobpreis zu suchen, daß die Hand des Herrn über ihm blieb. Den Beweis dafür finden wir im nächsten Kapitel, in dem die Geschichte der wunderbaren Befreiung aufgezeichnet ist (2. Chronik 20).

MENSCHEN, DIE GOTT PREISEN, HABEN DEN BESTEN ZUGANG ZU GOTTES SEGNUNGEN.
Als Mose die Stämme segnete, wie es in 5. Mose 33 aufgezeichnet ist, sprach er über Juda: „Höre, Herr, die Stimme Judas, führ ihn heim zu seinem Volk. Mit eigenen Händen kämpfe er dafür - sei du ihm Hilfe gegen seine Feinde" (Vers 7, Einheitsübersetzung). Lobpreis ist die Einleitung zu beantwortetem Gebet. Denken Sie daran: Juda bedeutet „Lobpreis". Deutlicher wird es, wenn man das Wort direkt einsetzt: „Und dies sagte er für *Lobpreis* (Juda): Höre, Herr, die Stimme des Lobpreises (Judas), führ ihn heim zu seinem Volk. Mit eigenen Händen kämpfe *der Lobpreis* (Juda) dafür - sei du dem Lobpreis Hilfe gegen die Feinde des Lobpreises!"

Wir wollen uns die Segnungen, die hier angeführt werden, vor Augen führen:

Erstens: beantwortetes Gebet. Lobpreis bringt Durchbruch im Gebet. Wenn alle anderen Arten Gebet scheinbar nichts erreichen, bringt uns Lobpreis zum Ziel!

Zweitens: Einigung der Familie. „Führ ihn heim zu seinem Volk", bittet Mose für Juda. Unsere unzähligen Unterschiede widersetzen sich auf menschlicher Ebene der Einheit, aber Lobpreis bringt uns zusammen! Er wird der gemeinsame Boden sein, auf dem sich alle Menschen in der Gemeinschaft der Erlösten um den Thron Gottes versammeln. So, wie wir eins werden mit dem Löwen aus dem Stamme des Lobpreises, finden wir uns in geistlicher Einheit mit allen, die seinen Namen nennen!

Drittens: Stärke. „Mit eigenen Händen kämpfe er dafür", spricht Mose. Wir haben bereits gesehen, wie oft Lobpreis und Stärke in den Schriften zusammengehören. Der Grund dafür ist, daß sie ein und dasselbe sind. Rufen Sie sich in Erinnerung, daß die Passage in Psalm 8,3 heißt: „Aus dem Munde der jungen Kinder und Säuglinge hast du eine Macht zugerichtet." In Matthäus 21,16 wird sie aber so zitiert: „Aus dem Munde der Unmündigen und Säuglinge hast du dir *Lob* bereitet." Macht und Lob sind ein und dasselbe!

Viertens: Schutz für den Anbeter. Mose bittet: „Sei du ihm Hilfe gegen seine Feinde." Keine Mauer ist ein besserer Schutz als die Ausübung von Lobpreis. Die unerschütterlichste Abwehr gegen die Feinde der Kirche ist eine Mauer des Lobpreises.

MENSCHEN, DIE GOTT PREISEN, EROBERN WEITER.

Die ersten Worte des Buches Richter sind sehr aufschlußreich. „Wer soll unter uns zuerst hinaufziehen, Krieg zu führen gegen die Kanaaniter?" Der Herr antwortete sofort: „Juda (Lobpreis) soll hinaufziehen. Siehe, ich habe das Land in seine Hand gegeben." Dem Stamme des Lobes gewährt Gott den Sieg! Und also beschreibt Richter 1 ihr Vorangehen, den Angriff und den Sieg über die Kanaaniter.

In der Mitte des Kapitels (Vers 19) lesen wir: „Dennoch war der Herr mit Juda (Lobpreis), daß es das Gebirge einnahm; es konnte aber die Bewohner der Ebene nicht vertreiben, weil sie eiserne Wagen hatten." Lobpreis erobert ständig, aber wenn er sich zurückzieht, wird der Feind stark. In Richter 1 erkennen wir, daß der Stamm Juda, obwohl er die Kanaaniter überwand und zu Fronarbeit zwang, sie nicht ganz vertreiben konnte. So lange sie in Übereinstimmung mit ihrem Namen handelten, eroberten sie. Der Augenblick der Vermischung war der Augenblick der Schwäche. Ein interessanter Aspekt in diesem Kapitel könnte sich als enorm wichtig erweisen. In der Rückschau lesen wir in Vers 20: „Und sie gaben dem Kaleb Hebron, wie Mose gesagt hatte, und er vertrieb daraus die drei Söhne des Anak." Kaleb war der Vertreter des Stammes Juda (Lobpreis), der mit elf anderen Beobachtern das Land Kanaan ausspioniert hatte. Nur er und Josua hatten bei ihrer Rückkehr einen Bericht abgeliefert, aus dem auch Gottvertrauen sprach. Und sie waren die beiden einzigen ihres Alters, die die vierzig Jahre in der Wüste überlebten. Als sie dann unter Josua in das verheißene Land einzogen, erinnerte Kaleb:

„Du weißt, was der Herr zu Mose, dem Mann Gottes, sagte meinet-und deinetwegen (Kalebs und Josuas wegen) *in Kadesch-Barnea. Ich war vierzig Jahre alt, als mich Mose, der Knecht des Herrn, aussandte von Kadesch-Barnea, um das Land zu erkunden, und ich ihm Bericht gab nach bestem Wissen. Aber meine Brüder, die mit mir hinaufgezogen waren, machten dem Volk das Herz verzagt; ich aber folgte dem Herrn, meinem Gott, treulich. Da schwor Mose an jenem Tage und sprach: Das Land, das dein Fuß betreten hat, soll dein und deiner Nachkommen Erbteil sein für immer, weil du dem Herrn, meinem Gott, treulich gefolgt bist. Und nun siehe, der Herr hat mich am Leben gelassen, wie er mir zugesagt hat. Es sind nun fünfundvierzig Jahre her, daß der Herr dies zu Mose sagte, als Israel in der Wüste umherzog. Und nun siehe, ich bin heute fünfundachtzig Jahre alt und bin noch heute so stark, wie ich war an dem Tage, da mich Mose aussandte. Wie meine Kraft damals war, so ist sie noch jetzt, zu kämpfen und aus- und einzuziehen. So gib mir nun dies Gebirge, von dem der Herr geredet hat an jenem Tage; denn du hast's gehört am selben Tage, daß dort die Anakiter wohnen und große und feste Städte sind. Vielleicht wird der Herr mit mir sein, damit ich sie vertreibe, wie der Herr zugesagt hat"* (Josua 14,6-12).

Lesen Sie diese Aussage noch einmal, und Sie werden die Grundeinstellung eines wahren Anbeters erkennen! So lassen sich die Wesenszüge des preisenden Eroberers zusammenstellen:

Erstens folgt er dem Herrn mit ganzem Herzen nach (Vers 8). Zweitens bleibt er am Leben, um die Segnungen des Herrn zu genießen (10). Drittens werden seine Kraft und Stärke erhalten (11). Viertens erwartet er die höchsten Segnungen und weigert sich, mit weniger zufrieden zu sein (12). Fünftens setzt er voraus, daß Gott seine Versprechen treu einhält, und verhält sich entsprechend (12). Sechstens überwindet er den Feind und besitzt das Land, wie es sich in der Geschichte gezeigt hat.

Kaleb aus dem Stamm des Lobpreises erwies sich als fähiger Vertreter seines Erbes.

MENSCHEN, DIE GOTT PREISEN, SPIEGELN IHREN HERRN AM BESTEN WIDER.

Die Geschichte des Lobpreises ist die Geschichte von Gottes mächtigem Wirken im Leben der Menschheit. Lobpreis wurde immer von Sieg begleitet, und das wird auch in Zukunft so bleiben. Wer sich entscheidet, Gott zu loben, wird vom Herrn gefördert und in seiner Stadt erhöht werden. In einer Atmosphäre des Lobpreises kann Gottes Wille besser geschehen.

DAS LÖWENLAMM

In Offenbarung 5 begegnet uns ein interessantes Paradoxon: das Löwenlamm. Johannes sah eine Schriftrolle, die mit sieben Siegeln verschlossen war. Ein starker Engel rief mit lauter Stimme: „Wer ist würdig, das Buch aufzutun und seine Siegel zu brechen?" Und niemand, weder im Himmel noch auf Erden noch unter der Erde, konnte das Buch auftun und hineinsehen. Johannes weinte sehr, weil niemand würdig befunden wurde, das Buch aufzutun und hineinzusehen. Daraufhin sprach einer der Ältesten zu ihm: „Weine nicht! Siehe, es hat überwunden der Löwe aus dem Stamm Juda (Lobpreis), die Wurzel Davids, aufzutun das Buch und seine sieben Siegel."

An diesem Punkt sah Johannes ein Lamm, das das Buch aus Gottes Hand nahm. Dann fielen die vierundzwanzig Ältesten vor dem Lamm nieder und sangen ein neues Lied. „Vieltausendmal tausend" Engel, die um den Thron herum waren, die Ältesten und die himmlischen Wesen sprachen mit lauter Stimme: „Das Lamm, das geschlachtet ist, ist würdig, zu nehmen Kraft und Reichtum und Weisheit und Stärke und Ehre und Preis und Lob" (5,12). Und jedes Geschöpf im Himmel, auf Erden und auf dem Meer fiel in den Lobgesang ein: „Dem, der auf dem Thron sitzt, und dem Lamm sei Lob und Ehre und Preis und Gewalt von Ewigkeit zu Ewigkeit!"

Das Löwenlamm, unser Herr Jesus, führt eine Lobpreisarmee an! Welche Kombination von Charakteren findet sich in diesen zwei Tieren! Das eine Tier ist wild, das andere friedlich, das eine aggressiv, das andere passiv. Eines ist mächtig, das andere verletzbar. Aber in der Kombination dieser Qualitäten liegt die Fähigkeit, tief zu fühlen, gut zu sorgen und mächtig zu kämpfen. Auf der einen Seite geht der Löwe von Juda im totalen Triumph voran. Auf der anderen Seite empfängt das himmlische Lamm das Buch und entfaltet Gottes Erlösungsplan. Der Löwe ist ein Lamm, und das Lamm ist ein Löwe. Dies ist der Geist und die Weise des Lobpreises. Wenn er den Feind vor Augen hat, ist er wie ein Löwe, aber wenn er mit tiefer menschlicher Not konfrontiert wird, ist er sanft und mitleidig wie ein Lamm. Menschen, die Gott preisen, strahlen diese Qualitäten aus.

Wenn wir die Geschichte Judas weiter bis zur Geschichte Jesu verfolgen, wird uns klar, daß wir uns in Jesus dem Stamm, der Lobpreis heißt, angeschlossen haben. Lobpreis ist unsere Wurzel, unser Erbe. Unser Banner, unser Name heißt Lobpreis. Und das Löwenlamm geht uns voran!

LOBPREISPROJEKTE:
1. Finden Sie mit Hilfe einer Konkordanz heraus, wie oft „Juda" im Alten Testament vorkommt.
2. Üben Sie sich im Vorrecht des Lobens und Dankens, daß Sie durch den Glauben an Jesus zum Stamme des Lobpreises hinzugefügt wurden.
3. Suchen Sie andere Personen, die aus dem Stamme Juda hervorgingen (David, Salomo, Asa, Joschafat, Josia usw.).
4. Nehmen Sie sich noch einmal frühere Lernverse vor, und üben Sie sie.

Kapitel 14

Der Zusammenhang zwischen Lobpreis und geistiger Gesundheit

Und wer stolz ist, den kann er demütigen.

Daniel 4,43b

Im Buch Daniel gibt es eine packende Geschichte zu unserem Thema. Daniel wird uns vorgestellt als jemand, der Gott so hingegeben war, daß bedingungsloser Lobpreis die Mitte seines Lebens bildete. Die vier Männer – Schadrach, Meschach, Abed-Nego und Beltschazar (Daniel) – waren Gott von Anfang an treu. Sie wollten sich mit dem Fleisch vom Tisch des Königs nicht verunreinigen, sondern statt dessen die einfache vegetarische Kost essen und ihren Weg mit Gott gehen. Ihre Treue wurde durch Schlüsselstellungen im Verwaltungsapparat der babylonischen Regierung belohnt. Obwohl sie eine wichtige Rolle spielen, ist der König, den sie so mächtig beeinflußten, in unserem Drama die Hauptperson.

Nebukadnezar, einer der größten Könige des Ostens, herrschte mit Stärke und Geschick über sein mächtiges Reich. Tatsächlich war er von Gott ausersehen, Jojakim, den König von Juda, gefangenzunehmen und das jüdische Volk in die Gefangenschaft zu führen. In Daniel 1,2 lesen wir: „Und der Herr gab in seine (Nebukadnezars) Hand Jojakim, den König von Juda." Mit anderen Worten: Was Nebukadnezar tat, tat er im Auftrag des Herrn. Welch eine Sicht der Geschichte! Gott ist Gott über die Nationen der Welt. Er legt ihre Geschichte und ihre Geographie fest. Er herrscht! Rußland ist da, wo es ist, durch Gottes Plan, ebenso China, Saudi-Arabien, alle Völker der Erde. Beachten Sie drei interessante und bedeutungsvolle Dinge:

ERSTENS: DIE AUSWIRKUNGEN DES LOBPREISES AUF EIN
HEIDNISCHES KÖNIGREICH

Hier gab es vier Männer, deren ausschließliches Lebensziel war, den
Gott des Himmels zu verherrlichen. Ihre Treue in weniger bedeutenden Dingen wie Diät und Gebetsübungen ließ sie vorankommen
und groß werden. Sie erbaten und bekamen das Recht, nach ihrer
eigenen Weise zu essen, und bewiesen, daß sie an Erscheinung und
Energie denen überlegen waren, die auf des Königs Kosten schlemm-
ten. Es wird berichtet: „Und nach den zehn Tagen sahen sie schöner
und kräftiger aus als alle jungen Leute, die von des Königs Speise
aßen" (1,15). So kamen sie in den Dienst des Königs.

Gott gab dem heidnischen König Nebukadnezar einen Traum,
den die Magier des Palastes nicht deuten konnten. Darüber wurde
der König so zornig, daß er befahl, alle Weisen Babylons, Daniel
und seine Freunde Schadrach, Meschach und Abed-Nego eingeschlossen, umzubringen. Diese wandten sich an den Herrn und
flehten um Gnade. In der Nacht empfing Daniel in einer Vision die
Deutung von Nebukadnezars Traum. „Und Daniel lobte den Gott
des Himmels, fing an und sprach: Gelobet sei der Name Gottes von
Ewigkeit zu Ewigkeit, denn ihm gehören Weisheit und Stärke! Er
ändert Zeit und Stunde; er setzt Könige ab und setzt Könige ein; er
gibt den Weisen ihre Weisheit und den Verständigen ihren Verstand,
er offenbart, was tief und verborgen ist; er weiß, was in der Finsternis
liegt, denn bei ihm ist lauter Licht. Ich danke dir und lobe dich,
Gott meiner Väter, daß du mir Weisheit und Stärke verliehen und
jetzt offenbart hast, was wir von dir erbeten haben; denn du hast
uns des Königs Sache offenbart" (2,19b-23). Wir finden in der Bibel
nur wenige Texte über Lobpreis, die eine solche Weitsicht aufweisen
wie dieser. Die Treue und der Lobpreis der Freunde erschlossen
Geheimnisse.

Man setzte den König über Daniels Vision in Kenntnis, und
sein Traum wurde gedeutet. Daniel achtete darauf, daß Gott alle
Ehre und alles Lob bekam, indem er sagte: „Aber es ist ein Gott im
Himmel, der kann Geheimnisse offenbaren" (2,28), und später:
„Du, König, bist ein König aller Könige, dem der Gott des Himmels
Königreich, Macht, Stärke und Ehre gegeben hat" (2,37), ferner: „So
hat der große Gott dem König kundgetan, was dereinst geschehen
wird" (2,45b). Die Treue und der Lobpreis Daniels und seiner
Freunde brachten sie weiter. Nachdem sein Traum gedeutet war,

beförderte Nebukadnezar sie – Daniel in ein hohes Amt am Königshof und die anderen drei in Verwalterpositionen über Provinzen.

Zwar bewirkt Lobpreis Einsicht in göttliche Geheimnisse und beachtliche Beförderungen, er erregt aber auch den Widerstand Satans. In der Ebene Dura ließ der König ein riesiges Götzenbild aufrichten und eine Zeit der Götzenanbetung ausrufen. Alle Einwohner des Landes mußten das heidnische Bild anbeten. Wenn die Musik einsetzte, wußte jeder, daß er jetzt niederzufallen und anzubeten hatte. Die Alternative war der Tod im Feuerofen. Wieder widersetzten sich die vier hebräischen Männer. Es ist nicht klar, warum Daniel hier nicht erwähnt wird. Vielleicht genoß er Amtsimmunität. Schadrach, Meschach und Abed-Nego aber wurden vor den König gezerrt, den dieser Ungehorsam sehr zornig machte. Ihre Anbetung galt allein dem Gott des Himmels. Diese Geschichte ist gut bekannt; sie wurden wunderbar befreit durch die Erscheinung eines, der aussah wie der Sohn Gottes. Das Feuer im Ofen wurde gelöscht, als der König in die Flammen schaute und vier Männer darin umhergehen sah. Er rief sie aus den Flammen heraus: „Schadrach, Meschach und Abed-Nego, ihr Knechte Gottes des Höchsten, tretet heraus und kommt her!" (3,26). Da traten sie heraus aus dem Feuer, und das Feuer hatte ihren Körpern nichts anhaben können und ihr Haupthaar nicht versengt und ihre Mäntel nicht versehrt; ja, man konnte keinen Brand an ihnen riechen. Achten Sie auf die Reaktion des Königs: „Gelobt sei der Gott Schadrachs, Meschachs und Abed-Negos, der seinen Engel gesandt und seine Knechte errettet hat!" (3,28). Das Wort, das im Urtext hier steht, ist *barakh* – „segnen". Obwohl Lobpreis Opposition hervorgerufen hatte, wurde letztendlich ein heidnischer König dadurch bewogen, den Gott der Gläubigen zu loben. Preis dem Herrn!

ZWEITENS: DIE AUSWIRKUNGEN AUF STOLZ, WENN LOBPREIS AUFGEGEBEN WIRD

Jetzt kommen wir zum Herzstück dieses Kapitels. Die Auswirkungen des Lobpreises auf ein heidnisches Königreich haben wir betrachtet. Nebukadnezar nahm den Lobgesang auf, und selbst als Heide erhob er die Stimme, um Jahwe zu loben. Er beförderte die drei Freunde Daniels in hohe Stellungen, nachdem sie aus dem Feuerofen gerettet worden waren. Er erließ sogar ein Dekret, daß jeder, der gegen den Gott der Hebräer spräche, mit Sicherheit in Stücke gehauen und sein Besitz in einen Schutthaufen verwandelt würde. In den folgenden Erklärungen klingt er wie ein geistgefüllter Evangelikaler. „Es gefällt mir, die Zeichen und Wunder zu verkünden, die Gott der Höchste an mir getan hat. Denn seine Zeichen sind groß, und seine Wunder sind mächtig, und sein Reich ist ein ewiges Reich, und seine Herrschaft währet für und für" (3,32-33).

Danach hatte Nebukadnezar wieder einen Traum, durch den ihm ein dramatischer Rückschlag vorhergesagt wurde. Als er Daniel davon erzählte, sagte ihm dieser ohne Umschweife die kommende Enttäuschung, die den Verlust seines Königtums und nachfolgende Wiederherstellung einschließen würde, voraus. „Sieben Zeiten werden über dich hingehen, bis du erkennst, daß der Höchste Gewalt hat über die Königreiche der Menschen und sie gibt, wem er will. ... Dein Königreich soll dir erhalten bleiben, sobald du erkannt hast, daß der Himmel die Gewalt hat" (4,22-23), hörte Nebukadnezar von Daniel.

Zwölf Monate später geschah alles wie vorhergesagt, und zwar auf äußerst bemerkenswerte Weise: Nebukadnezar hörte plötzlich auf, Gott zu preisen, und lobte statt dessen sich selbst. Er ging auf dem Dach des königlichen Palastes spazieren und sprach: „Das ist das große Babel, das *ich* erbaut habe zur Königsstadt durch *meine* große Macht zu Ehren *meiner* Herrlichkeit". Kaum hatte er das ausgesprochen, da sprach der Herr zu ihm: „Dir, König Nebukadnezar, wird gesagt: Dein Königreich ist dir genommen, man wird dich aus der Gemeinschaft der Menschen verstoßen, und du sollst bei den Tieren des Feldes bleiben; Gras wird man dich fressen lassen wie die Rinder" (4,27-29). Das Wort Gottes erfüllte sich sofort: Nebukadnezar drehte durch. Sein Verstand machte längere Zeit Urlaub. Er wurde wahnsinnig. *Der Same des Wahnsinns liegt in der Sünde verborgen!* In einer Atmosphäre, die nicht vom Gotteslob geprägt ist, kann er wuchern. Dies ist kein Einzelfall in der Geschichte, sondern eine Fallstudie über den Verlust geistiger Gesundheit, der eintritt, wenn man statt Gott sich selbst anbetet.

So kam es also, wie Daniel und Gott vorhergesagt hatten. Nebukadnezar war sieben Jahre lang in den Wäldern, bis sein Körper vom Tau des Himmels durchnäßt, sein Haar wie Adlerfedern gewachsen und seine Nägel wie Vogelklauen geworden waren. Welch ein Preis dafür, daß er aufgehört hatte, Gott zu loben! – Zeit für den letzten Punkt:

DRITTENS: DIE AUSWIRKUNGEN VON LOBPREIS AUF WAHNSINN

Hören Sie, was Nebukadnezar erzählt: „Nach dieser Zeit hob ich, Nebukadnezar, meine Augen auf zum Himmel, und mein Verstand kam mir wieder, und ich *lobte* den Höchsten. Ich *pries* und *ehrte* den, der ewig lebt, dessen Gewalt ewig ist und dessen Reich für und für währt, gegen den alle, die auf Erden wohnen, für nichts zu rechnen sind. Er macht's, wie er will, mit den Mächten im Himmel und mit denen, die auf Erden wohnen. Und niemand kann seiner Hand wehren noch zu ihm sagen: Was machst du? Zur selben Zeit kehrte mein Verstand zu mir zurück, und meine Herrlichkeit und mein Glanz kamen wieder an mich zur Ehre meines Königreichs. Und meine Räte und Mächtigen suchten mich auf, und ich wurde wieder über mein Königreich eingesetzt und gewann noch größere Herrlichkeit. *Darum lobe, ehre und preise ich, Nebukadnezar, den König des Himmels; denn all sein Tun ist Wahrheit, und seine Wege sind recht, und wer stolz ist, den kann er demütigen.*"

Hier haben wir einen Fall, in dem jemand nur seine Augen zum Himmel erhob, um den Gott des Himmels zu preisen, und schon passierte etwas mit seinem Verstand! Lobpreis ist sowohl der Grund für die Wiederherstellung geistiger Gesundheit als auch die Konsequenz daraus. Lobpreis bedeutet fortdauernde geistige Gesundheit. Dieses Lobgebet ist dem von Joschafat vor Zeiten sehr ähnlich. In beiden Fällen wird folgendes bewußt gemacht: Gottes *erhöhte Position* („der Höchste, dessen Gewalt ewig ist"), seine *ewige Gegenwart* („und dessen Reich für und für währt"), seine *souveräne Vorherrschaft* („er macht's, wie er will") und seine *herausragende Macht* („niemand kann seiner Hand wehren"). Dies ist also die einzigartige Geschichte von Nebukadnezar, dem König, der seine geistige Gesundheit verlor, als er aufhörte, Gott zu preisen, und der sie wiedererlangte, als er zum Lobpreis zurückkehrte! Wir finden keine zweite Geschichte wie diese in der Literatur. Sie hat uns heute viel zu sagen. All das Gift, das den Verstand lähmt, das Bewußtsein zerstört und das Verhalten der modernen Gesellschaft bestimmt, wächst und gedeiht in einer Atmosphäre, in der Gott vergessen wird. Im Wahnsinn gibt es keinen Lobpreis, nur Fluchen, Irrsinn, Depression und selbstzerstörerische Gedanken. Die Dämonen können in einer lobpreisfreien Atmosphäre ungehindert ihre Arbeit verrichten, und das Werk des Heiligen Geistes wird darin behindert.

So schockierend sich das anhören mag: In dem Maße, in dem wir uns in Sturheit, Selbstmitleid, Eifersucht, Haß, Bitterkeit, Stolz, Arroganz und Furcht ergehen – in demselben Maße verabschiedet sich unsere geistige Gesundheit, wird die Saat des Wahnsinns gesät und faßt Wurzeln. Wir müssen nicht den gleichen Prozeß durchleiden wie Nebukadnezar. Wie sehr neigen wir dazu, dem Stolz zu erlauben, unkontrolliert und ungehindert rücksichtslos durch unser Leben zu stampfen. Geistliche Blindheit raubt uns die Sicht. Aber Buße und Gebet werden auch im stolzesten Herzen Demut bewirken und Arroganz ausmerzen. Geistliche Gesundheit wird wiederhergestellt und zurückgewonnen. Gott bleibt an seinem Platz und wir an unserem. Das Leben erhält wieder Ordnung und Bedeutung.

Lobpreis entthront das Selbst und stellt Gott und seine Liebe ins Zentrum des Denkens. Wenn Gott vergessen wird, wird der Verstand seines Mittelpunkts beraubt. Die Wiederherstellung der Liebe läßt Gott seinen rechtmäßigen Platz einnehmen. Lobpreis ist die Axt, die die Wurzel all dessen abhaut, das unseren Zerfall bedeutet.

Erst in der Ewigkeit wird deutlich werden, wie viele Menschen die Psychiatrien unseres Landes und der ganzen Welt bevölkern, weil sie nicht Gott die Ehre geben, – und die dort bleiben, weil es ihnen nicht vermittelt wird. In der geistigen Wohlfahrt unserer Gesellschaft fast völlig unbeachtet, wird doch kaum eine Therapie so umgehend Erfolg zeigen wie die *Lobpreis-Therapie*. Ob es sich bei dem „betrübten Geist" aus Jesaja 61 um einen Dämon oder einen menschlichen, von Versagen dominierten Geist handelt – die Tatsache bleibt bestehen, daß Lobpreis das Gewand ist, das Verzweiflung außer Kraft setzt!

Es ist an der Zeit, daß wir bei der Erforschung geistiger Krankheiten, der wachsenden Seuche unserer Tage, den *Halleluja-Faktor* ernsthaft in Betracht ziehen, sowohl zur Vorbeugung als auch für die Behandlung. Es ist auch an der Zeit, daß wir im Zeitalter wachsenden Drucks und wachsender Bedrohung des Lebens auf der Erde zur Erhaltung geistiger Ausgewogenheit den Lebensstil des Lobpreises wählen.

Die Perspektive, die dieses Kapitel beschließt, ist dieselbe, mit der das Buch anfing: *Gott regiert!* Wahnsinn vergißt das. Die vielfältigen Auswirkungen dieser Tatsache bedrängen ihn. „Der Höchste regiert die Königreiche der Menschen. Seine Herrschaft ist ewig, und sein Königtum währt für und für. Er tut, was ihm gefällt, und niemand kann ihn davon abhalten!" (Umschreibung von Daniel 4,31-32).

LOBPREISPROJEKTE:

1. Streichen Sie die Referenzstellen zu Lobpreis im Buch Daniel an.
2. Lernen Sie Daniel 2,20-21 auswendig, und verwenden Sie die Verse in Ihrer persönlichen Lobpreiszeit.
3. Lesen Sie Jeremia 9,23-24. Beachten Sie, daß die *King James Version* übersetzt: „Let not the wise man *glory* in his wisdom" (Lutherbibel: „Ein Weiser *rühme* sich nicht seiner Weisheit"). Die *New International Version* übersetzt dieses Wort mit *boast* (prahlen). Das ist ein Äquivalent für „preisen". Machen Sie dies zu Ihrem persönlichen Bekenntnis: „Ich will mit nichts anderem prahlen als mit dem Vorrecht, Gott zu kennen!"
4. Lesen Sie das Buch Daniel mit Blick auf die zentrale Stellung des Gotteslobes.
5. Wiederholen Sie frühere Lobpreis-Lernverse.

Kapitel 15

Durch Geben Lobpreis praktizieren

Ehre den Herrn mit deinem Gut

Sprüche 3,9

Dieser Aspekt des Lobpreises ist so wichtig, daß es ohne ihn nicht weitergehen könnte. Man kann ihn als einen notwendigen Teil des fortlaufenden Lobpreiskreislaufs bezeichnen; sein Fehlen würde den Zyklus durchbrechen. Er entspringt aus dem Lobpreis, und er bewirkt weiteren Lobpreis. Man kann geben, ohne zu preisen, aber man kann nicht preisen, ohne zu geben. Echter Lobpreis wird immer von Geben begleitet. Die gebende ist eine lobende Einstellung.

Die Kollekte sollte in jedem Gottesdienst einen der Höhepunkte bilden. Es sollte für den Gläubigen eine horizonterweiternde Erkenntnis sein, daß sich Gott herabläßt, den Menschen in seine Unternehmungen einzubeziehen, und ihm das Vorrecht zu geben einräumt. Gott, dem das Weltall und alle Reichtümer in Zeit und Ewigkeit gehören, gewährt uns die Gnade zu geben und dadurch das Privileg, an seinem herrlichen Wirtschaftsprogramm teilzuhaben. Dieses Programm ist so stabil wie die Souveränität Gottes. Welch eine Vorstellung! Bedenken Sie das während des Lobpreises.

Allem Lobpreis wohnt Geben inne. Wenn wir zum Herrn singen, geben wir. Wenn wir zum Herrn rufen, geben wir. Wenn wir über die Eigenschaften Gottes meditieren, geben wir. Tatsächlich ist jede Form der Anbetung Geben, aber letzten Endes bezieht sich das Geben auch auf Materielles. Geld ist ein Tauschmittel, in dem eigentlich unsere Zeit, unsere Arbeit und unser Ideenreichtum steckt. Wenn wir geben, geben wir nicht nur Geld, sondern einen Teil unserer selbst. Wir erkennen damit an, daß wir zu Gott gehören und daß dies im Rahmen unserer Beziehung zu ihm ein normaler Vorgang ist.

In diesem Kapitel möchte ich zwei bekannte Schriftstellen besprechen: 1. Chronik 29 und 2. Korinther 8 und 9. Diese Abschnitte haben gemeinsam, daß sie von Geben in Verbindung mit Lobpreis und Danksagung handeln. Bei der Behandlung dieser praktischen Seite des Lobpreises gehen wir zwischen den beiden Schriftstellen immer hin und her.

DEN TEMPEL BAUEN UND DEN ARMEN DIENEN

Zwischen diesen beiden Arten von Geben liegen nicht nur Jahrhunderte, sondern auch der Unterschied der Veranlassung. Wir können die aufgeführten Geldbeträge nicht miteinander vergleichen, aber auffällig ist, daß in beiden Fällen der Lobpreis die Mitte bildet.

In 1. Chronik 29 sammelt David das Geld für den herrlichen Tempel, den Salomo später bauen wird. In 1. Chronik 28,2-3 lesen wir, wie er sein Volk in Kenntnis setzt: „Hört mir zu, meine Brüder und mein Volk! Ich hatte mir vorgenommen, ein Haus zu bauen als Ruhestätte für die Lade des Bundes des Herrn und für den Schemel der Füße unseres Gottes, und hatte mich angeschickt, es zu bauen. Aber Gott ließ mir sagen: Nicht du sollst meinem Namen ein Haus bauen; denn du bist ein Kriegsmann und hast Blut vergossen." Also informiert, wurden das Volk und Salomo aufgerufen, die Anweisungen Gottes über den Tempelbau auszuführen. Dann wandte er sich dem Geben seiner Schätze zu und forderte die Menschen auf, auch von ihren Besitztümern zu dem umfangreichen Opfer beizutragen. Die Größe dieser Sammlung läßt sich anhand der Angaben zu Davids persönlichen Gaben am besten abmessen. Sie umfaßten u. a. 300 Tonnen Gold, davon 110 Tonnen aus Davids eigener, persönlicher Schatzkammer. Im heutigen Wert entsprechen Davids Gaben etwa *2 Milliarden Mark*! Die Gaben seiner Fürsten hätten den Wert von etwa 3 *Milliarden Mark*! Das bezieht sich nur auf die Goldgeschenke. Außerdem wurden auch viertausend Tonnen Silber gespendet, was einem heutigen Wert von *100 Millionen Mark* entspricht! Zusätzlich gab es Geschenke von Bronze, Marmor, Türkisen, Onyx, exotischen Hölzern und anderen Materialien für den Bau des Tempels. Welch eine Kollekte!

Im Vergleich dazu war das Opfer, das in 2. Korinther erwähnt wird, verschwindend gering. Es handelte sich um eine Gabe an die Armen, und in einigen Fällen kam sie von Armen. Der Betrag bewegte sich in einer völlig anderen Größenordnung, aber das Konzept war dasselbe. Was zu tun war, konnte durch die Gaben der

Beteiligten getan werden. Im ersten Fall brauchte man eben Millionen, im zweiten ein paar Mark. Der Hintergrund aber war bei beiden Gelegenheiten derselbe, und ebenso das Ergebnis – Danksagung an Gott!

DAVIDS PRINZIP UND DAS BEISPIEL DER MAZEDONIER

Lobpreis setzt immer eine Hingabe an den voraus, der gelobt wird. In beiden Beispielen ist solch eine Hingabe als Voraussetzung festgehalten worden. In 1. Chronik 29,5b lesen wir, wie David herausfordert: „Und wer ist nun willig, heute seine Hand mit einer Gabe für den Herrn zu füllen?" Er betont das besonders und benutzt die Zeitform der Gegenwart. In Paulus' Fall (2. Korinther 8) sagt Paulus über die Mazedonier: „Wir tun euch aber kund, liebe Brüder, die Gnade Gottes, die in den Gemeinden Mazedoniens gegeben ist. Denn ihre Freude war überschwenglich, als sie durch viel Bedrängnis bewährt wurden, und obwohl sie sehr arm sind, haben sie doch reichlich gegeben in aller Einfalt. Denn nach Kräften, das bezeuge ich, und sogar über ihre Kräfte haben sie willig gegeben und haben uns mit vielem Zureden gebeten, daß sie mithelfen dürften an der Wohltat und der Gemeinschaft des Dienstes für die Heiligen; und das nicht nur, wie wir hofften, sondern *sie gaben sich selbst, zuerst dem Herrn* und danach uns, nach dem Willen Gottes" (2. Korinther 8,1-5). In beiden Fällen ging also dem Lobopfer ein Geben der eigenen Person voraus.

Drei erhabene Perspektiven finden wir in diesen Abschnitten, aus denen wir das hohe Vorrecht des Lobpreises durch Geben erkennen können.

Erstens: Erkenntnis über Gottes obersten Besitzanspruch
Die Grundprämisse unseres Erdenlebens ist der oberste Besitzanspruch Gottes. Sie zu verpassen heißt, das erste Faktum des Lebens zu umgehen, sein Ziel und seine Bestimmung. David jubelte bei seinem spontanen Lobopfer: „Denn alles, was im Himmel und auf Erden ist, das ist dein. Dein, Herr, ist das Reich, und du bist erhöht zum Haupt über alles. Reichtum und Ehre kommt von dir, du herrschest über alles" (1. Chronik 29,11b-12). Hier lesen wir nicht nur davon, daß Gottes Besitztum anerkannt wurde, sondern auch von seiner Macht, diesen Besitz unter Kontrolle zu halten.

In dem Text im zweiten Korintherbrief kommt diese Wahrheit mehrere Male durch. In 2. Korinther 8,9 schreibt Paulus: „Denn ihr kennt die Gnade unseres Herrn Jesus Christus: obwohl er reich ist, wurde er doch arm um euretwillen, damit ihr durch seine Armut reich würdet." Alles fing mit Gottes Besitz und Gottes Reichtum an. Eine andere Schriftstelle dazu ist subtiler, aber nicht weniger bedeutungsvoll. In 2. Korinther 9,6 benutzt Paulus ein Bild aus der Landwirtschaft: „Ich meine aber dies: Wer da kärglich sät, der wird auch kärglich ernten; und wer da sät im Segen, der wird auch ernten im Segen." In diesem Textzusammenhang setzt Paulus *Geben* mit *Säen* gleich. Das ist äußerst wichtig. Was ist das Mittel für Vermehrung? Der Same, natürlich! Woher kam der Same? Von einem anderen Samen vorher. Woher kam der andere Same vorher? Von einem anderen Samen vorher. Wiederholen Sie die Frage und ihre selbstverständliche Antwort zehntausendmal oder öfter, und sie werden zurückfinden zu Gottes Schöpfungsakt in 1. Mose 1. Ohne Gott gäbe es nichts zu säen und also auch keine Möglichkeit zu ernten. Der Same ist ein Bild für Gottes Oberherrschaft im Mikrokosmos! Er ist auch eine Parabel für jeden Gläubigen, in dem Gottes Leben ist.

Auch David wiederholt diese wichtige Grundvoraussetzung zum Lobpreis, wenn er in Psalm 24,1 ausruft: „Die Erde ist des Herrn und was darinnen ist, der Erdkreis und die darauf wohnen." Und in Psalm 89,12 lobt er Gott: „Himmel und Erde sind dein, du hast gegründet den Erdkreis und was darinnen ist." Gott macht Hiob diese Tatsache klar, indem er ihn fragt (Hiob 41,2): „Wer hat mir zuvor gegeben, daß ich ihm vergelten sollte? Was unter dem ganzen Himmel ist, mir gehört es!" In 1. Chronik 29,14 wird Davids Erstaunen ausgedrückt: „Denn was bin ich? Was ist mein Volk, daß wir freiwillig soviel zu geben vermochten? *Von dir ist alles gekommen, und von deiner Hand haben wir dir's gegeben.*" Und später: „Herr, unser Gott, all dies Viele, das wir herbeigebracht haben, dir ein Haus zu bauen, deinem heiligen Namen, *ist von deiner Hand gekommen, es ist alles dein.*"

Paulus läßt nicht in Vergessenheit geraten, daß Gott alles gehört, und erinnert in 2. Korinther 9,10: „Der aber Samen gibt dem Sämann und Brot zur Speise, der wird auch euch Samen geben und ihn mehren und wachsen lassen die Früchte eurer Gerechtigkeit."

Dieses großartige Konzept von Gottes souveränem Besitztum ist der Boden, auf dem eine Lobpreis-Ernte heranwächst und auf dem wieder und wieder die Samen der reichen Ernte des Lobpreises gesät werden.

Zweitens: Überlegungen zur grundsätzlichen Verwalterschaft des
Menschen
Diese Wahrheit gehört zu der Wahrheit über Gottes Besitztum. Sie
liegt unseren beiden Texten zugrunde. David verstand, daß er
einfach ein Verwalter von Gottes Eigentum war. Paulus schreibt über
jene grundsätzliche Verwalterschaft: „Ein jeder, wie er's sich im
Herzen vorgenommen hat, nicht mit Unwillen oder aus Zwang;
denn einen fröhlichen Geber hat Gott lieb. Gott aber kann machen,
daß alle Gnade unter euch reichlich sei, damit ihr in allen Dingen
allezeit volle Genüge habt und noch reich seid zu jedem guten Werk"
(2. Korinther 9,7-8). Die Reichtümer Gottes fließen also von ihm
auf uns für „jedes gute Werk". Gott ist der erste Besitzer; wir die
verteilenden Verwalter. Preis dem Herrn! Sowohl David als auch
Paulus erkennen die Verantwortung und Verantwortlichkeit der
grundsätzlichen Verwalterschaft. Aus dieser Erkenntnis heraus ergibt sich die Entscheidung, das hohe Vorrecht des Gebens wahrzunehmen. David gab von seinen persönlichen Reichtümern. Die
Mazedonier gaben aus ihrer tiefen Armut heraus. Paulus erinnert
daran, daß „jeder gebe, wie er es sich in seinem Herzen vorgenommen hat" (2. Korinther 9,7a; Einheitsübersetzung).

Drittens: Empfang der Ergebnisse des Lobens durch Geben
Was passiert, wenn wir durch Geben loben? Die Antwort finden wir
in beiden Texten. Vergessen Sie nicht, der ganze Abschnitt in
1. Chronik 29,10-20 ist ein spontaner Lobruf über das hohe Vorrecht,
geben zu dürfen, eine unvergleichlich erhabene Lob-Doxologie. Die
Resultate kamen prompt und deutlich. Ein mächtiger Lobpreisgeist
wurde auf die Menschen ausgegossen. „Und die ganze Gemeinde
lobte den Herrn, den Gott ihrer Väter, und sie neigten sich und
fielen nieder vor dem Herrn und dem König" (1. Chronik 29,20).
Die Kettenreaktion der Ergebnisse ging weiter, als sie dem Herrn
Geschenke machten und Brandopfer darbrachten. Später erfahren
wir, daß „sie aßen und tranken am selben Tage vor dem Herrn mit
großen Freuden" (1. Chronik 29,22).
      Ein solcher Lobpreis bewirkt Ordnung und Gehorsam. Das Volk
erkannte Salomo als gottgegebenen Führer an, und die hohen
Beamten und Helden unterwarfen sich ihm (1. Chronik 29,23-24).
Die Resultate setzten sich fort: Gott ließ Israel gedeihen, er erhob
Salomo in den Augen ganz Israels und gab ihm ein herrliches

Königreich, wie kein anderer König je zuvor gehabt hatte (1. Chronik 29,25).

Auch Paulus erläutert die Ergebnisse des Lobens durch Geben. Er verheißt: „So werdet ihr reich sein in allen Dingen, zu geben in aller Einfalt, die durch uns wirkt Danksagung an Gott" (2. Korinther 9,11). „Denn der Dienst dieser Sammlung hilft nicht allein dem Mangel der Heiligen ab, sondern wirkt auch überschwenglich darin, daß viele Gott danken. Denn für diesen treuen Dienst preisen sie Gott über eurem Gehorsam im Bekenntnis zum Evangelium Christi und über der Einfalt eurer Gemeinschaft mit ihnen und allen. Und in ihrem Gebet für euch sehnen sie sich nach euch wegen der überschwenglichen Gnade Gottes bei euch. Gott aber sei Dank für seine unaussprechliche Gabe!" (2. Korinther 9,12-15). Schauen wir uns die Ergebnisse von Lob durch Geben zusammengefaßt an:

1. Gottes Gnade ist reichlich unter uns, damit wir in allen Dingen allezeit volle Genüge haben (2. Korinther 9,8).
2. Jedes gute Werk wird reichlich unterstützt (2. Korinther 9,8).
3. Dem Mangel der Gotteskinder wird abgeholfen (2. Korinther 9,12).
4. Das führt dazu, daß auf vielerlei Weise Gott gedankt wird (2. Korinther 9,12b).
5. Der Dienst des Gläubigen erfährt Bestätigung (2. Korinther 9,13).
6. Deswegen werden viele Menschen den Herrn preisen! (2. Korinther 9,13b).

Erkennen Sie den Zyklus? Er beginnt mit dem Lob durch Geben in Vers 7 – einem fröhlichen, von Herzen kommenden Geben – und findet seine Vollendung durch das Geben von Lob in Vers 13! Und Paulus beschließt das Thema, wie könnte es anders sein, mit einer spontanen Doxologie: „Gott aber sei Dank für seine unaussprechliche Gabe!" (2. Korinther 9,15).

SCHLUSSFOLGERUNGEN

Die einfache Schlußfolgerung dieser ganzen Diskussion lautet: Machen Sie Ihr Geben zur Lobpreiserfahrung! Wenn es im Gottesdienst Ihrer Gemeinde zur Zeit der Kollekte oberflächlich und formal zugeht statt anbetend und begeistert, dann ergreifen Sie ganz bewußt Maßnahmen, um das sofort zu ändern. In einem späteren Kapitel mache ich unter der Überschrift „Praktische Tips zu öffentlichem Lobpreis" einige Vorschläge. Diese Momente um die Kollekte herum sollten einer der Gipfel des Lobpreises während des ganzen Gottesdienstes sein.

Wenn Ihr Geben zu einem bedeutungslosen Ritual verkommen ist, dann ändern Sie das wieder. Machen Sie es zu einer Lobpreisübung für sich und Ihre Familie. Unter dem Titel „Praktische Hinweise zum persönlichen Lobpreis" mache ich in einem späteren Kapitel dazu mehr Vorschläge.

LOBPREISPROJEKTE:

1. Lernen Sie einen Vers aus jedem Schriftabschnitt dieses Kapitels auswendig. Vorschlag: 1. Chronik 29,11, 2. Korinther 9,8.
2. Während Sie Ihren Scheck ausfüllen oder Ihre Gabe vorbereiten, halten Sie inne, um Gott für die Gnade, geben zu dürfen, zu preisen. Danken Sie ihm für die Energie, mit der Sie das verdienten, was Sie gerade als Gabe fertigmachen. Danken Sie ihm dafür, daß er Sie an seinem Ewigkeits-Unternehmen teilhaben läßt.
3. Wenn Sie in Ihrer Gemeinde Geld spenden, preisen Sie Gott still dabei. Das wird Ihnen ganz neue Freude schenken.
4. Zählen Sie die Resultate des Lobens durch Geben auf, die in diesen zwei Abschnitten in 1. Chronik und 2. Korinther besprochen werden. Bergen Sie sie in Ihrem Inneren, um die Erwartungen an das Geben zu erhöhen.
5. Vergessen Sie nicht, daß das Hauptresultat von Loben durch Geben immer der Lobpreis ist! (2. Korinther 9,13).

Kapitel 16

Anlässe zum Lobpreis

Schon vor einer Weile merkte ich, daß meine Studie eine Suche nach Gründen für das Gotteslob beinhalten sollte. Ich glaubte, mich schon mit fünfzig verschiedenen glücklich schätzen zu können. Zu meiner Freude stellte sich heraus, daß in der Heiligen Schrift mehr als 230 verschiedene Veranlassungen für das Gotteslob angeführt werden. In diesem Kapitel werde ich sie einfach mit den entsprechenden Bibelstellen auflisten.

1. Mose und die Israeliten priesen den Herrn, weil er eine herrliche Tat getan hatte (2. Mose 15,1).
2. Gott hatte ihre Feinde mit deren Pferden ins Meer gestürzt (2. Mose 15,2).
3. Er war ihre Stärke und ihr Lobgesang und ihr Heil (2. Mose 15,2).
4. Gott war ihr Gott und der Gott ihres Vaters, deshalb priesen und erhoben sie ihn (2. Mose 15,2).
5. Sie sangen zum Herrn, denn er ist hoch und erhaben (2. Mose 15,21; Einheitsübersetzung).
6. Jitro pries den Herrn, weil der Herr die Israeliten aus der Hand der Ägypter errettet hatte (2. Mose 18,10).
7. Mose pries den Herrn im Lied wegen seiner Größe, weil er ein Fels ist, seine Wege vollkommen sind und weil alles, was er tut, recht ist (5. Mose 32,4).
8. Weiter pries er Gott, weil er treu ist, gerecht und wahrhaftig und kein Böses an ihm ist (5. Mose 32,4b).
9. Deborah und Barak priesen den Herrn, weil die Menschen sich willig Gott hingegeben hatten (Richter 5,2).
10. Die Frauen priesen Gott für Boas, Noomis Löser (Rut 4,14).
11. Hanna pries Gott, weil er ihr große Kraft gab (1. Samuel 2,1; Einheitsübersetzung).
12. David pries den Herrn mit einem Tanz, weil die Bundeslade, das sichtbare Symbol der Gegenwart Gottes, an ihren rechtmäßigen Platz gebracht wurde (2. Samuel 6,14).

13. David pries den Herrn, weil der des Lobes würdig war, und weil er ihn vor seinen Feinden errettet hatte (2. Samuel 22,4).

14. Weiter pries er den Herrn, weil er ihm Vergeltung schaffte, ihm die Völker unterwarf, ihm von seinen Feinden aushalf, ihn erhöhte über die, die sich gegen ihn erhoben, vor dem Mann der Gewalttat rettete (2. Samuel 22,48-49).

15. David pries den Herrn, denn er hatte ihm in Salomo, seinem Sohn, seinen Nachfolger auf dem Thron gezeigt (1. Könige 1,48).

16. Salomo pries den Herrn, weil er erfüllte, was er seinem Vater David verheißen hatte (1. Könige 8,15).

17. Weiter pries er den Herrn, weil er seinem Volk Israel Ruhe geschenkt hatte (1. Könige 8,56).

18. Die Königin von Saba pries Gott, weil er an Salomo Gefallen gefunden und ihn auf den Thron Israels gesetzt hatte (1. Könige 10,9).

19. Asaph und seine Brüder priesen den Herrn wegen seiner wunderbaren Taten und wegen seines heiligen Namens (1. Chronik 16,8-10).

20. Sie priesen ihn, weil Gott groß und hoch zu preisen ist (1. Chronik 16,26).

21. Heman und Jedutun und die anderen Erwählten, die namentlich bestimmt waren, um dem Herrn zu danken, sangen sein Lob, weil seine Güte ewiglich währt (1. Chronik 16,41).
Nicht weniger als zehn Gründe, den Herrn zu preisen, finden sich in Davids Lobopfer aus 1. Chronik 29.

22. Gottes Majestät.

23. Gottes Gewalt.

24. Seine Herrlichkeit.

25. Sein Sieg.

26. Seine Hoheit.

27. Sein Besitztum.

28. Er ist erhöht zum Haupt über alles.

29. Reichtum und Ehre kommen von ihm.

30. Er herrscht über alles.

31. In seiner Hand steht Kraft und Macht, in seiner Hand steht es, jedermann groß und stark zu machen.

32. Hiram, der König von Tyrus, pries den Herrn, weil er Himmel und Erde gemacht hat (2. Chronik 2,11).

33. Der häufigste Grund, der für Lobpreis angeführt wird, ist Gottes unendliche Barmherzigkeit (2. Chronik 7,3, 6; 20,21).
34. Joschafat bestellte Sänger, daß sie in heiligem Schmuck Loblieder sängen und vor den Kriegsleuten herzögen und sprächen: Danket dem Herrn; denn seine Barmherzigkeit währet ewiglich (2. Chronik 20,21).
35. Zu Esras Zeit priesen die Menschen den Herrn, weil der Grund für das Haus Gottes gelegt worden war (Esra 3,11).
36. Zu Nehemias Zeit priesen die Menschen den Herrn, weil er ihnen eine große Freude gemacht hatte (Nehemia 12,43).
37. Hiob pries den Herrn, weil er gegeben und genommen hatte (Hiob 1,21).

Die Psalmen nennen viele Gründe für das Gotteslob:

38. Gottes Gerechtigkeit (7,18).
39. Um seiner Feinde willen, daß er vertilge den Feind und den Rachgierigen (8,3).
40. Weil er in Zion wohnt (9,12).
41. Weil er David so wohlgetan hat (13,6).
42. Weil er David beraten hat (16,7).
43. Weil er David allezeit vor Augen ist, woraus sich Stabilität ergibt (16,8).
44. Weil der Herr würdig ist, gepriesen zu werden – er ist der Hochgelobte (18,4).
45. Er schafft David Vergeltung und zwingt die Völker unter ihn (18,48).
46. Er gibt seinem Könige großes Heil (18,51).
47. Er erweist seinem Gesalbten, David, und seinem Hause ewiglich Gnade (18,51).
48. Er hat die Stimme des Flehens erhört (28,6).
49. Er ist Stärke und Schild (28,7).
50. Er ist vertrauenswürdig und hilft den Seinen (28,7).
51. Der Herr ist seines Volkes Stärke, Hilfe und Stärke für seinen Gesalbten (28,8).
52. Er hat David aus der Tiefe gezogen (30,2).
53. Er läßt Davids Feinde sich nicht über ihn freuen (30,2).
54. Sein Zorn währet einen Augenblick und lebenslang seine Gnade (30,6).
55. Er hat seine wunderbare Güte erwiesen (31,22).
56. Es ziemt sich für die Gerechten, Gott zu preisen (33,1).
57. Des Herrn Wort ist wahrhaftig (33,4).

58. Was er zusagt, das hält er gewiß (33,4b).
59. Gott ist König über die ganze Erde (47,8).
60. Gott ist groß und hoch zu rühmen (48,2).
61. Denn dieser Gott ist für immer und ewig unser Gott (48,15).
62. Denn er ist's, der uns führt (48,15b).
63. Für das, was er getan hat (52,11).
64. Weil sein Name so tröstlich ist (54,8).
65. Weil er David vom Tode errettete, seine Füße vom Gleiten (54,14).
66. Denn seine Güte reicht, so weit der Himmel ist (57,11).
67. Denn seine Wahrheit reicht, so weit die Wolken gehen (57,11b).
68. Weil er Schutz und Zuflucht in der Not ist (59,17).
69. Weil seine Güte besser ist als Leben (63,4).
70. Weil er unser Helfer ist (63,8).
71. Weil er unsre Seelen am Leben erhält und unsere Füße nicht gleiten läßt (66,9).
72. Weil er mein Gebet nicht verwirft (66,20).
73. Weil er seine Güte nicht von mir wendet (66,20).
74. Weil er die Menschen recht richtet (67,5).
75. Weil er regiert die Völker auf Erden (67,5).
76. Weil er uns eine Last auflegt, aber uns auch hilft (68,20).
77. Weil Lobpreis dem Herrn besser gefällt als ein Stier, der Hörner und Klauen hat (69,32).
78. Denn Gott wird Zion helfen und die Städte Judas bauen, daß man dort wohne und sie besitze. Und die Kinder seiner Knechte werden sie erben, und die seinen Namen lieben, werden darin bleiben (69,36-37).
79. Wegen seiner Treue (71,22).
80. Weil zu Schmach und Schande wurden, die Unglück suchten (71,24).
81. Weil er allein Wunder tut (72,18).
82. Weil sein Name so nahe ist (75,2).
83. Weil seine Güte groß ist und er die Seele aus der Tiefe des Todes errettete (86,13).
84. Denn er ist der Ruhm unserer Stärke, und durch seine Gnade wird er unser Haupt erhöhen (89,18).
85. Denn es ist ein köstlich Ding, dem Herrn danken und lobsingen seinem Namen (92,2).
86. Wegen der Größe seiner Werke (92,5-6a).
87. Wegen der Tiefe seiner Gedanken (92,6b).

88. Denn der Herr ist ein großer Gott und ein großer König über alle Götter (95,3).
89. Denn in seiner Hand sind die Tiefen der Erde, und die Höhen der Berge sind auch sein (95,4).
90. Denn sein ist das Meer, und er hat's gemacht, und seine Hände haben das Trockene bereitet (95,5).
91. Denn er ist unser Gott, und wir das Volk seiner Weide und Schafe seiner Hand (95,7).
92. Denn der Herr ist groß und hoch zu loben, mehr zu fürchten als alle Götter (96,4).
93. Denn er kommt, zu richten das Erdreich mit Gerechtigkeit und die Völker mit seiner Wahrheit (96,13).
94. Denn er tut Wunder (98,1).
95. Weil er Heil schafft mit seiner Rechten und mit seinem heiligen Arm (98,1b).
96. Weil er sein Heil kundwerden läßt; vor den Völkern macht er seine Gerechtigkeit offenbar (98,2).
97. Weil er an seine Gnade und Treue für das Haus Israel gedenkt (98,3).
98. Denn der Herr, unser Gott, ist heilig (99,9).
99. Denn der Herr ist freundlich, und seine Gnade währet ewig und seine Wahrheit für und für (100,5).
100. Wegen seiner Gnade und seines Rechts (101,1).
101. Weil er alle unsere Schuld vergibt (103,3).
102. Weil er heilt alle unsere Gebrechen (103,3b).
103. Weil er unser Leben vom Verderben erlöst und uns krönt mit Gnade und Barmherzigkeit (103,4).
104. Weil er unseren Mund fröhlich macht, und wir wieder jung werden wie ein Adler (103,5).
105. Denn er ist sehr herrlich; er ist schön und prächtig geschmückt. Licht ist sein Kleid, das er anhat. Er breitet den Himmel aus wie einen Teppich (104,1-2).
106. Denn er fährt auf den Wolken wie auf einem Wagen und kommt daher auf den Fittichen des Windes (104,3).
107. Denn er macht Winde zu seinen Boten und Feuerflammen zu seinen Dienern (104,4).
108. Denn er hat das Erdreich gegründet auf festen Boden, daß es bleibt immer und ewiglich (104,5).
109. Wegen seiner Güte und seiner Wunder, die er an den Menschenkindern tut, daß er sättigt die durstige Seele und die

Hungrigen füllt mit Gutem (107,8-9). – Dieser Grund für Lobpreis wird in Psalm 107,5, 21 und 31 wiederholt.

110. Denn er steht dem Armen zur Rechten, daß er ihm helfe von denen, die ihn verurteilen (109,31).

111. Denn groß sind die Werke des Herrn; wer sie erforscht, der hat Freude daran (111,2).

112. Denn er hat ein Gedächtnis gestiftet seiner Wunder (111,4).

113. Weil er gnädig und barmherzig ist (111,4b).

114. Denn er gibt Speise denen, die ihn fürchten (111,5).

115. Denn er gedenkt ewig an seinen Bund (111,5b).

116. Denn er läßt verkündigen seine gewaltigen Taten seinem Volk, daß er ihnen gebe das Erbe der Heiden (111,6).

117. Denn die Werke seiner Hände sind Wahrheit und Recht (111,7).

118. Weil er eine Erlösung seinem Volk sendet; er verheißt, daß sein Bund ewig bleiben soll (111,9).

119. Weil sein Lob ewig bleibt (111,10).

120. Denn er ist hoch über alle Völker; seine Herrlichkeit reicht, so weit der Himmel ist (113,4).

121. Weil er den Geringen aufrichtet aus dem Staube und erhöht den Armen aus dem Schmutz, daß er ihn setze neben die Fürsten seines Volkes (113,7-8).

122. Weil er die Unfruchtbare im Hause zu Ehren bringt, daß sie eine fröhliche Kindermutter wird (113,9). – Die häufigste Aufforderung zum Lobpreis stützt sich auf seine Gnade und Treue. Sie wird in Psalm 115,1; 117,2; 118,1 und 29 wiederholt.

123. Denn er erhörte und hat geholfen (118,21).

124. Denn dies ist der Tag, den der Herr macht (118,24).

125. Für die Ordnungen seiner Gerechtigkeit (119,62).

126. Denn er lehrt seine Gebote (119,171).

127. Denn seine Gebote sind gerecht (119,172).

128. Weil er uns nicht gibt zum Raub in die Zähne unserer Feinde (124,6).

129. Denn der Herr hat Großes an uns getan (126,2-3).

130. Denn der Herr ist freundlich und lieblich (135,3).

131. Denn der Herr hat sich Jakob erwählt, Israel zu seinem Eigentum (135,4).

In Psalm 136 sind wieder Gottes *Güte* und *Liebe* das Thema. In den 26 Versen wird je eine Eigenschaft oder ein Werk Gottes herausgestellt, und nach jedem Vers kommt der Refrain „Denn seine Güte währet ewiglich". Erinnern Sie sich, daß in 2. Chronik 20,21 von Joschafat und seinem Heer berichtet wird, die mit diesem Ausruf auf den Lippen in die Schlacht zogen: „Danket dem Herrn, denn seine Barmherzigkeit währet ewiglich!" Von allen Gründen, Gott zu loben, hat dieser offenbar die höchste Priorität! Vielleicht gerät er auch am ehesten in Vergessenheit.

132. Weil die Herrlichkeit des Herrn so groß ist (138,5).
133. Weil wir wunderbar gemacht sind (139,14).
134. Weil er unsere Hände kämpfen lehrt und unsere Fäuste, Krieg zu führen (144,1).
135. Weil er seinen Königen Sieg gibt und seinen Knecht David vom mörderischen Schwert erlöst (144,10).

In Psalm 145 finden wir eine Zusammenfassung von Aufforderungen zum Lobpreis, die bereits an anderen Stellen erwähnt wurden. Er ist groß und sehr zu loben (Vers 3). Er ist ein Gott von hoher, herrlicher Pracht (Vers 5). Seine Werke sind wunderbar (Vers 5b). Er ist ein Gott von mächtigen Taten und Herrlichkeit (Vers 6). Er ist gerecht und von großer Güte (Vers 7). Gnädig und barmherzig ist der Herr, geduldig und von großer Güte (Vers 8). Sein Königtum ist voller Ehre (Vers 11). Sein Reich ist ein ewiges Reich, und seine Herrschaft währet für und für (Vers 13). Er ist getreu in all seinen Worten und gnädig in allen seinen Werken (Vers 13b). Er hält alle, die da fallen, und richtet alle auf, die niedergeschlagen sind (Vers 14). Er tut seine Hand auf und sättigt alles, was lebt, nach seinem Wohlgefallen (Vers 16). Er ist gerecht in allen seinen Wegen und allen nahe, die ihn anrufen (Verse 17-18). Er tut, was die Gottesfürchtigen begehren, hört ihr Schreien und hilft ihnen (Vers 19). Er behütet alle, die ihn lieben und vertilgt alle Gottlosen (Vers 20).

136. Denn der Herr ist König ewiglich (146,10).
137. Denn unserm Gott loben, das ist ein köstlich Ding, ihn loben ist lieblich und schön (147,1).
138. Denn der Herr hat Gefallen an denen, die ihn fürchten (preisen) (147,11).
139. Denn er macht fest die Riegel der Tore Zions und segnet damit das Volk (147,13).
140. Denn er schafft Zions Grenzen Frieden und sättigt es mit dem besten Weizen (147,14).
141. Denn er gebot, da wurde alles geschaffen (148,5).

142. Denn er läßt seine Geschöpfe bestehen für immer und ewig; er gab eine Ordnung, die dürfen sie nicht überschreiten (148,6).

143. Denn der Herr hat Wohlgefallen an seinem Volk, er hilft den Elenden herrlich (149,4).

144. Weil Lobpreis (gemeinsam mit dem Wort Gottes) Vergeltung übt unter den Heiden, Strafe unter den Völkern, ihre Könige zu binden mit Ketten und ihre Edlen mit eisernen Fesseln, daß an ihnen vollzogen wird das Gericht, wie geschrieben ist (149,6-9).

145. Für seine Taten (150,2a).

146. Für seine große Herrlichkeit (150,2b).

147. Die Serafim preisen den Herrn, denn er ist heilig und alle Lande sind seiner Ehre voll (Jesaja 6,3).

148. Zion wird aufgefordert, Gott zu preisen, denn der Heilige Israels ist groß bei ihr (12,6).

149. Er hat Wunder getan, seine Ratschlüsse von alters her sind treu und wahrhaftig (25,1).

150. Denn die Furcht des Herrn (Lobpreis) ist der Schlüssel zu seinen Reichtümern (33,6).

151. Lobpreis ist der Grund, weshalb wir bereitet wurden (43,21).

152. Denn der Herr hat Jakob erlöst und ist herrlich in Israel (44,23).

153. Lobpreis veranlaßt Gott, seinen Zorn lange zurückzuhalten (48,9).

154. Denn der Herr hat sein Volk getröstet und erbarmt sich seiner Elenden (49,13).

155. Denn der Herr hat sein Volk getröstet und Jerusalem erlöst (52,9).

156. Denn der Herr hat offenbart seinen heiligen Arm vor den Augen aller Völker, daß aller Welt Enden sehen das Heil unsres Gottes (52,10).

157. Weil Gott Lobpreis statt eines betrübten Geistes gibt (61,3).

158. Weil er uns die Kleider des Heils angezogen und mit dem Mantel der Gerechtigkeit gekleidet hat (61,10).

159. Denn Gott läßt seine Gerechtigkeit und seinen Ruhm vor allen Heidenvölkern aufgehen, gleichwie Gewächs aus der Erde wächst und Same im Garten aufgeht (61,11).

160. Wir sollen preisen, denn im Lobpreis sieht man unsere Freude (66,5).

161. Wir sollen uns rühmen (prahlen), weil wir ihn als den Herrn kennen (Jeremia 9,23).
162. Gott die Ehre zu geben verhindert, daß die Dunkelheit des Gerichts unseren Fuß straucheln läßt (13,16).
163. Weil er des Armen Leben aus den Händen der Boshaften errettet (20,13).
164. Denn Gott gehören Weisheit und Stärke (Daniel 2,20).
165. Denn er ändert Zeit und Stunde; er setzt Könige ab und setzt Könige ein (2,21).
166. Denn er gibt den Weisen ihre Weisheit und den Verständigen ihren Verstand (2,21b).
167. Denn er offenbart, was tief und verborgen ist; er weiß, was in der Finsternis liegt (2,22).
168. Weil bei ihm lauter Licht ist (2,22).
169. Weil er Daniel Weisheit und Stärke verliehen und ihm offenbart hat, was er von ihm erbeten hatte (2,23).
170. Weil er Schadrach, Meschach und Abed-Nego aus dem Feuerofen errettet hat (3,28).
171. Wegen der Zeichen und Wunder, die Gott getan hat (3,32).
172. Weil sein Reich ein ewiges Reich ist und seine Herrschaft für und für währt (3,33).
173. Gegen ihn sind alle, die auf Erden wohnen, für nichts zu rechnen (4,32).
174. Er macht's, wie er will, mit den Mächten im Himmel und mit denen, die auf Erden wohnen. Und niemand kann seiner Hand wehren noch zu ihm sagen: Was machst du? (4,32).
175. Denn all sein Tun ist Wahrheit, und seine Wege sind recht, und wer stolz ist, den kann er demütigen (4,34).
176. Joel rief zum Lob Gottes auf, weil Gott seinem Volk Frühregen und Spätregen gegeben hat (Joel 2,23).
177. Habakuk freute sich im Herrn, weil er seine Füße wie Hirschfüße machen und ihn über die Höhen führen würde (Habakuk 3,19).
178. Zefanja flehte Israel an, den Herrn zu preisen, denn er hatte ihre Strafe weggenommen und ihre Feinde abgewendet (Zefanja 3,15).
179. Sacharja berichtet, wie Gott sprach: „Freue dich und sei fröhlich, du Tochter Zion! Denn siehe, ich komme und will bei dir wohnen" (Sacharja 2,14). Später, in Sacharja 9,9, ruft das Kommen des Messias nach Freude und Jauchzen: „Du,

Tochter, Zion, freue dich sehr, und du, Tochter Jerusalem, jauchze! Siehe, dein König kommt zu dir, ein Gerechter und ein Helfer, arm und reitet auf einem Esel, auf einem Füllen der Eselin."

Sein Kommen gibt weitere Veranlassungen zum Gotteslob:

180. Er wird Frieden gebieten den Völkern (9,10).
181. Seine Herrschaft wird sein von einem Meer bis zum anderen und vom Strom bis an die Enden der Erde (9,10b).
182. Er wird die Gefangenen freisetzen und wird zweifach erstatten (9,11-12).
183. Maria, die Begnadete des Herrn, pries Gott:
     Denn er hatte die Niedrigkeit seiner Magd angesehen, und von nun an würden sie seligpreisen alle Kindeskinder (Lukas 1,48).
184. Denn Gott hatte große Dinge an ihr getan, der da mächtig ist und dessen Name heilig ist (1,49).
185. Seine Barmherzigkeit währt von Geschlecht zu Geschlecht bei denen, die ihn fürchten (1,50).
186. Er übt Gewalt mit seinem Arm und zerstreut, die hoffärtig sind in ihres Herzens Sinn (1,51).
187. Er stößt die Gewaltigen vom Thron und erhebt die Niedrigen (1,52).
188. Die Hungrigen füllt er mit Gütern und läßt die Reichen leer ausgehen (1,53).
189. Er gedenkt der Barmherzigkeit und hilft seinem Diener Israel auf, wie er geredet hat zu den Vätern, Abraham und seinen Kindern in Ewigkeit (1,54-55).
190. Zacharias pries den Herrn, weil Gott sein Volk besucht und erlöst hat (1,68).
191. Die Hirten priesen den Herrn für das, was sie gehört und gesehen hatten (2,20).
192. Simeon lobte Gott, weil seine Augen Gottes Heiland gesehen hatten, den er bereitet hat vor allen Völkern (2,30-31).
193. Die Prophetin Hanna pries den Herrn für das Kind, das die Erlösung bringen würde (2,38).
194. Der Gelähmte pries Gott, weil er geheilt worden war (5,25).
195. Die Menschen, die diese Heilung sahen, priesen Gott (5,26).
196. Jesus pries den Herrn, weil er den Weisen und Klugen Dinge verborgen und sie den Unmündigen offenbart hatte (Matthäus 11,25, Lukas 10,21).

197. Jesus lehrte uns, uns zu freuen, wenn wir um seinetwillen Widerstand der Menschen erfahren, weil unser Lohn im Himmel groß sein wird (Lukas 6,23).
198. Die verkrümmte Frau pries Gott, weil sie geheilt wurde und sich wieder aufrichten konnte (13,13).
199. Der Aussätzige pries Gott mit lauter Stimme, als er sah, daß er vom Aussatz geheilt worden war (17,15).
200. Der Blinde pries Gott, weil er sehend geworden war (18,43).
201. Alles Volk, das diese Heilung sah, lobte Gott (18,43).
202. Bei Jesu Einzug in Jerusalem fing die ganze Menge der Jünger an, mit Freuden Gott zu loben mit lauter Stimme über alle Taten, die sie gesehen hatten (19,37).
203. Die Pharisäer schimpften darüber und forderten Jesus auf, ihnen Einhalt zu gebieten. Jesus nannte einen weiteren Grund für Lobpreis:
     Wenn wir Gott nicht loben, werden es die Steine an unserer Statt tun (19,40).
204. Der Hauptmann unter dem Kreuz pries Gott, weil er erkannte, daß Jesus ein frommer Mensch gewesen war (23,47).
205. Der Lahme an der Schönen Tür des Tempels sprang auf, lief und sprang umher und lobte Gott, weil er geheilt worden war (Apostelgeschichte 3,8).
     Paulus pries den Herrn:
206. In seinem Dienst für Gott (Römer 15,17).
207. Weil Gott der Vater der Barmherzigkeit und Gott allen Trostes ist (2. Korinther 1,3).
208. Für seine unaussprechliche Gabe (die Gabe des Gebens) (9,15).
209. Paulus rühmte sich seiner Schwachheit, damit die Kraft Christi bei ihm wohnte (12,9).
210. Darum war er guten Mutes in Schwachheit und dergleichen um Christi willen, denn wenn er schwach war, war er stark (12,10).
211. Weil Gott uns gesegnet hat mit allem geistlichen Segen im Himmel durch Christus (Epheser 1,3).
212. Weil Jesus ihn stark gemacht und für treu erachtet und in das Amt eingesetzt hat (1. Timotheus 1,12).
213. Weil er die Erlösung von allem Übel und die Rettung in sein himmlisches Reich erwartete (2. Timotheus 4,18).

214. Der Schreiber des Hebräerbriefes ermahnt uns, Gott immer das Lobopfer darzubringen, weil Jesus für uns gelitten hat, um uns zu heiligen (Hebräer 13,13-15).

215. Wir preisen Gott, denn das ist der Grund dafür, daß wir die königliche Priesterschaft, das heilige Volk, das Volk des Eigentums und aus der Finsternis in sein wunderbares Licht berufen wurden (1. Petrus 2,9).

216. Wir sollen uns freuen, daß wir mit Christus leiden können und so zur Zeit der Offenbarung seiner Herrlichkeit Freude und Wonne haben mögen und Gott mit dem Namen „Christ" ehren (4,13-16).

217. Weil Gott heilig, allmächtig und ewig ist (Offenbarung 4,8).

218. Weil er würdig ist, Preis und Ehre und Kraft zu nehmen (4,11).

219. Weil er alle Dinge geschaffen hat, und durch seinen Willen waren sie und wurden sie geschaffen (4,11).

220. Weil das Lamm (Christus) würdig ist, zu nehmen Kraft und Reichtum und Weisheit und Stärke und Ehre und Preis und Lob (5,12).

221. Weil das Heil bei dem ist, der auf dem Thron sitzt, unserm Gott, und dem Lamm (7,10).

222. Weil Gott seine große Macht an sich genommen hat und herrscht (11,17).

223. Weil die Stunde seines Gerichts gekommen ist (14,7).

224. Weil Gott allein heilig ist. Alle Völker werden kommen und anbeten vor ihm, denn seine gerechten Gerichte sind offenbar geworden (15,4).

   In Offenbarung 19 finden wir mehrere Lobpreisungen, die von vier großen *Hallelujas* eingefaßt sind:

225. Das Heil und die Herrlichkeit und die Kraft sind unseres Gottes (19,1b).

226. Denn wahrhaftig und gerecht sind seine Gerichte (19,2).

227. Weil er das Blut seiner Knechte gerächt und die große Hure verurteilt hat (19,2).

228. Weil der Herr, der Allmächtige, das Reich eingenommen hat (19,6).

229. Denn die Hochzeit des Lammes ist gekommen, und seine Braut hat sich bereitet. Und es wurde ihr gegeben, sich anzutun mit schönem reinem Leinen, der Gerechtigkeit der Heiligen (19,7-8).

230. Johannes wurde zum Lobpreis (zur Anbetung) aufgefordert, weil das Zeugnis Jesu der Geist der Weissagung ist (19,10).

231. Die letzte Lobpreisung der Bibel nennt einen zusätzlichen Grund, den Herrn zu preisen: Jesus kommt bald. „Amen, ja, komm, Herr Jesus!" (22,20).

LOBPREISPROJEKTE:

1. Starten Sie ein neues Projekt: alle Bibelstellen anzustreichen, die Gründe für Lobpreis nennen. Vielleicht fangen Sie mit den Psalmen an und benutzen dieses Kapitel als Hilfe.

2. Lernen Sie fünf Veranlassungen, den Herrn zu preisen, aus der Schrift auswendig. Beispiel: Psalm 118,29 – „Danket dem Herrn; denn er ist freundlich, und seine Güte währet ewiglich" (zwei Gründe). Fügen Sie andere Stellen nach Ihrer eigenen Wahl bei. Weitere Gründe für Lobpreis finden sich in den Psalmen: Psalm 48,2; 52,11; 54,8; 56,14 und 100,5.

3. Preisen Sie Gott heute um wenigstens drei persönlicher Gründe willen.

4. Überarbeiten Sie Ihre Lobpreis-Lernverse.

5. Sehen Sie sich noch einmal drei Bündnisnamen Gottes an, und benutzen Sie sie heute in Ihrer Lobpreiszeit.

6. Nennen Sie drei Eigenschaften Gottes, und preisen Sie ihn dafür (Beispiel: Heiligkeit, Souveränität, Liebe, Gerechtigkeit).

Kapitel 17

Praktische Hinweise zu persönlichem Lobpreis

Lieber Leser, wenn Sie es bis hierher geschafft haben, dann dreht sich Ihnen sicher der Kopf! Vielleicht haben Sie das Buch nur durchgeschmökert, vielleicht auch ganz konzentriert gelesen, oder Sie haben sich aus Interesse am Thema direkt diesem Kapitel zugewandt. Letztlich wird Ihr persönlicher Lobpreis nie lebendiger werden, als Sie durch Lernen und Üben zulassen.

Ohne Zweifel erleben Sie ein inneres Drängen, den Herrn zu preisen. Dieser Drang gehört zu jedem Christen. Gottes Geist in uns ist ein Geist des Lobpreises. Unser ganzes erlöstes Menschsein will ihm mit herzlichem Lob begegnen. Das ist unsere Heimat, unser natürliches Element. Dorthin gehören wir.

Sie wissen bereits, daß *öffentlicher* Lobpreis nie das werden kann, was er sein sollte und könnte, wenn wir nicht gelernt haben, die Herrlichkeiten *persönlichen* Lobpreises auszukosten.

Dies stellte in unserem Studienabenteuer in der Gemeinde in Southcliff die erste Herausforderung dar. Das persönliche Thema entnahmen wir Psalm 119,164: „Ich lobe dich des Tages siebenmal um deiner gerechten Ordnungen willen." Ich forderte die Menschen auf, während des Tages bewußt „Lobpreispausen" einzulegen, ein „Lobpreisbewußtsein" zu entwickeln und je nach Umstand unterschiedliche Formen des Gotteslobes zu praktizieren. Die Entscheidung zum Lobpreis ist für jeden eine lebensverändernde Erfahrung. Wenn Sie das Buch bis hierher durchgelesen und einige oder alle Lobpreisprojekte gemacht haben, dann kennen Sie viele der folgenden Gedanken bereits, die aus unserem Studium und der Praxis persönlichen Lobpreises heraus entstanden.

WELCHE ERWARTUNGEN ERGEBEN SICH AUS DEM ENTSCHLUSS, GOTT ZU LOBEN?
Erstens: unmittelbare Hochstimmung. Nichts dringt so sehr zur Quelle der Freude durch wie das Lob Gottes. Sehr bald werden wir heraus-

finden, daß tatsächlich „die Freude am Herrn unsere Kraft" ist! Viele berichten, daß ihr persönlicher Lobpreis unmittelbar große Freude nach sich zieht. Die Freude am öffentlichen Lobpreis wächst entsprechend.

Zweitens: unmittelbare Eskalation der geistlichen Kampfführung. Fast ausnahmslos wurde zunächst über wachsende Freude, dann aber von vermehrter Aktivität des Feindes berichtet. Der Teufel haßt Lobpreis und wird alles unternehmen, was in seiner Macht steht, um ihn zu vereiteln. Da er keine Möglichkeit hat, dem Lobpreis etwas direkt entgegenzusetzen, zielt er darauf ab, daß wir den Entschluß dazu aufgeben. Wenn seine Angriffe auf den Lobenden nichts bewirken, dann nimmt er sich jemanden vor, der diesem nahesteht. In meinem Buch *Victory Over the Devil* können Sie lesen: „Wenn der Teufel Ihnen nicht beikommen kann, versucht er, jemanden zu besiegen, dessen Niederlage Sie fertigmacht." Es ist extrem wichtig, Gott desto intensiver zu loben, je schlimmer der Kampf tobt. Gegen die mächtige Waffe des Lobpreises kann der Teufel nicht lange an. Attacken von Depression, körperlicher Krankheit und Widerstand von außen sind nicht ungewöhnlich, wenn Lobpreis ausgeübt wird. Eine Grundregel für Erweckung lautet: Die Intensität im geistlichen Kampf steigert sich entsprechend der Offenbarung des Handelns Gottes.

Drittens: verschärfte Wahrnehmung geistlicher Wahrheit. Die Bibel wird lebendig. Nicht nur die Erkenntnis über Wahrheiten verbessert sich, sondern auch das Verständnis von ihrer Gewichtigkeit. Das heißt, die bedeutenden Wahrheiten für unseren bestimmten Abschnitt in der Geschichte treten gegenüber den anderen, die zwar wichtig, für uns heute jedoch ohne Priorität sind, in den Vordergrund. Zur Zeit kann man etwas Bemerkenswertes feststellen: Denen, die sich entscheiden, mit Gott voranzugehen – an ganz unterschiedlichen Orten und aus unterschiedlichen Glaubensrichtungen –, werden solche Wahrheiten deutlich, die für die Wiederbelebung der Gemeinde unentbehrlich sind. Lobpreis scheint als Treffpunkt für die Einheit der Christen zu dienen, als gemeinsamer Sammlungsort.

Viertens: wachsende Erwartung und Begeisterung über das hohe Privileg öffentlichen Lobpreises. Versammlungen der Gläubigen und die Freude, die diese Treffen begleitet, gewinnen an Bedeutung. Die Worte unserer ältesten und erhabensten Kirchenlieder springen uns aus den Seiten des Gesangbuchs entgegen. Neue Lieder, Psalmen und geistliche Lieder werden dem Anbeter lieb. Öffentliche Schriftlesungen und öffentliches Gebet gewinnen an Einfluß. Die allgemeine Einstellung zu den verschiedenen Aspekten öffentlicher Lobpreisgottesdienste und ihrer Ziele ändert sich. Kirchenlieder, die seit Jahren ungesungen im Gesangbuch schlummerten, werden wieder lebendig, gewinnen neue Bedeutung und lösen Begeisterung aus.

Fünftens: eine neue Dimension in der persönlichen Gebetszeit, wenn Lobpreis einen festen Platz darin einnimmt. Lobpreis wird Gnadengesuchen den Rang ablaufen, und Ordnung wird der Spontanität Platz machen. Die persönliche Anbetungszeit ist eine Möglichkeit, diese neu gelernten Lektionen anzuwenden und eine wachsende Vertrautheit mit den Formen und Aspekten des Lobpreises zu erlangen. Es wird in unserer privaten Gebetszeit immer noch ordentlich zugehen, ebenso werden wir Gott weiterhin um Dinge bitten, aber Anbetung nimmt dem allen den Eindruck von Arbeit.

Sechstens: ein neues und faszinierendes Wachstum in der Liebe zu Gott, entsprechend dem in der Lobpreisatmosphäre erweiterten Wissen über ihn. Die Beziehung zu Gott ist mehr als eine gewisse Zeit, die man im Gebet vor ihm verbringt. Das ganze Leben wird zu einem Lied und zum Anbetungsgottesdienst. Ganz von selbst ergibt es sich dann, daß Sie während des Autofahrens, beim Geschirrspülen, Babywickeln oder wann auch immer in Lachen und Lobpreis ausbrechen.

Siebtens: Lobpreis ist eine erlernbare Fähigkeit, in der wir immer besser werden sollten, eine Gewohnheit, die uns immer stärker in ihrem (guten) Griff haben sollte. Zwar trifft alles Obengesagte sicherlich bei jedem zu, der Gott preist, dennoch dürfen wir Gefühlen oder Empfindungen bzw. deren Fehlen nie erlauben, unsere Lobpreisgewohnheiten zu ändern. Wir brauchen den festen Entschluß, eine Übung zu verrichten, die Kraft hat, sei sie nun von tiefen Empfindungen begleitet oder nicht. So ist zu erreichen, daß wir Gott unabhängig von Gefühlen preisen. Dem Teufel macht es ganz genausoviel aus, ob wir es aus spontanem Entschluß heraus oder bewußt, geplant und mit Absicht tun. Gott bringt unser Lob ebensoviel Ehre, wenn unser Innerstes sich nur mit Schwierigkeiten dazu durchringen kann, als wenn jede Faser unseres Herzens „Halleluja!" ruft. Wie bei jeder anderen Übung werden wir mit der Praxis geschickter. Je mehr wir preisen, desto natürlicher wird es. Übung macht den Meister.

PRAKTISCHE TIPS

An dieser Stelle gebe ich Ihnen einige Hinweise an die Hand, die ich für die Verbesserung des persönlichen Lobpreises für hilfreich halte.

1. Entwickeln Sie ein reines Herz. Seit langem habe ich es mir zur Gewohnheit gemacht, jedes Jahr einen neuen Leitvers zu wählen – zusätzlich zu dem Leitvers über meinem gesamten Leben. Vor einiger Zeit war mein „Jahresvers" Matthäus 5,8: „Selig sind, die reinen Herzens sind; denn sie werden Gott schauen." Während des Jahres versuchte ich, mehr und mehr von Gott zu erfahren, was es bedeutet, ein reines Herz zu haben. Das griechische Wort *katharos* heißt „sauber" oder „klar". Ein Herz, das den Herrn preisen kann, ist unvermischt, ungeteilt. Paulus wies den jungen Timotheus an, bestimmten Männern zu gebieten, keine falsche Lehre zu lehren und sich nicht mit Fabeln und Geschlechtsregistern aufzuhalten. Weiter riet er ihm: „Die Hauptsumme aller Unterweisung aber ist Liebe aus reinem Herzen und aus gutem Gewissen und aus ungefärbtem Glauben" (1. Timotheus 1,5). Gott kann man nur mit reinem Herzen völlig lieben. Lobpreis ermutigt zum Reinhalten des Herzens.

2. Versäumen Sie nicht, Zeit und Aufmerksamkeit in das Auswendiglernen von Bibelversen, besonders über Lobpreis, zu investieren. Ich stelle fest, daß das beste Motiv für das Einprägen einer Schriftstelle ist, diese für einen bestimmten Zweck einsetzen zu wollen. Nirgends ist der Lohn dafür unmittelbarer als hier, beim Lobpreis. Der Heilige Geist kann himmlischen Lobpreis leichter durch Sie orchestrieren, wenn Ihre Gedankenwelt mit entsprechenden Bibelversen gefüllt ist, die Sie auswendig können. In diesem ganzen Buch gibt es buchstäblich Hunderte von Schriftstellen über Lobpreis. Am Ende des Buches werden 100 wichtige Verse zum Thema aufgeführt, hauptsächlich, damit Sie sie sich einprägen können. Im Auswendiglernen vollzieht sich Lobpreis, und Lobpreis unterstützt das Auswendiglernen.

3. Hören Sie nie auf, die Bibel zu studieren. Seit Monaten untersuche ich die Heilige Schrift zum Thema Lobpreis. Immer, wenn ich meine, das Thema sei nun ausgeschöpft, stoße ich auf eine neue reiche Fundgrube. Ich erlebe das nicht nur als unterhaltsam und faszinierend, sondern stelle auch fest, daß das Thema Lobpreis intellektuell erfrischt. Weihen wir uns dem Erlernen der erhabensten Tätigkeit im Himmel und auf Erden!

4. Teilen Sie Ihre Entdeckungen über Lobpreis Freunden und Bekannten mit. Ich bin so froh darüber, daß auch andere die Freuden des Lobpreises erfahren! Nie spreche ich mit jemandem darüber, ohne etwas Neues zu lernen.

5. Benutzen Sie das Gesangbuch im persönlichen Lobpreis. Singen Sie einige der alten Lieder. Versuchen Sie, die „alten Schätzchen" zu lernen, die schon lange unmodern sind. Sammeln Sie Liedblätter und Noten. Zur Zeit werden phantastische Lobpreis- und Anbetungs-Chorusse geschrieben. Fast jede Woche höre ich einen neuen, manchmal sogar mehrere. Die möchte ich sammeln: Text, Noten und Musik, wenn möglich. Ich hoffe, diese neuen Chorusse Lobpreisleitern und Lobpreis- und Anbetungs-Workshops im ganzen Land zur Verfügung stellen zu können. Lernen Sie die Worte der Kirchenlieder und Chorusse auswendig, um sie in Ihrer persönlichen Lobpreiszeit zu verwenden. Benutzen Sie bei einigen der großartigen Lobpreislieder alternative Pronomen, um die Position zu verändern: Nicht *über*, sondern *zu* Gott singen! Beispiel: „Es ist so gut, Jesus zu vertrauen, ihn einfach beim Wort zu nehmen; einfach in seinem Versprechen zu ruhen, einfach zu wissen, ‚So spricht der Herr'" (Übersetzung des Liedes „Tis so sweet to trust in Jesus...") kann folgendermaßen verändert werden: „Es ist so gut, dir, Jesus, zu vertrauen, dich einfach beim Wort zu nehmen; einfach in deinem Versprechen zu ruhen, einfach zu wissen, ‚So sprichst du, Herr'".

„Sein Nam' ist Wunderbar" kann in „Dein Nam' ist Wunderbar" verändert werden. „Er ist Herr" wird „Du bist Herr". „Gott sei alle Ehre" kann als „Dir sei alle Ehre" gesungen werden. „Preis dem Namen Jesu" klingt als „Preis sei dir, Herr Jesus" viel vertrauter.

Denken Sie daran, daß das Lied des Mose in 2. Mose 15 mit „Ich will dem Herrn singen" beginnt. Singen Sie laut, singen Sie leise, singen Sie richtig, singen Sie falsch, singen Sie Chorusse, Kirchenlieder, Psalmen oder Spirituals – aber singen Sie! Um alles in der Welt, singen Sie! Gott wohnt (ist zuhause) in den Lobgesängen (*tehilla*) seines Volkes.

Der Psalmist fordert: „Meine Zunge soll singen von deinem Wort; denn alle deine Gebote sind gerecht" (Psalm 119,172). Welch wunderbare Art der Anbetung ist das Singen von Schriftstellen! Betrachten Sie es nicht nur als Hilfe zum Auswendiglernen, sondern als Hilfe zum Anbeten. Machen Sie eigene Melodien. Vielleicht sind Sie selbst überrascht über Ihre latenten Fähigkeiten!

6. Verwenden Sie die Gottesnamen aus dem 5. Kapitel in ihrem persönlichen Lobpreis. Gehen Sie die Namen durch, und betrachten Sie Ihre Nöte im Licht ihrer Bedeutungen. Gott ist Jahwe-Jireh für Ihren Mangel (Versorger). Er ist Jahwe-Rapha für Ihre Krankheit (Heiler). Er ist Jahwe-Nissi für Ihren Kampf (Siegesbanner). Er ist Jahwe-M'kaddesch für Ihre Unreinheit (Heiligender). Er ist Jahwe-Schalom für Ihre Unruhe (Frieden). Er ist Jahwe-Roheh für Ihre Entscheidungen (Leiter und Hirte). Er ist Jahwe-Zidkenu für Ihre Sünde (Gerechtigkeit). Er ist Jahwe-Schamma für Ihre Einsamkeit (Der, der da ist). Wählen Sie den Gottesnamen für Ihre Lobpreiszeit, der zu einer drückenden, gegenwärtigen Not paßt.

Beispiel: „Herr, du bist mein Hirte, Jahwe-Roheh. Mir wird nichts mangeln. An Nahrung wird mir nicht mangeln. Du läßt mich auf grünen Auen lagern. An Ruhe wird mir nicht mangeln. Du führst mich zu stillen Wassern. An Kraft wird mir nicht mangeln. Du erquickst meine Seele. An Gerechtigkeit und Leitung wird mir nicht mangeln. Um deines Namens willen leitest du mich auf rechter Straße. An Begleitung wird mir nicht mangeln. Du bist bei mir. Ich werde mich nicht fürchten. Du bist im finstern Tal bei mir. An Trost wird mir nicht mangeln. Dein Stab und Stecken trösten mich. Deine Güte und Barmherzigkeit folgen mir, und ich werde immerdar in deinem Hause bleiben. Ich preise dich, Jahwe-Roheh."

7. Benutzen Sie Kapitel 16, um Anlässe zum Loben in Ihrer persönlichen Lobpreiszeit zu verwenden. Beispiel: „Gott, wie Mose und die Israeliten dich priesen, preise ich dich, denn du hast glorreich überwunden. Du bist meine Kraft und mein Lied und wurdest meine Rettung. Ich will dir singen" (2. Mose 15).

DREISSIG-TAGE-PLAN MIT LOBPREISÜBUNGEN

Ich möchte einen Dreißig-Tage-Plan für ein lobpreisbetonteres Leben unterbreiten. Man sagt, daß es etwa 29 Tage dauert, bis sich eine gute Gewohnheit festigt. Runden wir also auf dreißig Tage auf!

1. Tag: Lesen Sie 2. Samuel 22,47-50.
Studieren Sie den Gottesnamen Jahwe-Jireh, unser Versorger, ein. Sprechen Sie ihn als Ihren Versorger an. Lernen Sie Philipper 4,19 auswendig. Machen Sie diesen Vers persönlich: „Du, mein Gott, aber wirst all meinem Mangel abhelfen nach deinem Reichtum in Herrlichkeit in Christus Jesus." Lesen Sie den diesem Namen entsprechenden Vers des Liedes am Ende des 5. Kapitels.

2. Tag: Lesen Sie 1. Chronik 16,23-28.
Studieren Sie den Gottesnamen Jahwe-Rapha, unser Heiler, ein.
Sprechen Sie ihn als Ihren Heiler an. Nennen Sie jedes Leiden, wenn
Sie ihn als Heiler preisen. Sprechen Sie auch alle emotionalen
Wunden oder tiefen Verletzungen aus der Vergangenheit an. Lernen
Sie Psalm 107,20 auswendig („Er sandte sein Wort und machte sie
gesund und errettete sie, daß sie nicht starben"). „Herr, ich danke
dir, daß du dein Wort sendest und mich heilst; du errettest mich,
daß ich nicht sterbe." Wiederholen Sie Ihre Lernverse. Machen Sie
folgenden Vers aus dem Lied über die Gottesnamen persönlich:
„Preis dir, Jahwe-Rapha, Preis dir, Jahwe-Rapha, du bist meine
Gesundheit, du bist meine Heilung, du bist mein Arzt, auf dich will
ich vertrau'n. Preis dir, Jahwe-Rapha!"

3. Tag: Lesen Sie 1. Chronik 29,10-13.
Studieren Sie den Gottesnamen Jahwe-Nissi ein. Sehen Sie zu ihm
als Ihrem Siegesbanner auf. Preisen Sie ihn dafür, daß er Sie zu
einem großartigen Überwinder machte. Lernen Sie Römer 8,36 und
37 auswendig. Machen Sie den Vers persönlich: „Herr, ich danke
Dir, daß in all diesen Dingen ich weit überwinde durch dich, der
du mich geliebt hast." Lesen Sie den entsprechenden Vers aus dem
Lied am Ende des 5. Kapitels. Wiederholen Sie frühere Lernverse.

4. Tag: Lesen Sie Psalm 3,4-5; 5,2-4.
Studieren Sie den Gottesnamen Jahwe-M'kaddesch ein. Sehen Sie zu
ihm auf als dem, der Sie heiligt. Preisen Sie ihn dafür, daß er Sie zu
einem echten und wahren Gläubigen machte! Lernen Sie 3. Mose
20,8 auswendig. Machen Sie den Vers persönlich: „Herr, ich will
deine Satzungen halten und tun, denn du bist der Herr, der mich
heiligt." Lesen Sie den entsprechenden Vers des Liedes am Ende des
5. Kapitels. Wiederholen Sie frühere Lernverse.

5. Tag: Lesen Sie Psalm 9,2,3,8,12.
Studieren Sie den Gottesnamen Jahwe-Schalom ein. Sehen Sie zu
ihm als Ihrem Frieden auf. Lernen Sie Psalm 119,165 auswendig.
Machen Sie den Vers persönlich: „Ich habe großen Frieden, weil ich
dein Gesetz liebe; ich werde nicht straucheln." Lesen Sie wieder den
entsprechenden Vers des Liedes in Kapitel 5. Wiederholen Sie frühere
Lernverse.

6. Tag: Lesen Sie Psalm 16,7-11.
Studieren Sie den Gottesnamen Jahwe-Roheh ein. Sehen Sie zu ihm als Ihrem Hirten auf. Lernen Sie Psalm 16,11 auswendig. Sprechen Sie laut: „Gott, du tust mir kund den Weg zum Leben: Vor dir ist Freude die Fülle und Wonne zu deiner Rechten ewiglich." Lesen Sie den entsprechenden Vers des Liedes in Kapitel 5. Wiederholen Sie frühere Lernverse.

7. Tag: Lesen Sie Psalm 18,2-4.
Studieren Sie den Gottesnamen Jahwe-Zidkenu ein. Sehen Sie zu ihm als Ihrer Gerechtigkeit auf. Lernen Sie 2. Korinther 5,21 auswendig. Machen Sie den Vers persönlich: „Herr, ich danke dir, daß Jesus, der von keiner Sünde wußte, für mich zur Sünde gemacht wurde, damit ich in ihm die Gerechtigkeit würde, die vor dir gilt." Lesen Sie den entsprechenden Vers des Liedes in Kapitel 5. Wiederholen Sie frühere Lernverse.

8. Tag: Lesen Sie Psalm 24,7-10.
Studieren Sie den letzten der Gottesnamen: Jahwe-Schamma. Sehen Sie zu ihm als dem in Ewigkeit Vorhandenen auf, der immer da ist. Lernen Sie Offenbarung 4,8b auswendig: „Heilig, heilig, heilig ist Gott der Herr, der Allmächtige, der da war und der da ist und der da kommt." Lesen Sie den letzten Vers des Liedes in Kapitel 5. Wiederholen Sie frühere Lernverse.

9. Tag: Lesen Sie Psalm 28,6-8; 29,1-5.
Lesen oder singen Sie das großartige Loblied:

> Mein Jesus, ich lieb' dich, ich weiß, du bist mein.
> Dir will ich gehören, nur dir ganz allein.
> Du bist mein Erretter. Mein Dank sucht dein Ohr:
> Ich liebe dich heute wie niemals zuvor.

Lernen Sie 1. Johannes 4,16 auswendig. Machen Sie den Vers persönlich: „Herr, ich kenne die Liebe, die du zu mir hast, und glaube daran. Du bist die Liebe; und wenn ich in der Liebe bleibe, bleibe ich in dir und du in mir." Wiederholen Sie frühere Lernverse.

10. Tag: Lesen Sie Psalm 33,1-4.
Lesen oder singen Sie:

Jesus, du Freund der Sünder,
Jesus, Liebhaber meiner Seele!
Menschen enttäuschen, verletzen vielleicht,
Aber du, mein Retter, du heilst mich.

Halleluja, Heiland! Halleluja! Mein Freund!
Du rettest, du hilfst, du hältst und du liebst mich.
Du bist bei mir bis ans Ende.

Lernen Sie Psalm 40,4 auswendig. Machen Sie den Vers persönlich:
„Herr, du hast mir ein neues Lied in meinen Mund gegeben, dich,
unsern Gott, zu loben. Das werden viele sehen und sich fürchten
und auf dich hoffen." Wiederholen Sie frühere Lernverse.

11. Tag: Lesen Sie Psalm 34,2-5.
Preisen Sie den Herrn mit dem 29. Psalm. Lernen Sie Psalm 41,14
auswendig. Machen Sie den Vers persönlich: „Ich preise dich, Herr,
Gott Israels, von Ewigkeit zu Ewigkeit! Amen! Amen!" Wiederholen
Sie frühere Lernverse.

12. Tag: Lesen Sie Psalm 46,11.
Lernen Sie diesen Vers auswendig. Schweigen Sie heute fünf Minuten, und meditieren Sie dabei die zweite Hälfte des Verses: „Ich will
der Höchste sein unter den Heiden, der Höchste auf Erden."
Schweigen kann Lobpreis sein! Wiederholen Sie frühere Lernverse.

13. Tag: Lesen Sie Psalm 63,4-6.
Heute ist unser Wort des Tages *halal*, das Wurzelwort für *halleluja*.
Es heißt „loben, prahlen oder schwärmen". Loben Sie Gott ins
Angesicht, prahlen Sie richtig! Schwärmen Sie ein paar Minuten
lang über ihn, und lassen Sie sich dazu jedes nur mögliche Kompli-
ment einfallen. Beispiel: „Herr, du bist sehr groß. Dein Name ist
ein starker Turm. Ich kann zu ihm laufen und bin dort sicher. Seit
Generationen bist du unser Zuhause. Seit Ewigkeiten bist du Gott.
Du bist groß und hoch zu rühmen. Dein sind die Stärke, Ehre,
Herrlichkeit, Majestät und Segen von Ewigkeit zu Ewigkeit. Ich bete
dich an und beuge mich vor dir. Du bist würdig, gepriesen zu
werden. Halleluja deinem Namen!" Danken Sie ihm heute für das
hohe Vorrecht zu loben. Wiederholen Sie frühere Lernverse. Heute
gibt es nichts auswendig zu lernen.

14. Tag: Lesen Sie Psalm 67,4-6.
Unser Wort des Tages ist *tehilla*, was „ein *halal* singen" bedeutet.
Singen Sie Ihr Lieblings-Loblied, und denken Sie dabei sorgfältig
über die Worte nach. Denken Sie daran, wie wichtig das Singen beim
Gotteslob ist. Nehmen Sie sich vor, heute mit einem frohen Herzen
zu Gott zu singen. Wiederholen Sie frühere Lernverse. Heute gibt
es nichts auswendig zu lernen.

15. Tag: Lesen Sie Psalm 72,18-19.
Unser Wort des Tages ist *jada*, was „mit ausgestreckten Händen
preisen" bedeutet. Sprechen Sie mit erhobenen Händen zu Gott.
Sagen Sie ihm: „Deine Güte ist besser als Leben. Mit meinem Mund
lobpreise ich dich; ich will dich segnen. Meine Hände will ich in
deinem Namen erheben." Denken Sie darüber nach, was es bedeutet,
daß Sie Ihre Hände so erheben. Wiederholen Sie frühere Lernverse.
Heute gibt es nichts auswendig zu lernen.

16. Tag: Lesen Sie Psalm 84,12-13.
Unser Wort des Tages ist *barakh*, was „segnen" bedeutet. Welch eine
Vorstellung, daß Sie und ich den Herrn *segnen* können! Sprechen
Sie einen Segen über ihn: „Herr, ich segne dich mit allem, was in
mir ist. Ich segne deinen Namen, denn dein ist die Majestät und
Gewalt, Herrlichkeit, Sieg und Hoheit. Ich segne dich, denn alles,
was im Himmel und auf Erden ist, das ist dein. Ich segne dich, denn
dein ist das Reich, und du bist erhöht zum Haupt über alles"
(1. Chronik 29,11). David *segnete* den Herrn, und Sie können das
ebenso tun! Denken Sie darüber nach, daß es eine Sache ist, vom
Herrn gesegnet zu werden, aber eine ganz andere, den Herrn zu
segnen! Lesen Sie Offenbarung 5,12-13, um weitere Ausdrücke zu
finden, mit denen Sie Gott segnen können. Nehmen Sie sich vor,
heute den ganzen Tag Gott zu segnen (*barakh*).

17. Tag: Lesen Sie Psalm 30,2-13.
Unser Wort des Tages ist *zamar*, was „singen oder den Herrn mit
einem Lied preisen" bedeutet. In diesem Abschnitt kommt es
zweimal vor, und zwar in Vers 5 – „Lobsinget (*zamar*) dem Herrn,
ihr seine Heiligen, und preiset seinen heiligen Namen!" – und in
Vers 13 – „daß ich dir lobsinge (*zamar*) und nicht stille werde". Heute
sollen Sie ein geistliches Lied singen. Das ist einfach ein Lied zum
Herrn, aber kein Psalm. Mein Vorschlag:

Ich lieb' dich, Herr, keiner ist wie du!
Anbetend neigt sich mein Herz dir zu.
Mein König, Gott, nimm dies Lied von mir,
laß mich, Herr, ein Wohlklang sein vor dir.

Wenn Sie die Melodie dazu nicht kennen, dann machen Sie entweder Ihre eigene Melodie, oder singen Sie irgendeine, die Sie kennen. Singen Sie das Lied mehrmals durch, bis seine Aussage Ihr ernstes Gebet ist. Wiederholen Sie frühere Lernverse. Heute gibt es nichts auswendig zu lernen.

18. Tag: Lesen Sie Psalm 95,1-7.
Unser Wort des Tages ist *toda*, was „Dank geben" bedeutet. Heute ist ein besonderer Dank-Tag. Fangen Sie direkt an und danken Sie für Dinge, die Sie normalerweise für selbstverständlich halten. Luft und Lungen zum Atmen. Schöne Anblicke und Augen, die sie sehen. Angenehme Düfte und ein Geruchsinn, mit dem man sie genießen kann. Das Leben und ein tiefes Empfinden, um es auszukosten. Preisen Sie Gott für etwas, für das Sie Ihres Wissens noch nie gedankt haben. Haben Sie jemals für Ihren *Daumen* gedankt? Es wäre schwierig, irgend etwas festzuhalten, wenn Sie keinen Daumen hätten! Und wie steht es mit Ihrem großen Zeh? Der wird zwar herzlich wenig geschätzt, ist aber beim Stehen und Gehen immens wichtig! Danken Sie Gott für ein Herz, das Tag und Nacht ununterbrochen schlägt. Preisen Sie ihn für die Hunderte von Körperfunktionen, ohne die das Leben schwierig beziehungsweise unmöglich wäre. Sie werden das Grundbedürfnis nach einer dankbaren Einstellung in Ihrem Leben entdecken und das Danken genießen und als Erfüllung erleben. Dies ist ein besonderer Lobpreistag, an dem Sie Gott danken. Ein wunderbares Lied zu Psalm 100,4:

Ich will einzieh'n in sein Tor mit dem Herzen voller Dank,
ich will treten in den Vorhof mit Preis,
    denn ich weiß, dies ist der Tag, den der Herr gemacht,
ich will mich freu'n, er hat mich froh gemacht.
Er hat mich froh gemacht, er hat mich froh gemacht,
ich will mich freu'n, er hat mich froh gemacht.
Er hat mich froh gemacht, er hat mich froh gemacht,
ich will mich freu'n, er hat mich froh gemacht.

Singen Sie dieses Lied, egal, ob Sie die Melodie kennen oder nicht. Beim zweiten Mal singen Sie direkt zu Gott – „*Du* hast mich froh gemacht" usw.

19. Tag: Lesen Sie Psalm 117.
Unser letztes Wort für Lobpreis ist *schabach*, was „rufen oder mit lauter Stimme ansprechen" bedeutet. In Psalm 63,4 spricht der Psalmist: „Meine Lippen preisen (*schabach*) dich." In Psalm 117 kommt sowohl *halal* als auch *schabach* vor. „Lobet (*halal*) den Herrn, alle Heiden! Preiset (*schabach*) ihn, alle Völker!" In einem der vorigen Kapitel sahen wir, daß es im Hebräischen mehrere Wörter für „rufen" gibt. Es handelt sich um eine gültige und unentbehrliche Form des Lobpreises. Wir können rufen, weil ein Sieg sichtbar wurde, oder damit sich ein verheißener Sieg verwirklicht. Geben Sie Ihrem Rufen Substanz. Sagen Sie also nicht nur: „Ehre sei Gott! Halleluja!", sondern runden Sie den Lobruf mit einem Grund ab. „Ehre sei dir, Gott, weil du gut bist und mich mit so großer Liebe liebst! Halleluja, denn deine Treue währt ewig!" Wiederholen Sie frühere Lernverse. Heute gibt es nichts auswendig zu lernen.

20. Tag: Lesen Sie Lukas 1,46-55.
Die verbleibenden Tageslesungen bleiben dem Neuen Testament vorbehalten. Heute stimmen wir in Marias Lobgesang ein. Wenn Sie die Gründe lesen, die Maria für das Gotteslob anführt, denken Sie darüber nach, wie Gott sich Ihnen in eben diesen Bereichen zeigte. Erinnern Sie sich daran, daß Christus in Ihnen Gestalt gewinnt (Galater 4,19). Geben Sie sich heute Gott so hin wie vor langer Zeit Maria: „Mir geschehe, wie du gesagt hast" (Lukas 1,38). Lobpreis setzt diese Art Hingabe voraus. Wie ihren Lobgesang nehmen Sie sich auch Marias Hingabe zum Vorbild. Machen Sie Notizen über Ihre Lobpreiszeit? Wenn nicht, fangen Sie heute damit an, und überarbeiten Sie einige der vorhergehenden Lobpreistage. Heute gibt es nichts auswendig zu lernen. Fahren Sie damit fort, Lernverse zu wiederholen.

21. Tag: Lesen Sie Lukas 1,67-79.
Heute hören wir auf das Lied des Zacharias. Markieren Sie in diesem Abschnitt die Gründe, weshalb er es singt. Machen Sie sie zu Ihren Lobworten für Gottes Taten. Rufen Sie sich Versprechen ins Gedächtnis, die Gott Ihnen gab und einlöste. Drücken Sie ihm einfach Ihre Dankbarkeit für seine Treue aus, daß er tut, was er zu tun

versprach. Sprechen Sie zu ihm wie zu einem Freund, der Ihnen über die Jahre hinweg treu geblieben ist. Heute gibt es nichts auswendig zu lernen. Fahren Sie mit den Wiederholungen fort.

22. Tag: Lesen Sie Lukas 2,29-38.
Heute schauen wir uns den Lobpreis von Simeon und Hanna an. Sie und ich, wir haben viel mehr gesehen als diese beiden. Deshalb sollten wir den Herrn auch viel mehr preisen. Schauen Sie sich Simeons und Hannas Gründe an, Gott zu loben, und fügen Sie Ihre eigenen dazu. Preisen Sie Gott besonders dafür, daß er seine Entschlossenheit, jede Verheißung zu erfüllen, bewiesen hat. Preis dem Herrn! – Heute gibt es nichts auswendig zu lernen. Wiederholen Sie frühere Lernverse.

23. Tag: Lesen Sie Lukas 10,17-24.
Heute betrachten wir das Lobpreisleben Jesu. Wie Jesus zu sein heißt zu loben. Der Grund, weshalb er Gott hier lobte, ist eindeutig. Er freute sich, daß Gott die Dinge des Siegeslebens seinen kindlichen Nachfolgern offenbart hatte. Aber er freute sich auch darüber, daß Gott sie den Weisen und Gebildeten verborgen hatte! Sehen Sie sich in Ihrer Umgebung um, und freuen Sie sich darüber, daß heute das gleiche passiert. Wiederholen Sie Jesu Worte: „Ich preise dich, Vater, Herr des Himmels und der Erde, weil du dies den Weisen und Klugen verborgen hast und hast es den Unmündigen offenbart." Bitten Sie ihn während des Lobpreises, daß er Sie in Ihrer Liebe zu ihm kindlich macht. Heute gibt es nichts auswendig zu lernen. Wiederholen Sie frühere Lernverse.

24. Tag: Lesen Sie Matthäus 6,9-13.
Heute verwenden wir das Modellgebet in unserem Lobpreis. Das Gebet, das Jesus uns als Beispiel gab, beginnt und endet mit Lobpreis. „Unser Vater im Himmel! Dein Name werde geheiligt" ist die Ansprache, die das Gebet eröffnet. Gottes erhobene Position und sein herrlicher Name werden gelobt. „Denn dein ist das Reich und die Kraft und die Herrlichkeit in Ewigkeit. Amen." Fassen Sie Ihre gesamte Gebetszeit heute in Lobpreis ein, indem Sie mit Lob anfangen und aufhören, wie Jesus es im Modellgebet vorschlug. Das kennen Sie auswendig. Sprechen Sie es langsam, und erlauben Sie Gott, Ihnen zu zeigen, was Beten bedeutet. Lassen Sie diese Worte in Ihr Herz eindringen, wiederholen Sie sie immer wieder: „Dein ist das Reich und die Kraft und die Herrlichkeit in Ewigkeit. Amen."

Wiederholen Sie frühere Lernverse. Heute gibt es nichts auswendig zu lernen.

25. Tag: Lesen Sie Offenbarung 4,8-11.
Die restlichen Abschnitte lesen wir aus dem Buch der Offenbarung. Heute schließen wir uns den vier himmlischen Gestalten an, die Gott auf dem Thron loben. Stellen Sie sich vor, wie Sie vor jenem Thron stehen und mit ihnen preisen. Lernen Sie Offenbarung 4,8b auswendig: „Heilig, heilig, heilig ist Gott der Herr, der Allmächtige, der da war und der da ist und der da kommt." Sagen Sie das so oft laut auf, bis es sitzt. Denken Sie an die Wesen aus Jesaja 6, deren Lobpreis ähnlich war: „Heilig, heilig, heilig ist der Herr Zebaoth, alle Lande sind seiner Ehre voll!" Erinnern Sie sich an den Ausdruck ‚El Schaddai'? Er heißt: ‚der Gott, der ernährt, der immer genügt, der Allmächtige'. Feiern Sie heute den allmächtigen Gott! Wiederholen Sie frühere Lernverse.

26. Tag: Lesen Sie Offenbarung 5,11-14.
Heute schließen wir uns den Millionen des himmlischen Heeres an, die um den Thron Gottes herum sind. Versuchen Sie, sich vorzustellen, wie viele es sein mögen. Wie viele Menschen waren in der größten Menge, die Sie je sahen? Bestimmt läßt sich die nicht mit den „vieltausendmal Tausend", oder in der Einheitsübersetzung: „zehntausendmal Zehntausend und tausendmal Tausend" vergleichen! Lernen Sie Vers 12, den Text ihres Lobes, auswendig: „Das Lamm, das geschlachtet ist, ist würdig, zu nehmen Kraft und Reichtum und Weisheit und Stärke und Ehre und Preis und Lob." Nennen Sie ihm die sieben Dinge, die zu empfangen Jesus würdig ist, mit lauter Stimme. Wiederholen Sie den Lernvers von gestern und sagen Sie ihn laut vor Gott auf, zusammen mit dem heutigen Vers. Sie bekommen schon Übung für jenen großen Tag in der Zukunft!

27. Tag: Lesen Sie Offenbarung 11,15-18.
Beobachten Sie die Ankündigung in Vers 15: „Es sind die Reiche der Welt unseres Herrn und seines Christus geworden, und er wird regieren von Ewigkeit zu Ewigkeit." Der Tag wird mit Sicherheit kommen! Nehmen Sie sich eine Minute Zeit, Gott für jenen Tag zu preisen. Lernen Sie Vers 17 auswendig. Verbinden Sie den Vers mit den Lernversen von gestern und vorgestern. Wiederholen Sie frühere Lernverse.

28. Tag: Lesen Sie Offenbarung 12,10-12.
Wir betrachten den „Anfang vom Ende" des Teufels und seiner
bösen Engel. Heute preisen wir Gott, weil wir Überwinder sind
durch das Blut, das Zeugnis und die völlige Hingabe. Der Teufel ist
ein geschlagener Feind! Der Heilige Geist wurde uns gesandt, damit
wir diese wunderbare Wahrheit begreifen könnten – „über das
Gericht: daß der Fürst dieser Welt gerichtet ist". Heute preisen wir
Gott in dem Sieg, der uns erklärt, gezeigt und geschenkt wurde.
Lernen Sie 1. Johannes 5,4 auswendig: „Denn alles, was von Gott
geboren ist, überwindet die Welt; und unser Glaube ist der Sieg, der
die Welt überwunden hat." Sprechen Sie diesen Vers als Bekenntnis
zu Gott: „Ich bin von Gott geboren. Ich überwinde die Welt. Mein
Glaube *ist* der Sieg, der die Welt überwunden hat! Halleluja!"
Wiederholen Sie frühere Lernverse.

29. Tag: Lesen Sie Offenbarung 15,3-4 und 16,5-7.
Lernen Sie Vers 3 auswendig: „Groß und wunderbar sind deine
Werke, Herr, allmächtiger Gott! Gerecht und wahrhaftig sind deine
Wege, du König der Völker." Wir nähern uns immer mehr dem Ende
alles Zeitlichen. Unser Lobpreis wächst! Es ist nur recht, daß wir
uns auf den Tag vorbereiten, an dem wir uns dem großen Lobpreis-
chor des Himmels anschließen. Stellen Sie sich vor, wie es dann sein
wird. Halleluja! Wiederholen Sie frühere Lernverse.

30. Tag: Lesen Sie Offenbarung 19,1-8.
Lernen Sie Ofb. 19,6b-7 auswendig: „Halleluja! Denn der Herr, unser
Gott, der Allmächtige, hat das Reich eingenommen! Laßt uns freuen
und fröhlich sein und ihm die Ehre geben; denn die Hochzeit des
Lammes ist gekommen, und seine Braut hat sich bereitet." Wir
haben mindestens vier Gründe, „halleluja!" zu rufen: „Halleluja, die
Rettung ist vollendet! Halleluja, Gottes Gericht über das Böse ist
vollstreckt! Halleluja, die Herrschaft unseres Gottes ist bestätigt!
Halleluja, die Vereinigung Christi mit seiner Braut ist gekrönt!"

LOBPREISPROJEKTE:
Nun liegen Ihnen diese Vorschläge für dreißig Tage auf dem Weg
zu stärkerer Betonung des Lobpreises vor. Ihr Lobpreisprojekt für
dieses Kapitel ist, damit anzufangen. Benutzen Sie sie als Führer
durch den nächsten Monat. Und damit wird Ihr persönliches
Lobpreisabenteuer bestimmt erst angefangen haben!

Kapitel 18

Praktische Hinweise zu öffentlichem Lobpreis

Lobpreis gehört grundsätzlich als unentbehrlicher struktureller Bestandteil zur Anbetung.

Einige Katechismen lehren, der Sinn des menschlichen Lebens sei, Gott zu ehren und ihn in Ewigkeit zu genießen. Ohne Lobpreis kann es keine Anbetung geben. Anbetung ist im Grunde die zum Ausdruck gebrachte Anerkennung der Größe Gottes. Wie Liebe ist auch Anbetung nur so wertvoll, wie sie ausgedrückt wird.

A. W. Tozer schreibt in seinem Büchlein *Worship - The Missing Jewel of the Evangelical Church*: „Der Mensch wurde geschaffen, um Gott anzubeten. Gott gab dem Menschen eine Harfe und sagte: ,Von allen Wesen, die ich schuf, gebe ich dir hier die größte Harfe. Ich statte dein Instrument mit mehr Saiten und einem größeren Tonumfang aus als das aller anderen Geschöpfe. Wie kein anderes Geschöpf kannst du mich anbeten.' Und als der Mensch sündigte, nahm er jenes Instrument und warf es in den Dreck. Seit Jahrhunderten liegt es dort, rostig, zerbrochen, unbenutzt; und der Mensch, statt Harfe zu spielen wie die Engel und Gott für all seine Taten anbeten zu wollen, dreht sich um sein eigenes Ich, zieht sich in sich selbst zurück, schmollt und flucht, lacht und singt, aber all das ohne Freude und ohne Anbetung."

Sie und ich wurden geschaffen, um zu loben. Im Lobpreis sind wir erfüllt und befriedigt. Für den Erlösten ist es natürlich, Gott zu preisen. Wenn wir damit angefangen haben, Gott in unserer persönlichen Beziehung zu loben, werden wir das auch öffentlich im Gottesdienst zum Ausdruck bringen wollen. Das vorige ist also der erste Punkt zum Thema dieses Kapitels. Bedeutungsvoller öffentlicher Lobpreis ist eine natürliche Folge persönlichen Lobpreises.

VORBEREITUNG

Viele große Denominationen ließen Lobpreis so lange außer acht, daß ihre Mitglieder auf dem Gebiet fast völlig unwissend sind. In

Verbindung mit der gegenwärtigen Betonung auf Lobpreis in manchen Kreisen bewirkt diese Unwissenheit eine Vorsicht und Zurückhaltung, die dem Gotteslob im Wege stehen kann. Tatsächlich kommt es oft vor, daß sich Leute mit den besten Absichten den ersten Anzeichen von Lobpreis widersetzen in der Annahme, sie würden den Glauben verteidigen. Gemeinden zum Lobpreis zu zwingen, ohne durch biblische Unterweisung Verständnis und Wertschätzung zu entwickeln, wird sich als unmöglich und ungesund erweisen.

Der Pastor muß die Situation gut einschätzen können und klug und diplomatisch lehren, leiten und in den Lobpreis einführen. Er wird wissen, wie flexibel seine Gemeinde ist, wie schnell sie lernen kann und wie vorsichtig echter Lobpreis eingeführt werden kann. Er wird den Ängstlichen fair begegnen, den Vorsichtigen freundlich und den Eiferern mit Vorsicht. Er wird über Philosophie, Perspektive und Praxis des Lobpreises predigen.

Eine saubere Einstellung zu öffentlichem Lobpreis ist in der Praxis unentbehrlich. Wenn es Zuschauer im Gottesdienst gibt, sind das Nichtchristen. Von ihnen wird kein Gesang erwartet, denn sie haben kein Lied. „Laßt die das Singen verweigern, die unseren Gott nicht kennen" lautet die richtige Erkenntnis eines alten Liedes. Gott ist unser Zuhörer, und alles ist *Te Deum* (zu Gott hin). Weder Prediger noch Chor oder Solisten führen etwas auf. Also hat die versammelte Gemeinde auch nichts zu richten, zu beurteilen oder kritisieren.

Oft hören wir jemanden sagen: „Heute hat mir der Anbetungsgottesdienst nicht viel gebracht." Wie kommt er denn darauf, daß das der Maßstab für einen guten Anbetungsgottesdienst sei? Er sollte wissen, daß er da ist, um den Herrn zu *segnen*, nicht nur, um vom Herrn gesegnet zu *werden*. Die Erkenntnis, daß wir doppelt gesegnet werden, wenn wir den Herrn segnen, wird eine freudige Überraschung sein.

Der Pastor und die Mitarbeiter müssen sich als Anbetungsteam verstehen. Wenn einer für die Musik „zuständig" ist, einer für die Abkündigungen, ein anderer für die Kollekte und noch jemand für die Predigt, führt das zu einem uneinheitlichen Gottesdienst. Alles sollte sich in die Freudensymphonie des Lobpreises einordnen. Die Atmosphäre, die Lobpreis hervorruft, beginnt mit dem ersten Ton der Instrumente, wenn die Menschen sich zum Lob versammeln. Die Gemeinde wird nur sich nur schwer über die Größe Gottes begeistern, wenn sie beim Betreten des Gottesdienstraums von düsterer Klagemusik begrüßt wurde. Die Musiker sind nicht da, um Orgel, Klavier oder andere Instrumente zu spielen, sondern um dem Herrn zu dienen. Wenn Blechbläser, Streicher und Rhythmusinstrumente nicht zur Anbetung benutzt werden, erzeugen sie im Grunde nur Lärm. Das ganze Musikteam ist nicht dazu da, etwas aufzuführen, sondern um in bedeutungsvolle Anbetung zu führen. In unserer eigenen Gemeinde heißt der Musikleiter „Minister of praise" (Lobpreispastor bzw. „Diener am Lobpreis"). Tatsache ist, daß alle Leiter Diener am Lobpreis sind, die andere Diener am Lobpreis in die Anbetung führen!

ALLGEMEINE VORSCHLÄGE
1. Der Prediger muß die Menschen auf Lobpreis einstimmen, indem er Grundlegendes darüber erläutert. Vielleicht muß er mit dem allereinfachsten Wissen darüber anfangen. Das Was, Wer, Wie und Warum des Lobpreises muß deutlich erklärt werden. Nichts sollte als bekannt vorausgesetzt werden.

2. Die alten Loblieder stellen einen wunderbaren Ausgangspunkt für bedeutungsvollen Lobpreis dar. In jedem Gesangbuch gibt es einen Teil mit Lobliedern. Oft entpuppt sich ein bestimmtes als eine Art „Flaggschiff-Lied", das in der Gemeinde als Aufruf zum Lobpreis gut ankommt. In unserem Fall erfüllte diesen Zweck ein Lied, das ich meines Wissens nach noch nie vorher gehört hatte, mit dem Titel: „Come Christians, Join to Sing, Halleluja, Amen!" („Auf, Christen, stimmt mit ein, halleluja, amen!") Mit jeder Wiederholung verstärkte sich die Aufforderung zum Loben, und wenn das Orchester einfiel und unsere Leute es auswendig sangen, gewann das Lied noch größere Bedeutung.

3. Gute Lobpreis-Chorusse sollten eingesetzt werden. Ich bin immer wieder erstaunt, daß es buchstäblich jede Woche einen neuen und frischen Lobpreis- und Anbetungs-Chorus zu hören gibt. Wie beim „Flaggschiff"-Lied nimmt auch häufig ein Chorus diese Funktion ein. Bei uns war das „Our God Reigns" („Gott regiert!") Wir entdeckten ja gerade, daß Gottes Herrschaft die Lobpreis-Perspektive ist, und so empfanden wir es als ganz natürlich, einander bei jeder Zusammenkunft (und zwar meistens am Anfang) daran zu erinnern, daß unser Gott regiert!

4. Der Lobpreis eines Sonntagmorgen-Gottesdienstes begegnet anderen Erfordernissen als der des Sonntagabend-Gottesdienstes. Morgens scheint die Größe Gottes vorherrschendes Thema und der

Gottesdienst eher formal zu sein. Da passen die großartigen Kirchenlieder und Chorusse, die Gottes Größe anerkennen, seine Herrschaft, sein ewiges Wesen und seine Heiligkeit. Obwohl es am Morgen eher formal zugeht, sollte man doch die Nähe zu Gott suchen. Zärtliche Augenblicke mit „Ich lieb' dich, Herr, keiner ist wie du. Anbetend neigt sich mein Herz dir zu" passen in jeden Gottesdienst. Und doch kann man auch mit den triumphierenden Klängen von „Ein feste Burg" nichts verkehrt machen. Am Sonntagabend dürfen die Gefühle auf vielfältigere Weise angesprochen werden. Chorusse, die zu Aktion und Begeisterung anspornen, helfen, Gott zu loben. Chorus-Reihen, z. B. über den Namen Jesus, erfüllen einen guten Zweck.

5. Eine kleine Liedersammlung, speziell für den Gebrauch in Lobpreis und Anbetung gedruckt, wäre hilfreich. Vergessen Sie bitte nicht die Copyright-Gesetze, die das Drucken von Noten ohne Erlaubnis untersagen. Es ist nicht schwierig, solch eine Erlaubnis einzuholen. Ich habe es mir zum Hobby gemacht, diese Liedersammlungen von meinen Reisen mitzubringen und zu sammeln. Das Ergebnis ist eine fantastische und wachsende Kollektion von Chorussen, die für den Lobpreisgottesdienst wichtig sind. Die meisten Loblieder fand ich in einer anglikanischen Gemeinde!

6. Unsere Gemeinde hält die Einführung des „Monats-Chorus'" für eine gute Idee. Den ganzen Monat lang wird der Text des jeweiligen Chorus' im sonntäglichen Mitteilungsblatt abgedruckt, und er wird in jedem Gottesdienst beim Begrüßen der Besucher gesungen. Das stellt sicher, daß die Gemeinde mindestens zwölf neue Chorusse im Jahr lernt und diese Lieder im Gedächtnis der Anbeter bleiben.

7. Machen Sie eine „Top-Twenty"-Liste sowohl von Lobliedern als auch von beliebten Lobpreis-Chorussen. Bitten Sie die Leute, ihre Lieblings-Lobpreislieder und -Chorusse zu nennen. Das erweckt Interesse an Lobpreismusik. Nehmen Sie die zwanzig am häufigsten genannten und erstellen Sie eine Liste für Ihre Gemeinde.

Die meisten dieser Vorschläge haben mit Musik im Lobpreis zu tun. Andere praktische Vorschläge habe ich für später aufgehoben. Musik wurde zuerst behandelt, weil Musik als Stimmungsmacher für Lobpreis funktioniert. An früherer Stelle schrieb ich bereits, daß Gott Lobpreismusik (*tehilla*) bewohnt (Psalm 22,4). Es ist sinnvoll zu beachten, daß es unterschiedliche Sorten Lieder gibt, die unterschiedliche Aufgaben erfüllen:

Erstens: Lieder, die Gottes Größe besingen. Das sind großartige Glaubenslieder, die in fast allen evangelikalen Richtungen gesungen werden. Sie stehen in der dritten Person, das heißt, mit ihnen singt man *über* Gott. Mit ihnen besinnen wir uns auf die verschiedenen Aspekte von Gottes vielfältiger Größe, z. B.: „Ein feste Burg ist unser Gott".

Zweitens: Loblieder, die sich direkt an Gott richten. Sie stehen in der zweiten Person, sprechen also nicht *über*, sondern *zu* Gott. Sie bewirken etwas anderes als die erste Sorte, nämlich eine Betonung der *Beziehung*. Ein Beispiel: „Großer Gott, wir loben dich." Die eine Sorte ist nicht wichtiger als die andere; beide sind notwendig und hilfreich bei der Anbetung. Bei den meisten Liedern der ersten Gruppe ist es von Vorteil, wenn man sie gegebenenfalls mit etwas Fingerspitzengefühl von der dritten zur zweiten Person umwandelt. Beispiel: „Ein feste Burg *bist du*, o Gott".

Drittens: Lieder, die zwischen der zweiten und dritten Person wechseln, die also Lob *über* Gott und direktes Lobsingen *zu* Gott miteinander vermischen.

Viertens: Lieder, die ein persönliches Zeugnis beinhalten. Diese bewegen die Erinnerungen an den Anfang unserer Beziehung mit Gott, seine Versorgung in unserem ganzen Leben oder ein bestimmtes Erlebnis auf unserem Weg mit ihm. Solche Lieder sind sehr wichtig für den Lobpreis, weil sie die Saiten unserer Erinnerung anschlagen, die die Liebe zum Herrn erneuern. Als ich mich durch das Gesangbuch hindurchlas, wurde mein Herz allein durch das Lesen der Liedtexte berührt.

Hier haben wir jetzt einige Beispiele der verschiedenen Lobpreis-Chorusse:

Erstens: *Aufruf*-Chorusse. Diese erklären den Entschluß zu preisen und rufen auch andere zum Lobpreis auf. Beispiel: „Wo immer ich bin, ich preis ihn", „Singt mit mir ein Halleluja", „Klatscht in die Hände, all ihr Völker".

Zweitens: *Aktions*-Chorusse. Sie werden nicht nur gesungen, sondern erfordern zusätzlich bestimmte Aktionen oder Bewegungen. Sie können helfen, Schüchternheit und Befangenheit abzubauen. Beispiele: „Ich hebe meine Hände auf zu dir", „Herr, deine Liebe ist besser als Leben", „Wenn Gottes Geist" (mit begleitenden Bewegungen).

Drittens: *Hingabe*-Chorusse, z. B. „Jesus allein".

Viertens: *meditative* Chorusse. Diese Lieder vergegenwärtigen die Nähe des Herrn, die Bedeutung unserer Anbetung und unsere persönliche Absicht, Gott zu verherrlichen. Beispiele: „Wir sind hier zusammen in Jesu Namen", „Mach mich frei, o Herr, daß ich anbeten kann".

Fünftens: *Kampfführungs*-Chorusse. Diese Lieder handeln vom Kampf und Sieg, der in Christus unser ist. Beispiel: „In dem Namen Jesu haben wir den Sieg".

Sechstens: *Zeugnis*-Chorusse, die eine Seite des persönlichen Zeugnisberichts herausstellen. „Ich bin erlöst", „Die Freude am Herrn".

Siebtens: *sehr persönliche Anbetungs*-Chorusse. Drei solcher Lieder berühren mich besonders. Ich singe sie oft in privater Anbetung. Aber auch im öffentlichen Lobpreis sind sie sehr schön: „O Lord, You're Beautiful" von Keith Green, „Ich lieb' dich, Herr" und „Praise you, Father, Thank You Jesus, Holy Spirit, Thank You" („Preis Dir Vater, danke, Jesus, danke, Heilger Geist").

EINSATZ DER HEILIGEN SCHRIFT IN ÖFFENTLICHEM LOBPREIS

Ich glaube, daß eins der effektivsten Mittel, den Herrn privat oder öffentlich zu preisen, die Heilige Schrift ist. In vielen Kirchen sind Wechsellesungen schon lange üblich. Am Anfang des Anbetungsgottesdienstes könnte der Lobpreisleiter die Gemeinde folgendes nachsprechen lassen: „Ich will den Herrn loben allezeit; sein Lob soll immerdar in meinem Munde sein. Meine Seele soll sich rühmen des Herrn, daß es die Elenden hören und sich freuen. Preiset mit mir den Herrn und laßt uns miteinander seinen Namen erhöhen!" (Psalm 34,2-4). Es gibt Dutzende Bibelstellen, die man auf diese Art einsetzen kann. Im Abschnitt über die Kollekte werden wir weiter darauf eingehen.

LOBPREIS IN DER GEBETSZEIT

Das *Anfangs*gebet ist extrem wichtig; es kann den Lobpreis des ganzen Gottesdienstes prägen. Es sollte unbedingt ein hauptsächlich lobendes Gebet sein. Selbst im Gebet zur Kollekte ist Lobpreis passend, wie ich später ausführen werde. Wenn es eine besondere Gebetszeit gibt, in der die Menschen nach vorn gerufen werden (und ich rate dringend dazu), dann könnte der Pastor, wenn er die genannten Nöte vor den Herrn bringt, Gott gleichzeitig dafür preisen, daß er in der Lage ist, weit über unser Bitten und Verstehen hinaus zu geben! Das Schlußgebet oder Schlußlied enthält sinnvollerweise die Bitte, daß die, die jetzt gemeinsam angebetet haben, in der vor ihnen liegenden Zeit fortfahren, den Herrn im Privaten zu loben und anzubeten.

LOBPREIS WÄHREND DER KOLLEKTE

Welch eine gute Gelegenheit für Anbetung bietet das Einsammeln der Kollekte! Leider wird sie nur sehr selten wahrgenommen. Diese Zeit sollten wir nie ungenutzt verstreichen lassen. Der Pastor könnte z. B. sagen: „Und jetzt kommen wir, dankbar, daß der Herr uns an den großartigen Unternehmungen seines Königreichs Anteil haben läßt, und bringen dem Herrn unsere Gabe. Jeder möge an dieser Anbetung durch Geben teilhaben! Halten Sie bitte Ihre Gabe fest und sprechen Sie mir nach: ‚Dein, Herr, ist die Majestät und Gewalt, Herrlichkeit, Sieg und Hoheit. Denn alles, was im Himmel und auf Erden ist, das ist dein. Dein, Herr, ist das Reich, und du bist erhöht zum Haupt über alles. Reichtum und Ehre kommt von dir, du herrschest über alles. In deiner Hand steht Kraft und Macht, in deiner Hand steht es, jedermann groß und stark zu machen. Nun, unser Gott, wir danken dir und rühmen deinen herrlichen Namen. Denn was bin ich? Was ist mein Volk, daß wir freiwillig soviel zu geben vermochten? Von dir ist alles gekommen, und von deiner Hand haben wir dir's gegeben.'" Das Gebet während der Kollekte sollte von Gottes Barmherzigkeit handeln, der uns in seinen Wirtschaftsplan mit einbezieht und uns mit Intelligenz und Energie versorgt, so daß wir Geld verdienen können, und seiner Fähigkeit, das, was wir ihm geben, bis zu den Enden der Welt zu tragen, um Menschen zu erreichen. Viele wunderbare Schriftstellen passen zur Kollekte, z. B. 2. Korinther 9,6-8, Offenbarung 5,12-13; 7,12.

TAUFE ALS LOBPREIS-ERFAHRUNG

Taufe ist die Feier des neuen Lebens in Christus. Welch eine passende Gelegenheit, die Erinnerung aller Gläubigen in der Versammlung zu ihrer Rettung und Taufe zurückgehen zu lassen! Zwischen den Taufen können Zeugnislieder eingefügt werden. In unserer Gemeinde singen wir: „Ich bin entschieden, zu folgen Jesus, niemals zurück, niemals zurück" nach jeder einzelnen Taufe. Andere passende Lieder sind: „Ich bin erlöst", „Dies ist der Tag".

ABENDMAHL ALS ZEIT FÜR LOBPREIS

Wenn wir die tiefe Bedeutung und die Tragweite des Abendmahls begreifen, wird es unausweichlich eine Lobpreiszeit werden! Auch das Abendmahl ist eine Feier, die Feier unserer Bündnisbeziehung mit Gott durch das Blut Jesu. Im Grunde ist es das Gegenstück zum Bundesmahl zweier Parteien, die in eine Blutsverbindung getreten sind und ihre neue Beziehung feiern. Wir sind durch das Blut Jesu mit Gott verbunden; es ist das Blut des ewigen Bundes. Gott hat sich uns verpflichtet, und wir haben uns ihm verpflichtet. Das Blut, das er vergossen hat, gab uns geistliches Leben. Uns, die wir wegen unserer Sünde weit davon entfernt waren, schenkt es Vertrautheit, ja Einheit mit Christus. Im Abendmahl werden wir ermutigt, das hohe Vorrecht zu feiern, in ihm unsere Nahrung zu finden. Als Symbol für unser Einssein mit ihm nehmen wir die Elemente, die den Leib und das Blut des Herrn darstellen, zu uns. Welch eine Gelegenheit, ihn zu preisen für seine Gnade, die sich auf Golgatha offenbarte! Jetzt kommt mir dieses Lied in den Sinn:

> O Lord, you're beautiful,
> You face is all I seek,
> And when your eyes are on this child
> Your grace abounds to me.

> (O Herr, du bist schön,
> nur dein Angesicht suche ich,
> und wenn deine Augen auf diesem Kind ruhen,
> überströmt mich deine Gnade.)

Weil er starb, haben wir Vergebung und Leben. Persönliche Danksagungen an Jesus passen hierher. Das Abendmahl oder Bundesmahl bedeutet uns noch mehr, wenn wir uns klarmachen, daß es drei Ausrichtungen hat:

Zuerst ist es *Gedenken*. Es weist in die Vergangenheit, auf den Tod Christi, sein Begräbnis und seine Auferstehung. Es erinnert uns an den Tag, an dem wir neues Leben empfingen und zur wunderbaren Familie Gottes hinzugetan wurden, und unseren Weg mit Jesus seither.

Zweitens handelt es sich um eine *Feier*. Es blickt auf das Jetzt und nimmt die gegenwärtigen Segnungen wahr. Wenn wir das Bundesmahl einnehmen, werden wir daran erinnert, daß wir als Kinder seines Bundes entsprechende Privilegien beim Vater genießen.

Drittens ist es *Erwartung*. Es sieht in die Zukunft, wenn wir uns am Tisch unseres Vaters im Himmel niedersetzen und mit unserem Herrn Gemeinschaft haben werden.

Für alle diese Aspekte gibt es sowohl Kirchenlieder als auch Chorusse. Es ist wohl angebracht, diese Ausrichtungen in jeder Anbetungsversammlung zu betonen. Rechtes *Gedenken* befreit uns von Schuldgefühlen. Rechte *Erwartung* befreit uns von Angst. Rechtes *Feiern* befreit uns von Frustration. Preis dem Herrn!

Machen Sie jede Versammlung des Leibes Christi zu einem Lobpreisgottesdienst. Lassen Sie jede Ausschußsitzung mit einem Lobgebet anfangen und enden. Fügen Sie alle Aspekte des Gottesdienstes, das Präludium, den Gesang, die Kollekte, die stillen Augenblicke, die Predigt und den Aufruf zu einem Lobpreisgeschenk an den Herrn zusammen. Gotteslob ist nie unangebracht! Es paßt immer. „Halleluja! Lobet Gott in seinem Heiligtum, lobet ihn in der Feste seiner Macht! Lobet ihn für seine Taten, lobet ihn in seiner großen Herrlichkeit! Lobet ihn mit Posaunen, lobet ihn mit Psalter und Harfen! Lobet ihn mit Pauken und Reigen, lobet ihn mit Saiten und Pfeifen! Lobet ihn mit hellen Zimbeln, lobet ihn mit klingenden Zimbeln! Alles, was Odem hat, lobe den Herrn! Halleluja!" (Psalm 150).

LOBPREISPROJEKTE:
Ein einfaches Projekt: Machen Sie gemäß Psalm 144,9, „Gott, ich will dir ein *neues* Lied singen", ein *neues* Lied und singen Sie es zum Herrn. Nur Mut – Sie schaffen das schon! Vielleicht ist es leichter, wenn Sie einen Psalm zu Hilfe nehmen und den Text mit einer Melodie versehen. Ich habe es gerade ausprobiert, und es ist toll!

Kapitel 19

Höhepunkt

„Machet die Tore weit und die Türen in der Welt hoch, daß der König der Ehre einziehe! Wer ist der König der Ehre? Es ist der Herr, stark und mächtig, der Herr, mächtig im Streit. Machet die Tore weit und die Türen in der Welt hoch, daß der König der Ehre einziehe! Wer ist der König der Ehre? Es ist der Herr Zebaoth; er ist der König der Ehre" (Psalm 24,7-10).

Wir nähern uns dem höchsten Gipfel in der Bergkette des Lobpreises. Von hier aus sieht man fast unendlich weit. Solch einen Ausblick bietet keine andere Erhebung!

Dieser Abschnitt aus Psalm 24 fasziniert mich schon seit Jahren. Aus irgendeinem Grunde fühlte ich mich ihm bereits verbunden, als ich noch nichts über seinen Hintergrund wußte; er kam mir immer schon sehr vertraut vor. Dieser großartige Text bietet drei Perspektiven: Erstens die *praktische* oder historische, aus der zunächst im Licht der Vergangenheit gesehen werden muß, zweitens die *prophetische*, die erwartungsvoll und zukunftsorientiert ist, und drittens die *persönliche*, in der es um die Gegenwart geht. Diese drei wichtigen Perspektiven wollen wir uns kurz ansehen.

DIE PRAKTISCHE, HISTORISCHE PERSPEKTIVE

Den Hintergrund bildet ein großartiges Ereignis aus der frühen Regierungszeit des Königs David. Das Königreich war unter ihm vereint worden. Sauls Mächtige waren Davids Mächtige geworden. Die Wunden des Volkes hatten begonnen zu heilen. Dieser Psalm entstand wahrscheinlich, als David die Bundeslade an ihren ordnungsgemäßen Aufenthaltsort, die Hauptstadt des Königreichs, zurückbrachte. Dieses Möbel und sein Inhalt waren das sichtbare Symbol für die unsichtbare Gegenwart des allmächtigen Gottes. In den letzten Jahren der Regierung von König Saul war die Gegenwart Gottes offenbar nicht für so wichtig gehalten worden. Die Bundeslade war nicht im Lebens-Mittelpunkt des Volkes gewesen, sondern im Hause des Abinadab, höchstwahrscheinlich in einem Vorrats-

raum, bedeckt von einer alten Plane. Die letzten Jahre der Regierung
Sauls waren von geistlicher und körperlicher Unordnung und
Verwirrung bestimmt gewesen. Jetzt waren sowohl Saul als auch
Jonathan tot, und David war König.

Von einer der ersten Amtshandlungen Davids wird in 1. Chronik
13 berichtet. Er sagte: „Und laßt uns die Lade unseres Gottes wieder
zu uns holen; denn zu Sauls Zeiten fragten wir nicht nach ihr."
Welche Tragik steckt in diesen Worten – „Wir fragten nicht nach
ihr"! David gab ein Versäumnis am Lobpreis und Willen Gottes zu.
Die ganze versammelte Gemeinde, ob einfach oder einflußreich,
Priester oder Levit, stimmte mit ihm überein. Ein neuer Wagen
wurde gebaut, die Aufgabe angegangen. An sich war das richtig, nur
die Methode stimmte nicht. Die Bundeslade war dafür gemacht
worden, auf den Schultern heiliger Männer getragen zu werden,
nicht auf menschlichen Bauten wie einem Wagen. Während des
Transports stolperte einer der Ochsen, und die Lade geriet ins
Rutschen. Usa streckte seine Hand aus, um sie zu halten, und als
er sie berührte, mußte er sterben. Voller Furcht und Ärger ließ David
die Lade einen Umweg zum Hause Obed-Edoms machen, wo sie
etwa drei Monate blieb. David erkannte später seinen Fehler: erlaubt
zu haben, daß die Lade auf einem Wagen statt auf den Schulter der
Leviten transportiert wurde. Er sagte: „Wie darf ich da noch die
Lade Gottes zu mir bringen?" (1. Chronik 13,12b).

Schließlich war die Bundeslade aber doch auf ihrem Weg zur
Stadt Davids. Gott kam heim! Wir haben uns eine bewegende Szene
vorzustellen. David hatte die Leviten mit der Aufstellung eines
Orchesters beauftragt: Psalter, Harfen, Trompeten und Zimbeln
sollten den Herrn gemeinsam mit einem riesigen Chor preisen. Sie
gingen zu beiden Seiten der Lade auf ihrem Weg zu der Stelle, die
für sie vorbereitet war. Als sie sich zu der Musik des Orchesters und
des Chors der Stadt näherten, konnte David seine Begeisterung und
Dankbarkeit nicht länger zurückhalten. Er fing an zu tanzen und
schloß sich der Prozession an.

Sehr wahrscheinlich wurde der Chor außerhalb der Stadttore,
der die Lade begleitete, von einem ebenso großen Chor innerhalb
der Tore ergänzt.

Als die Lade mit dem ganzen Festzug zu den Stadttoren kam,
erklang der gesungene Befehl: „Ihr Tore, hebt euch nach oben, hebt
euch, ihr uralten Pforten, denn es kommt der König der Herrlichkeit" (Einheitsübersetzung). Dann sang der Chor in der Stadt als

Antwort: „Wer ist der König der Herrlichkeit?" Darauf der Chor von außen: „Der Herr, stark und gewaltig, der Herr, mächtig im Kampf. Ihr Tore, hebt euch nach oben, hebt euch, ihr uralten Pforten; denn es kommt der König der Herrlichkeit." Von innen wurde die Frage durch Wiederholung betont: „Wer ist der König der Herrlichkeit?" Und die letzte Antwort kam von außen: „Der Herr der Heerscharen, er ist der König der Herrlichkeit."

Dann wurden die mächtigen Türen geöffnet, die Tore hochgezogen und die Lade unter Rufen und Lobliedern beider Chöre und Orchester in die Stadt gebracht. Man vermutet, daß dieses Ereignis den historischen Hintergrund für Psalm 24 darstellt.

Jetzt war die Bundeslade an ihren vorbereiteten Aufenthaltsort gebracht worden. Der wahre König Israels war an der richtigen Stelle – Jahwe, Gott. Der König war zuhause, wo er hingehörte. Die Stadt war in Sicherheit. Preis sei Jahwe! Halleluja!

DIE PROPHETISCHE PERSPEKTIVE

Dieser Psalm schaut nach vorn in Erwartung der Wiederkunft unseres Herrn. Die Geschichte der Vergangenheit weist auf einen Tag in der Zukunft, an dem der König der Herrlichkeit zurückkommen wird, um seine Erlösung zu vollenden. Er wird in seinen Tempel kommen. In Windeseile wird er die Herrschaft über die Reiche der Welt übernehmen, und seine Gerechtigkeit wird die Erde bedecken, wie jetzt das Wasser die See bedeckt. Die Reiche dieser Welt werden Reiche unseres Herrn und seines Christus werden, und er wird in Ewigkeit regieren.

Er wird in einem strahlend hellen, königlichen Gewand erscheinen. Er ist der Herr der Heere, mächtig im Kampf! Dieses prophetische Licht schien hell, als die wahnsinnigen Herrscher des ersten nachchristlichen Jahrhunderts schwächere Lichter auslöschten. Jesaja verkündete das Kommen des Einen, auf dessen Schultern die Herrschaft ruhen wird, und dessen Herrschaft groß werden und dessen Friedens kein Ende sein wird. Er wird Wunder-Rat, Gott-Held, Ewig-Vater, Friede-Fürst genannt werden (9,6). Auf diese Hoffnung, die Sicherheit ihrer Erfüllung, gründen sich alle unsere Hoffnungen. Zu recht wird sie die *gesegnete Hoffnung* genannt!

In der Mitte des siebzehnten Jahrhunderts versiegelten die Türken das massive Osttor zur Jerusalemer Altstadt. Bis zum Einzug des Königs der Könige und Herrn der Herren wird es nicht wieder geöffnet werden. Sein Willkommen wird nicht weniger herrlich ausfallen als das der Bundeslade damals. Vielleicht werden wir wieder die Worte desselben Psalms hören und miterleben, wie die Orchester und Chöre sich vereinigen, um den König zuhause willkommen zu heißen! Halleluja!

DIE PERSÖNLICHE PERSPEKTIVE
Bis dahin brauchen wir uns nicht nur mit Erinnerungen und Erwartungen zu beschäftigen. Wir können feiern, denn dieser Psalm hat einen persönlichen und gegenwärtigen Aspekt. Bevor er in sichtbarer Herrlichkeit kommt, ist Jesus schon in unsichtbarer Herrlichkeit unter uns. Wo immer wir ihm die richtigen Bedingungen bereiten – und das heißt nichts anderes als ihn zu preisen –, möchte er seine wunderbare Nähe schenken. Diese exklusive Atmosphäre, wenn ihm unser Lob gefällt und er in manifester Gegenwart unter uns tritt, ist der Gipfel, der höchste Punkt der „Lobpreis-Bergkette". In der persönlichen Anbetung kann das ebenso geschehen wie im Gottesdienst. In dieser besonderen Lobpreisatmosphäre kommt er in Herrlichkeit, um den Anbeter mit Freude zu erfüllen, mit Liebe zu taufen und den Leib Christi mit Kraft zu salben.

Ich möchte diesen Textabschnitt in vier Teilen behandeln, damit Sie und ich ihn sofort in die Praxis umsetzen können.

Erstens: Die Einladung, voranzugehen. „Ihr Tore, hebt euch nach oben, hebt euch, ihr uralten Pforten!" Wir sind die Tore und die Türen, die sich für das Kommen des Königs öffnen.

Die Forderung nach Aktionen wird aufgeschlüsselt und wiederholt. Unser Lobpreis ist das Heben der Tore und das Öffnen der Türen. Das ist primär unsere Sache. Welch ein ernüchternder Gedanke: Wir können sein Kommen ermutigen und herbeiführen, so daß sich seine Gegenwart manifestiert, oder wir können die Türen geschlossen und ihn außen vor lassen. Alles hängt von unserem Lobpreis ab!

Zweitens: Das Versprechen, hereinzukommen. Die Wahrheit hinter dieser ganzen Episode ist, daß Gott tatsächlich herein*wollte*! Er wartet darauf einzutreten, und er möchte sich seinem Volk offenbaren. „Denn es kommt der König der Herrlichkeit" (Einheitsübersetzung). Das ist auch heute eine wunderbare Verheißung, sei es in der Stille des eigenen Gebetskämmerchens, sei es im gemeinsamen Anbetungsgottesdienst mit anderen Christen. Er wartet mit all seiner herrlichen Kraft darauf, in unsere Umstände hereinzukommen. Sein Eintreten garantiert Veränderung in jeder Hinsicht. Wenn der König in unserem Leben residiert, wird ganz deutlich, was das bedeutet.

Drittens: Identität. „Wer ist der König der Ehre?" Die Antwort kommt zwiefältig zurück. Erstens wird Gott durch seine erhöhte Position identifiziert. Er ist der *Herr, stark und mächtig.* Er regiert. Wir sind wieder da, wo wir mit dem Lobpreis angefangen haben – Gott auf dem Thron und ein gewaltiger Anbetungsgottesdienst. Zweitens wird er durch seine effiziente Leistung identifiziert. Er ist der Herr, *mächtig im Kampf.*

Viertens: Ein Verständnis der Bedeutung. Wir singen ein Lied: „Der Herr ist in seinem heiligen Tempel, der Herr ist in seinem heiligen Tempel; alle Welt schweige vor ihm, schweige vor ihm, schweige vor ihm."

Der König ist gegenwärtig, wichtig und mächtig. Er hat sich des Volks angenommen. Er ist froh, uns unter seine Herrschaft zu nehmen.

Und nun zu den Versen, die diesen vier letzten des 24. Psalms vorausgehen. Wichtige Fragen werden gestellt: „Wer darf auf des Herrn Berg gehen, und wer darf stehen an seiner heiligen Stätte?" Die Antwort ist klar: „Wer unschuldige Hände hat und reinen Herzens ist, wer nicht bedacht ist auf Lug und Trug und nicht falsche Eide schwört." Das ist eine einfache Qualifikation für uns, die wir wünschen, auf dem Gipfel des Lobpreises zu stehen, auf dem Berg des Herrn, an seiner heiligen Stätte. Und was uns das Recht aufzusteigen gibt, gibt uns auch das Recht, auf dem Berggipfel des Lobpreises zu bleiben.

Schließlich wird denen, die so stehen, etwas verheißen: „Der wird den Segen vom Herrn empfangen und Gerechtigkeit von dem Gott seines Heiles" (Psalm 24,5). Das gilt für alle, die den Herrn suchen.

Wenn Sie dieses Kapitel auf sich persönlich anwenden, machen Sie sich klar, daß auch wir Toren und Türe haben wie Städte oder Kirchen. Unsere Gefühle, unsere Stimme, unsere Arme, Hände und Augen sind die Tore und Türen, durch die der Herr in unsere Situation eintreten kann, so daß uns seine Gegenwart bewußt wird. Ja, er ist bereits dort, genauso, wie er in Davids Königreich gewesen war. Aber wenn er willkommen geheißen wird, wenn die Tore hochgehoben und die Türen weit geöffnet werden, kommt er anders als vorher, dann bewirkt er etwas völlig Neues. Und das ist Erwekkung!

LOBPREISPROJEKTE:
1. Lernen Sie Psalm 24,7-10 auswendig. Das ist sehr wichtig. Ich kenne keine geeignetere Schriftstelle zum Auswendiglernen!
2. Verwenden Sie diese Stelle immer und immer wieder in Ihrer Gebetszeit, wenn Sie sie sich einprägen.
3. Machen Sie sich Notizen darüber, welche Eindrücke Ihnen der Herr über die Bedeutung des Textes vermittelt.
4. Wenn Ihnen das Spaß macht, schreiben Sie ein Lied zu diesem Text. Ich habe es soeben mit großer Freude getan!
5. Stellen Sie sich zu Beginn Ihrer persönlichen Anbetungszeit die wichtigen Fragen aus Psalm 24,3, und lesen Sie die Antworten im nächsten Vers. Machen Sie es sich zur Gewohnheit zu fragen: a.) Sind meine Hände unschuldig? b.) Ist mein Herz rein? c.) Habe ich jemanden betrogen? d.) Habe ich einen falschen Eid geschworen?
6. Stellen Sie sich vor, wie Sie auf dem Berg des Herrn stehen, auf dem höchsten Punkt des Lobpreises. Stehen Sie eine Weile still da, und genießen Sie die Aussicht!

Kapitel 20

P.S.

Während des Schreibens wurde ich den Gedanken nicht los, daß jedes Kapitel noch hätte ergänzt werden können. Aber das wäre bestimmt auch nach hundert Überarbeitungen nicht anders! Lobpreis ist wie vielleicht kein anderes Thema der Bibel unerschöpflich. Ich bin mir völlig darüber im klaren, daß wir mit unserer Studienreihe erst ganz am Anfang stehen.

Und so greife ich dankbar die Erfindung des „Postskriptums" auf. Ich weiß nicht, wer es einführte und warum, aber ich denke, man wollte die Möglichkeit schaffen, nach dem eigentlichen Schreiben noch gewisse Gedanken zum Thema nachzuschieben. Dann hat dieses Kapitel die richtige Überschrift. Selbst nach seiner Fertigstellung werden sich weitere Ideen melden, aber die werden auf Folgebände warten müssen. Bitte beachten Sie, daß die Gedanken, die im Postskriptum geäußert werden, deshalb nicht weniger Wert haben, sondern im Gegenteil so wichtig sind, daß sie verdienen, ganz am Ende noch bedacht zu werden.

EIN KLASSISCHES ZEUGNIS

Sehr oft zieht die Wiederentdeckung von Lobpreis dramatische Veränderungen in Beziehungen und Zielsetzungen nach sich. Stellvertretend für viele, die das bezeugen, wähle ich das Beispiel des Gemeindemitarbeiters John Wyatt, verantwortlich für Musik und Musikproduktionen, der plötzlich und ohne Vorwarnung zu John Wyatt, verantwortlich für Lobpreis, bekehrt wurde. Hier seine Geschichte:

„Für mich wurde die Musikarbeit durch eine Menge Geld und aufwendige Produktionen mit vielen Showeffekten gekennzeichnet. Nicht, daß mich das wirklich befriedigt hätte, aber ich kannte nichts anderes. Ich wollte, daß Gott durch mich Einfluß ausübt, und soweit ich wußte oder mir vorstellen konnte, boten große Produktionen die Möglichkeit dafür. Noch größere und bessere Ideen waren in

Planung, und alles signalisierte grünes Licht für noch mehr Gelder und noch aufwendigere Produktionen.

Dann kam der schwarze Freitag, der Tag, an dem sich der Ausschuß für Budgetplanung traf. Die Prioritäten unserer Gemeinde waren im Wandel begriffen, was ich sehr begrüßte – ohne allerdings die Konsequenzen zu ahnen. Es bedeutete, daß mein Musik-Budget von über $ 50.000 um die Hälfte gekürzt wurde! Das traf mich wie ein Hammer. Ich konnte sowohl die Notwendigkeit dieser Entscheidung erkennen als auch, wie unmöglich das war. Ich fühlte mich, als hätte mich ein Riese an den Füßen gegriffen und auf den Boden geschmettert. Mein Hirn hatte Stromausfall. Ich war unfähig, mich zu rühren, und hörte die deutliche Aufforderung des Teufels: ‚Kündige!‘ In meiner Phantasie spielten sich Szenen von wütenden Chormitgliedern ab, die sich über enttäuschte Erwartungen ereiferten. Ich hatte absolut keine Ahnung, wie die Musikarbeit den plötzlichen Richtungswandel überleben könnte. Dem Budgetplanungs-Ausschuß sagte ich: ‚Was mich betrifft, ist die Sitzung zuende!‘ Ich konnte einfach nicht damit umgehen. Der Vorsitzende zeigte Verständnis und beendete die Konferenz.

Ich ging nach Hause, holte meine Unterlagen und den Rechner, und meine Tränen flossen in einer Pfütze des Selbstmitleids zusammen. Wie konnte das möglich sein? Mein Dienst war am Ende! Noch einen Tag vorher war ich voller Optimismus und von größeren und besseren Träumen motiviert gewesen. Und jetzt war alles vorbei! Während ich da über den Zahlen brütete, flüsterte eine andere Stimme in mir: ‚Komm, laß uns in die Berge gehen!‘ Eine Stunde oder so ergab ich mich noch dem Selbstmitleid, dann widerstand ich dem Impuls nicht länger und fuhr los. Damals wohnte ich in der Mesa am Fuße der Sandia Mountains in Albuquerque, New Mexico. Einen der Gebirgspfade dort ging ich dann hoch. Die frische Bergluft begann, die Spinnweben von Zweifel und Schwermut wegzufegen.

Mein Vertrauen auf Gott und seine Treue in der Vergangenheit fielen mir wieder ein. Ich erinnerte mich an die feste Zuversicht, daß er meinen Dienst durch die Autoritätsstrukturen meines Lebens leiten würde. Als sich der Gebirgspfad in Serpentinen auf den Nordkamm zu bewegte, war mein Glaube wiederhergestellt. Ich betete: ‚Vater, ich glaube, daß du mich an diese Stelle gebracht hast. Du hast mich hier in die Mitarbeiterschaft gerufen. Du hast mir diesen Pastor gegeben.‘ Obwohl es mir nicht leichtfiel, fügte ich hinzu: ‚Ich ordne mein Leben ganz neu dir unter. Ich weiß, daß du mich durch die Ereignisse im Moment durchleitest. Vater, ich glaube, du hast etwas Bestimmtes vor, und um ehrlich zu sein, wüßte ich furchtbar gern, was das ist.‘ Irgendwie war ich mir sicher: Eines Tages würde ich alles verstehen. Noch konnte ich nichts sehen, aber ich wußte, daß ich auf Felsen stand!

Zu meiner Überraschung sprach Gott ganz klar zu meinem Herzen. Ich erinnere mich genau, wo ich damals stand; erst neulich zeigte ich die Stelle einem Freund. Gott sagte: ‚John, heute ändere ich deinen Namen. Du bist nicht länger John Wyatt, Verantwortlicher für Musik und Musikproduktionen. Jetzt bist du John Wyatt, Verantwortlicher für Lobpreis und Anbetung!‘ Mein Herz raste. Ich wußte, daß ich auf heiligem Boden stand. Die Dunkelheit wurde plötzlich hell. Ich fing an zu schreien und zu weinen. Der Druck des Aufstiegs war gewichen. Ich konnte nicht einmal mehr den steilen Anstieg des Bergpfades spüren und schwebte förmlich weiter.

Nun fing ich an, die neuen Dinge zu erkennen, die Gott für mich hatte. Er ließ mich wissen, daß das Programm zunächst absacken würde, bis die Leute nachkämen. Aber sie würden nachkommen. Er sagte: ‚Wenn ich dich dazu bringen kann, dein ganzes Leben Lobpreis und Anbetung zu widmen, glaubst du nicht, daß ich die Leute dazu bringen kann, ein paar Stunden ihrer Zeit zu geben, um dir zu helfen? Deine Chöre werden größer und besser werden, aber immer weniger kosten. Sie werden in anderem Tempo arbeiten, aber ihrer Bestimmung besser dienen.‘ Beim Weiterwandern genoß ich die wunderbare Gewißheit der Gegenwart Gottes. Er sagte mir, wie ich zu den Leuten sprechen sollte, buchstabierte quasi die ersten Schritte im neuen Spielplan. Ich konnte es so deutlich sehen, als hätte es sich schon ereignet, und war über die Maßen begeistert.

Kaum zurückgekehrt, hängte ich mich ans Telefon. Als erstes wollte ich meinen Pastor anrufen und ihm mitteilen, was Gott mir gesagt hatte. Ich wollte ihn wissen lassen, wie dankbar ich für seinen Mut war und wie dankbar ich Gott gegenüber war, der ihn mir als Leiter meines Dienstes geschenkt hatte.

Und heute, Jahre später, hat sich alles erfüllt, was Gott mir gesagt hatte. Der Segen, der sich aus dem Gotteslob ergibt, übersteigt alle Ausdrucksmöglichkeiten. In den Psalmen heißt es: ‚Gesegnet sind, die lernen, dich zu preisen, o Herr.‘ Gemäß dieser Schriftstelle kann man *lernen*, den Herrn zu preisen. Tatsächlich mußte ich erst anfangen, Lobpreis zu lernen. Ich fing an zu erkennen, daß Gott zu loben ein Muß für mich war – ebenso wie für jeden Gläubigen, der wirklich mit ihm vorangehen möchte. Es ist kostbar für Gott und stärkt den Anbeter. Fast täglich leitete mich der Herr in neue Wahrheiten über Lobpreis. Das allein wäre schon Segen genug gewesen! Aber die höchste Freude überhaupt ist, unter Gottes Volk zu dienen und zuzusehen, wie es lernt, seinen Herrn zu preisen und anzubeten und im unvergleichlichen Segen dessen zu wandeln. Preis dir, Herr; ich liebe und anbete dich." (John Wyatt ist zur Zeit verantwortlich für Lobpreis und Anbetung in der Baptistengemeinde Hoffmantown in Albuquerque, New Mexico. Sein Pastor ist Norm Boshoff.)

Ich denke, viele könnten eine ähnliche Geschichte erzählen, mit unterschiedlich starken Schwierigkeiten in der Umstellungsphase, aber vergleichbaren Ergebnissen an Freude und Erfolg! Amen, John!

DAS ZEUGNIS EINES ATHEISTEN ÜBER GOTTESLÄSTERUNG

Gotteslästerung ist das Gegenteil von Lobpreis: Beschimpfungen werden gottwärts geschleudert. Hingegebene Atheisten lästern mit Disziplin. Eine Frau, die sich selbst eingehend mit den Geheimnissen des Lobpreises befaßt hatte, war einmal sehr bewegt über das Zeugnis eines ehemaligen Atheisten, der von der Zeit vor seiner Bekehrung berichtete. Er erzählte, wie er und seine atheistischen Freunde sich trafen und in öffentlicher Gotteslästerung abwechselten. Sie waren so gut trainiert, daß sie stundenlang dastehen und Gott die scheußlichsten Beleidigungen und Verhöhnungen entgegenschleudern konnten, ohne sich je auch nur einmal zu wiederholen. Sie waren unverfroren, arrogant und völlig hemmungslos. Sie schienen eine dämonische Salbung für ihre teuflischen Bemühungen zu haben, die buchstäblich nicht von dieser Welt zu sein schien – und das war sie ja wohl auch nicht!

Die Frau sagte später, wie traurig es sie gemacht hätte, daß diese Atheisten, die ausdrücklich nicht an Gott glaubten, dennoch so hingegeben und diszipliniert waren, ihm auf solche Art zu lästern, während Millionen von Christen sich anscheinend überhaupt nicht dafür interessieren, ihn überhaupt zu preisen!

Welch ein Segen wäre es, wenn wir Gläubige uns der Disziplin des Lobpreises so hingeben würden, daß wir stundenlang selbstvergessen im Lobpreis stehen und Gott verherrlichen könnten, ohne uns zu wiederholen. So ist es, und so wird es im Himmel sein! „Die

Toten werden dich, Herr, nicht loben, keiner, der hinunterfährt in die Stille; aber wir loben den Herrn von nun an bis in Ewigkeit. Halleluja!" (Psalm 115,17-18). „Gelobt sei der Herr ewiglich!" (Psalm 89,53). Solch eine herrliche Aussicht für die Ewigkeit sollte uns motivieren, uns schon jetzt ganz und gar auf das Abenteuer einzulassen!

WERT, WIEDERHOLT ZU WERDEN:

Lobpreis ist eine undurchdringliche Verteidigungsmauer vor dem Feind und eine unschlagbare Waffe in der geistlichen Kampfführung. Gott stellt den Lobpreis in seiner Gemeinde wieder her und mit ihm die Gnade, die seiner Erwählten das Bewußtsein und die Schönheit einer Braut schenkt!

Lobpreis ist die sofort wirksame Erfrischung für eine müde Seele und die beste Therapie für einen schwermütigen Geist. Lobpreis ist die Geheimwaffe der Kirche, gegen die der Feind nicht ankann und vor der sich seine Kampfreihen in Verwirrung auflösen. Lobpreis ertränkt Zweifel und bewässert die Pflanze des Glaubens.

Lobpreis ist ein kräftiges „Desinfektionsmittel", das bei Kontakt Milliarden Bazillen abtötet, die sich in einer lobpreislosen Atmosphäre vermehren können. Lobpreis krönt Gehorsam und schenkt dem Anbeter ein Leben im Sieg. Lobpreis wird die Wiederkunft Christi einleiten, die Entrückung und die Ereignisse am Ende der Zeiten umgeben, wenn das Leben auf der Erde Platz macht für die zeitlose Ewigkeit, wenn die Ströme der Geschichte in die uferlose See der Ewigkeit fließen.

Lobpreis ist zwar die höchste aller geistlichen Übungen, dennoch eher etwas, das wir *werden*, bevor wir es *tun*. Zuerst wird unser Leben ein Loblied. Dann fließt das Gotteslob aus unserem Leben heraus. Lobpreis ist eine entscheidende Versicherung für geistige Gesundheit und emotionale Stabilität und spielt die größte Rolle darin. Wie eine geometrische Strecke ist Lobpreis die kürzeste Verbindung zwischen dem Gläubigen und seinem Gott!

DAS LETZTE WORT

Dieses Buch und die Bibel haben mindestens eins gemeinsam - beide hören mit demselben Wort auf. Von allen Versäumnissen hat mich die Auslassung des Wortes „AMEN!" am meisten verfolgt. Aus irgendeinem Grund widerstand ich erfolgreich der Versuchung, es hier oder dort einzufügen. Aber jetzt weiß ich, warum: Es gehört ja hierher, an das Ende der Arbeit.

Das Wort *amen* kommt über 30mal im Alten und etwa 125mal im Neuen Testament vor. Es ist in Bedeutung und Klang sowohl im Hebräischen wie im Griechischen, Englischen und Deutschen ziemlich gleich. „Amen" heißt „sicher, fest, dauerhaft". Oft wird es im Neuen Testament mit „wahrlich, wahrlich" übersetzt und steht für uneingeschränkten Glauben.

Interessant für uns: Amen ist ein Lobpreis-Wort, ein Wort des Einverständnisses, eine Übereinstimmungserklärung. In 1. Chronik 16,36 antworteten die Menschen auf die großen Lobpreisungen mit „Amen! Und: Lobe den Herrn!". Es ist ein Schlußwort.

„Gelobt sei der Herr, der Gott Israels, von Ewigkeit zu Ewigkeit! Amen! Amen!" (Psalm 41,14).

Die Gnade des Herrn Jesus sei mit Gottes Volk. Halleluja! Amen!

Die wichtigsten Bibelverse zum Thema

Diese Schriftstellen führe ich am Ende des Buches auf, weil sie mir beim Lob Gottes eine große Hilfe waren und Ihnen ähnlich entgegenkommen dürften. Auf keinen Fall ist dies eine erschöpfende Aufzählung; es handelt sich einfach um einige Schlüsselverse zum Thema.

2. Mose 15,1b-2	Psalm 33,1-3	Psalm 145,1-3
5. Mose 32,3-4	Psalm 34,2-4	Psalm 146,1-2
Richter 5,2-3	Psalm 35,18	Psalm 147,1
1. Samuel 2,1-2	Psalm 35,28	Psalm 150,1-2
2. Samuel 22,2-3	Psalm 37,4	Psalm 150,6
2. Samuel 22,47	Psalm 40,4	Jesaja 12,4-6
2. Samuel 22,50	Psalm 41,14	Jesaja 25,1
2. Könige 19,15	Psalm 44,9	Jesaja 42,10-12
1. Chronik 16,8-10	Psalm 45,18	Jesaja 61,11
1. Chronik 16,23-25	Psalm 47,2-3	Daniel 2,20,21,23
1. Chronik 16,31-33	Psalm 48,2	Daniel 4,34b
1. Chronik 16,36	Psalm 52,11	Jona 2,9
1. Chronik 19,10-11	Psalm 59,17-18	Habakuk 3,18-19a
1. Chronik 29,12-13	Psalm 63,4-5	Zefanja 3,19-20
2. Chronik 20,21-22	Psalm 66,1-2	Lukas 2,46-47
Nehemia 9,5	Psalm 67,4-6	Lukas 2,68
Hiob 36,22,24,26	Psalm 69,31	Römer 11,33-36
Psalm 3,4	Psalm 72,18-19	Römer 16,25-26b
Psalm 7,18	Psalm 86,12-13	Epheser 1,3
Psalm 8,2-3	Psalm 89,2	Epheser 3,20-21
Psalm 9,2-3	Psalm 95,1-2	Philipper 4,4-6
Psalm 13,6	Psalm 96,1-3	1. Timotheus 1,17
Psalm 16,7-9	Psalm 100,4-5	Hebräer 13,15
Psalm 16,11	Psalm 103,1-2	1. Petrus 2,9
Psalm 18,2-3	Psalm 103,20-22	Judas 24-25
Psalm 18,47-50	Psalm 105,1-3	Offenbarung 4,11
Psalm 21,14	Psalm 113,1-3	Offenbarung 5,12
Psalm 22,4	Psalm 117,1-2	Offenbarung 7,12
Psalm 22,23-24	Psalm 119,108	Offenbarung 15,3-4
Psalm 27,1	Psalm 119,164	Offenbarung 19,1
Psalm 28,6-8	Psalm 119,171-172	Offenbarung 19,4-5
Psalm 29,1-2	Psalm 134,1-2	Offenbarung 19,6-7
Psalm 32,11	Psalm 138,1-2	